Aldino Cazzago (Org.)

365 dias com
São João Paulo II

Paulinas

Dados Internacionais de Catalogação na Publicação (CIP)
(Câmara Brasileira do Livro, SP, Brasil)

---

365 dias com São João Paulo II / Aldino Cazzago (org.) ; [tradução Antonio Efro Feltrin]. – São Paulo : Paulinas, 2011.

Título original: 365 giorni con Giovanni Paolo II.
ISBN 978-85-356-2807-4

1. S. João Paulo II, Papa, 1920-2005   I. Cazzago, Aldino.

11-03596   CDD-262.13092

Índice para catálogo sistemático:

1. S. João Paulo II, Papa : Biografia e obra   262.13092

1ª edição – 2011
2ª reimpressão – 2025

Título original da obra: *365 giorni con Giovanni Paolo II*
© Edizioni San Paolo s.r.l. - Cinisello Balsamo (MI), 2009.

Direção-geral: *Flávia Reginatto*
Editora responsável: *Andréia Schweitzer*
Tradução: *Antonio Efro Feltrin*
Copidesque: *Mônica Elaine G. S. da Costa*
Coordenação de revisão: *Marina Mendonça*
Revisão: *Sandra Sinzato*
Gerente de produção: *Felício Calegaro Neto*
Diagramação: *Manuel Rebelato Miramontes*

Nenhuma parte desta obra poderá ser reproduzida ou transmitida por qualquer forma e/ou quaisquer meios (eletrônico ou mecânico, incluindo fotocópia e gravação) ou arquivada em qualquer sistema ou banco de dados sem permissão escrita da Editora. Direitos reservados.

Paulinas

Rua Dona Inácia Uchoa, 62
04110-020 – São Paulo – SP (Brasil)
Tel.: (11) 2125-3500
paulinas.com.br – editora@paulinas.com.br
Telemarketing e SAC: 0800-7010081

© Pia Sociedade Filhas de São Paulo – São Paulo, 2011

Prefácio

A vida

Karol Wojtyla nasceu em Wadowice, a 50 quilômetros de Cracóvia, no dia 18 de maio de 1920. Depois do ensino médio, órfão de mãe, transferiu-se com o pai para Cracóvia, para frequentar a faculdade de filologia local. Em plena ocupação alemã, depois de ter trabalhado numa pedreira e na fábrica Solvay, deixa a universidade, em 1942, e entra para o seminário de Cracóvia. Ordenado padre no dia 1º de novembro de 1946, completa em Roma sua formação teológica com a láurea em teologia. No verão de 1948, volta para a Polônia e começa seu ministério sacerdotal. Em 1958, depois de alguns anos de magistério no seminário maior de Cracóvia e na faculdade de teologia de Lublin, é consagrado bispo auxiliar de sua cidade. Participa ativamente nos trabalhos do Concílio Vaticano II e, em janeiro de 1964, com somente 44 anos, Paulo VI o nomeia arcebispo. Em 1967, chegará à nomeação posterior para cardeal.

Depois do pontificado brevíssimo de João Paulo I, no dia 16 de outubro de 1978 foi eleito Pontífice. Constante preocupação de todo seu ministério foi certamente a de atuar em todas as direções – doutrinal, moral, missionária, pastoral, litúrgica, catequética e artística –, para a renovação conciliar. Na encíclica *Redemptor hominis*, de 1979, a primeira de seu pontificado, tinha realmente definido o Concílio como "nova onda de vida da Igreja, muito mais poderosa que os sintomas de dúvida, de destruição e de crise".

Seu pontificado foi marcado por alguns gestos altamente simbólicos, como a visita à igreja luterana de Roma (11 de dezembro de 1983) e à sinagoga de Roma (13 de abril de 1986), o dia de oração pela paz com os chefes de todas as religiões em Assis (27 de outubro de 1986) e o pedido de perdão por parte da Igreja Católica pelas faltas cometidas pelos católicos ao longo da história (12 de março de 2000).

A preocupação ecumênica, missionária e evangelizadora atravessou do começo ao fim seu ministério petrino. As Igrejas das várias confissões encontraram nele um construtor apaixonado de unidade. As numerosas viagens para nações onde os católicos são minoria absoluta são uma prova disso. Como Papa eslavo, não podia deixar de dar atenção especial às Igrejas ortodoxas que aprofundam as próprias raízes na tradição bizantino-eslava. Das mesmas raízes tiram linfa e força as Igrejas orientais católicas surgidas durante os séculos. Das da Europa do Leste, em especial, antes e depois da queda do comunismo, fez-se protetor e defensor atento.

O desejo de ser anunciador do Evangelho levou-o a realizar numerosíssimas viagens: 104 para fora da Itália e 146 para as diversas cidades italianas, algumas das quais visitadas mais vezes. Na esteira de Paulo VI, foi construtor apaixonado de paz: tanto com algumas viagens especialmente comprometedoras, como em 1982 à Argentina e à Grã-Bretanha, em 1997 a Sarajevo e ao Líbano, quanto com duas importantíssimas intervenções na Organização das Nações Unidas em Nova York, em 1979 e em 1995, e com um apelo aflito a George Bush e a Saddam Hussein para que evitassem a guerra, em janeiro de 1991. Seu relacionamento extraordinário com os jovens é sintetizado pelos Dias Mundiais da Juventude, um acontecimento que desde 1985 se repetiu com sua presença em anos alternados.

A santidade, ou seja, "'medida elevada' da vida cristã ordinária" (*Novo millennio ineunte*, n. 31), é um dos temas que ocuparam mais espaço durante seu pontificado. O número dos beatos, 1338, e dos santos, 482, por ele proclamados mostra eficazmente que cuidado ele colocou para levar à atenção do povo de Deus e da vida eclesial este aspecto particular da vida cristã.

Se o magistério de um pontífice encontra um ponto especial de evidência nas encíclicas, o de S. João Paulo II pode ser todo resumido nas suas quatorze: três acentuadamente teológico-doutrinais (*Redemptor hominis*, *Dives in misericordia* e *Dominum et vivificantem*) e três dedicadas à doutrina social da Igreja (*Laborem exercens*, *Sollicitudo rei socialis* e *Centesimus annus*). Questões filosóficas e temas morais são objeto de outras três (*Veritatis splendor*, *Evangelium vitae*, *Fides et ratio*). Um âmbito mais propriamente eclesiológico e ecumênico está, no entanto, no centro das últimas cinco (*Redemptoris Mater*, *Redemptoris missio*, *Ut unum sint*, *Slavorum apostoli* e *Ecclesia de Eucharistia*).

Às 21h37 do dia 2 de abril de 2005, S. João Paulo II, o bispo chamado a Roma "de um país distante", concluía sua jornada terrena depois de quase 27 anos de pontificado. Ele não foi um anunciador apaixonado de Cristo somente com a força de seu magistério. O modo com o qual enfrentou os numerosos momentos de sofrimento, até aqueles especialmente dolorosos e invalidantes dos últimos meses, tornou ainda mais digno de crédito seu magistério e sua missão apostólica. Sua vida e sua morte foram, sem sombra de dúvida, um testemunho especialmente persuasivo de sua total dedicação ao mistério de Deus e da Igreja. Sua canonização, em 27 de abril de 2014, auspiciada por muitos, não fez senão selar este testemunho.

A ideia guia de um pontificado: "Não tenham medo!"

Para destruir o "medo" de Deus ou de uma imagem semelhante de Deus, pregada há mais de um século e meio pelos "mestres da suspeita" – Marx, Nietzsche e Freud –, e mais recentemente por seus discípulos, era exatamente necessária a chegada de um homem que tivesse vencido esse medo. "Não tenham medo! Abram, ou melhor, escancarem as portas para Cristo! Abram para seu poder salvador os confins dos Estados, os sistemas econômicos e os políticos, os vastos campos de cultura, de desenvolvimento. Não tenham medo! Cristo sabe 'o que está dentro do homem'. Somente ele sabe."

Do ponto de vista da abordagem pedagógica ao homem, próprio de Karol Wojtyla, este grito – saído dos lábios de S. João Paulo II pela primeira vez no dia 22 de outubro de 1978 – representa a ideia guia e o ponto de prospecção sobre o qual se colocar para compreender todo seu pontificado. Os quase 27 anos de sua duração não puderam ser mais bem resumidos que a aflita invocação que ele dirigiu aos homens de todo o mundo: "Não tenham medo! Abram, ou melhor, escancarem as portas para Cristo!". Ponto de prospecção porque aquelas palavras preanunciam a longa história que ele fez sucessivamente para delinear um outro e diferente rosto de Deus: o "rico de misericórdia" (*Dives in misericórdia*, n. 1), aquele que "na história do homem" tem "uma forma e um nome [e] se chama Jesus Cristo" (*Redemptor hominis*, n. 9), aquele do qual os homens não devem absolutamente "ter medo". Ninguém deve ter medo do amor de Deus, que Cristo é e veio manifestar: nenhum indivíduo – homem, mulher, jovem, adulto, velho; nem a família – rica ou pobre, pequena ou numerosa, do Oriente ou do Ocidente; nem os vários agrupamentos sociais – as aldeias, os bairros, as cidades; também não devem temê-lo as instituições formativas e culturais – escola, universidade; nem as nações, grandes ou pequenas, ricas ou pobres. Ninguém deve "ter medo" de Cristo e de seu "poder salvador".

O convite para "não ter medo", que no decorrer dos 365 trechos volta várias vezes e dentro de textos muito diferentes (30 de junho; 30 de julho; 20 de agosto; 17 de outubro; 21 de novembro; 31 de dezembro), é, por isso, uma referência ao ponto de prospecção que, mais que qualquer outro, permite "entrar" no olhar que Karol Wojtyla lançou constantemente sobre o homem.

Quanto mais adentramos no pensamento do intelectual, do bispo e papa Karol Wojtyla, tanto mais se tem a nítida sensação de se encontrar diante de um homem e de um cristão que, no correr de sua existência, se tornou totalmente transparente ao mistério de Deus e à missão de testemunhá-lo no meio do mundo. Compreender profundamente a alma e o coração de um homem é certamente trabalho árduo e talvez impossível. Quando a alma e o coração do homem são habitados pelo mistério de Deus, tornam-se ainda mais insondáveis. No caso de S. João Paulo II, as coisas não são diferentes.

Talvez uma pequena ajuda para ler dentro daquela alma e daquele coração nos é oferecida pelas palavras de três de suas cartas, respectivamente de 2 e 14 de novembro e de 28 de dezembro de 1939. Com a idade de 19 anos e numa Cracóvia destituída de toda liberdade, porque já sob o pesado calcanhar da ocupação nazista, em 28 de dezembro escreveu ao amigo Mieczyslaw Kotlarczyk, que tinha ficado em Wadowice e com o qual compartilhava a paixão pela poesia e pelo teatro: "Caríssimo Mieciu, aproveito a insólita ocasião para lhe informar sobre alguns episódios de minha vida, acontecidos nestes dois meses. Sobretudo, quero dizer-lhe que estou muito ocupado. Há pessoas que morrem de desgosto. Eu, ao contrário, não. Rodeei-me de livros, estou armado de Arte e Ciência. Trabalho. Você acredita que quase não tenho tempo? Leio, escrevo, estudo, penso, rezo e luto dentro de mim. Algumas vezes sinto grande peso, uma angústia, uma depressão, um mal. Outras vezes, como se tivesse visto um alvorecer, uma aurora, um grande resplendor".[1]

Na carta de 14 de novembro, escrita para esclarecer a Kotlarczyk os motivos inspiradores de algumas poesias ("obra de minha alma e de meu coração") que lhe enviava em anexo, o jovem Wojtyla augura para si e para o amigo que "a Arte não seja somente realista", mas também "um olhar para diante e para o alto", "seja uma companheira da religião e a guia no caminho para Deus; tenha a dimensão do

---

[1] WOJTYLA, K. Lettera a Mieczyslaw Kotlarczyk. In: *Le poesie giovanili* (Cracovia, primavera-estate, 1939). Organizado e traduzido por Maria Burghart. Roma, Studium, 2004. p. 269.

arco-íris romântico: da terra e do coração humano até o Infinito".

Falando depois daquilo que é mais essencial para a vida da Polônia, afirma: "Porque para nós o espírito vale mais que a prepotência e o ferro; porque em nós são profundíssimas as raízes da Beleza, porque nossa Beleza e nossa Arte nasceram de nossa Nação e para nossa Nação".[2]

No dia 2 de novembro, a uma carta anterior de Kotlarczyk, responde que sua carta lhe tinha aparecido quase como um "Evangelho da Fé, da Esperança e do Amor". Depois de ter constatado que suas esperanças sobre o futuro da Polônia coincidiam, termina assim sua missiva: "Saúdo-o em nome do Belo, que é o perfil de Deus, emblema de Cristo e da Polônia".[3]

Nos textos das cartas citadas, talvez nos seja dada a possibilidade de entrever um raio da verdade mais íntima que desde os anos da juventude se albergou no coração e na alma de Karol Wojtyla e sobre a qual ele construiu toda sua não fácil existência: de jovem liceano e universitário, de padre, de bispo, de intelectual, de poeta e, finalmente, de sucessor de

---

[2] Ibid., pp. 263 e 265.
[3] Ibid., pp. 259 e 261.

Pedro. Se o "Belo" é o "perfil de Deus" e "o emblema de Cristo", então não será difícil compreender a razão última que levou S. João Paulo II a dar início a seu pontificado justamente com o aflito pedido de "não ter medo" de Cristo e de "escancarar-lhe as portas": diante de um Deus que se manifesta como Beleza, o "medo" desaparece e o coração se abre.

Em 1999, sessenta anos depois daquelas cartas de 1939 ao amigo Kotlarczyk, na alma e no coração de Karol Wojtyla a percepção de Deus e de Cristo na forma da Beleza estava mais que viva. As palavras de sua *Carta aos artistas* o testemunham de modo indiscutível: "Fazendo-se homem, de fato, o Filho de Deus introduziu na história da humanidade toda *a riqueza evangélica da verdade e do bem*, e com ela revelou também uma *nova dimensão da beleza*: a mensagem evangélica é o seu ápice até no limite" (n. 5).

A presente antologia

Como peças de um mosaico, os 365 textos da antologia aqui reunidos oferecem a possibilidade de refletir sobre os diversos temas da doutrina e da vida cristãs na "escola" do pensamento de Karol Wojtyla. O mistério trinitário, do Verbo encarnado, do Espírito Santo e de seus dons, o tema da Igreja, de sua doutrina social, dos sacramentos, da santidade, da figura de Maria; a problemática ecumênica e do diálogo inter-religioso, as razões da missão, a arte, o trabalho, a família, a questão feminina, os jovens, a ciência, a economia, a ecologia, a paz, a identidade da Europa, as riquezas do Oriente cristão, as relações entre a fé e a razão, o seguimento de Cristo, a oração, a prática do rosário, a conversão, o jejum, o repouso, o paraíso, o inferno, o purgatório e as principais festas que dizem respeito à vida de Cristo e de Maria, são os temas principais que, de vez em quando, são abordados com os textos do magistério de S. João Paulo II.

Tê-los organizado seguindo o curso do calendário civil e, até onde foi possível, do calendário litúrgico, permitirá ao leitor acompanhar mais facilmente os seus textos durante o ano inteiro e segundo um calendário ou outro.

Na antologia aparecem também alguns trechos em que S. João Paulo II relembra certos fatos de sua longa vida, como a eleição ou o atentado. É este um modo de continuar a fixar em nossos dias algum acontecimento de seu pontificado. Outros textos são, na verdade, sobre as orações que ele pronunciou em voz alta em ocasiões diversas. Com esta escolha pretendemos facilitar, mesmo que só implicitamente, o desejo de oração que pode brotar depois da leitura atenta e da meditação dos trechos.

Finalmente, para ilustrar melhor a riqueza do pensamento de S. João Paulo II, propomos passagens de homilias tiradas de seu magistério episcopal anterior à eleição para Sumo Pontífice e de poesias que remontam até os anos da formação sacerdotal.

Aldino Cazzago, ocd

JANEIRO

1 No século que deixamos para trás, a humanidade foi duramente provada por uma interminável e horrenda sequência de guerras, de conflitos, de genocídios, de "limpezas étnicas", que causaram sofrimentos indescritíveis: milhões e milhões de vítimas, famílias e cidades destruídas, marés de refugiados, miséria, fome, doenças, subdesenvolvimento, perda de recursos imensos. Na raiz de tamanho sofrimento está a lógica da violência, alimentada pelo desejo de dominar e explorar os outros, por ideologias de poder ou de utopia totalitária, por nacionalismos doentios ou antigos ódios tribais. Por vezes, à violência brutal e sistemática, dirigida até ao extermínio total ou à submissão de povos e regiões inteiros, foi necessário opor uma resistência armada.

O século XX nos deixa como herança, sobretudo, uma advertência: *as guerras são frequentemente causa de outras guerras*, porque alimentam ódios profundos, criam situações de injustiça e pisoteiam a dignidade e os direitos das pessoas. Elas, em geral, não resolvem os problemas pelos quais são combatidas e, portanto, além de serem pavorosamente prejudiciais, acabam sendo também inúteis. *Com a guerra*, é a humanidade que perde. Somente na paz e com a paz se pode garantir o respeito da dignidade da pessoa humana e de seus direitos inalienáveis.

(Mensagem para o 33º Dia da Paz, n. 3,
8 de dezembro de 1999)

2 As dificuldades que encontramos no caminho para a paz estão ligadas, em parte, à nossa fraqueza de criaturas, cujos passos são necessariamente lentos e gradativos; são agravadas pelos nossos egoísmos, pelos nossos pecados de toda espécie, depois do pecado na origem, que marcou uma ruptura com Deus, determinando uma ruptura também entre os irmãos. A imagem da torre de Babel descreve bem a situação. Mas nós acreditamos que Jesus Cristo, com o dom de sua vida na cruz, tornou-se nossa paz: ele derrubou o muro do ódio, que separava os irmãos inimigos (cf. Ef 2,14). Ressuscitado e na glória do Pai, ele nos associa misteriosamente à sua vida: reconciliando-nos com Deus, ele repara as feridas do pecado e da divisão e nos torna capazes de inscrever em nossa sociedade um esboço daquela unidade que restabelece em nós. Os discípulos mais fiéis de Cristo foram construtores de

paz, até perdoando seus inimigos, a ponto de oferecer às vezes a própria vida por eles. Seu exemplo traça o caminho para uma humanidade nova, que não se contenta mais com compromissos provisórios, mas realiza a mais profunda fraternidade. Nós sabemos que nosso caminho para a paz na terra, sem perder sua consistência natural nem suas próprias dificuldades, está inserido num outro caminho, o da "salvação", que encontra realização numa plenitude eterna de paz, numa comunhão total com Deus. E assim o Reino de Deus, que é Reino de paz, com sua própria fonte, seus meios e seu fim, já permeia toda a atividade terrena sem se dissolver nela. Esta visão de fé tem uma incidência profunda na ação cotidiana dos cristãos.

(*Mensagem para o 12º Dia da Paz*, n. 16, 21 de dezembro de 1978)

3

Se o amor é tão maior quanto mais é simples,
se o desejo mais simples está na saudade, então, não se deve estranhar que Deus queira ser acolhido pelos simples,
por aqueles que têm o coração cândido

JANEIRO

e não encontram palavras para expressar
seu amor.
Ele ofereceu a si mesmo
e encantou-nos com sua simplicidade,
a pobreza, a manjedoura, o feno.
A Mãe, então, ergueu o Menino,
envolto em faixas,
e o embalava nos braços.
Milagre – milagre – milagre!
Quando protejo Deus com minha humanidade,
Sou por ele protegido com seu amor,
protegido com seu martírio.

(Canto del Dio nascoto. II.
Canto del sole inesauribile, n. 7.
In: *Opere letterarie*, p. 64).

4 "Alegremo-nos no Senhor, exultemos de alegria santa: a salvação apareceu no mundo, aleluia." É com estas palavras que a liturgia nos convida hoje a permanecer imersos na "alegria santa" do Natal. No início de um novo ano, esta exortação nos orienta a vivê-lo inteiramente na luz de Cristo, cuja salvação apareceu no mundo para todos os homens.

O tempo de Natal propõe novamente, para a consideração dos cristãos, o mistério de Jesus e sua obra de salvação. Diante do presépio, a Igreja adora o augusto mistério da encarnação: o Menino que chora nos braços de Maria é o Verbo eterno que se inseriu no tempo e assumiu a natureza humana ferida pelo pecado, para incorporá-la a si e redimi-la. Toda realidade humana, toda aventura temporal assume, assim, ressonâncias eternas: na pessoa do Verbo encarnado a criação é maravilhosamente sublimada.

Santo Agostinho escreve: "Deus se fez homem para que o homem se tornasse Deus". Entre céu e terra se estabeleceu definitivamente uma ponte: no Homem-Deus a humanidade encontra a vida do céu. O Filho de Maria é mediador universal, pontífice supremo. Todo ato deste Menino é um mistério destinado a *revelar a benevolência abissal de Deus*.

(*Discurso na audiência geral*, n. 1, 3 de janeiro de 2001)

5 Caros irmãos e irmãs, meditemos antes o que nos dizem os Magos que vêm de países distantes, seguindo a luz da estrela de Belém, visitar o Filho de Deus nascido de Maria.

Elas falam por si, mas contemporaneamente falam para nós. Falam para cada homem. Dizem que em cada homem é inato o desejo da verdade. A verdade é como aquela estrela, para a qual se dirige o olhar da alma. O homem deve viver da verdade, deve procurá-la, deve tender para ela. Não pode ficar sem ela, não pode viver na mentira. Um clima de mentira é sempre um clima contra o homem.

Estas três figuras que anseiam de longe o estábulo de Belém nos dizem quanto é profunda a fome de verdade na alma do homem. E é fome de verdades absolutas. Para o homem não bastam as verdades particulares, mesmo que em cada campo da atividade humana ele procure a verdade. A verdade se torna para o homem fonte de inspiração no trabalho, na ciência. Todavia, a fome de verdade da alma do homem chega mais longe. A pergunta última é sempre uma pergunta sobre Deus, é sempre uma pergunta sobre o sentido da vida humana, sobre o início e, sobretudo, sobre o fim do caminho que o homem percorre na terra.

Tudo isto nos dizem os três Reis do Oriente. E dizem ainda mais: que Deus vem ao encontro desta fome de verdade que o homem traz em si. Aquilo que chamamos revelação, aquilo que atingiu o seu zênite em Jesus Cristo é justamente a resposta de Deus: vir ao encontro da fome humana de verdade.

(*Homilia no dia da Epifania*, Cracóvia, 6 de janeiro de 1977)

6

Queridos irmãos e irmãs, neste dia toda a Igreja, e especialmente a Igreja de nossa pátria, canta este hino de Natal: "Ó sábios monarcas do mundo, aonde ides tão depressa?". E nestas simples palavras, que toda criança conhece, se expressa não somente uma verdade histórica, o momento recordado pelas palavras do Evangelho de São Mateus, mas também uma verdade profunda sobre o homem. Esta verdade sobre o homem, a verdade eterna, a verdade sobre a procura de Deus: "Ó sábios monarcas do mundo, aonde ides tão depressa?".

O trajeto de sua viagem que do distante Oriente os conduz a Jerusalém e depois a Belém é o trajeto do homem; do homem de diferentes épocas, de diferentes culturas, de diferentes nações, de diferentes civilizações. O homem procura Deus. Quando o encontra, como aqueles, por meio da fé, então o procura na fé: quer aproximar-se daquele que encontrou e quer finalmente chegar à Belém eterna.

E se ainda não o encontrou por meio da fé, então procura a fé, procura a verdade e nela procura Deus. Santo Agostinho diz: "Não te procuraria se não te houvesse já encontrado". Todo homem, já antes de começar a procurar, encontra Deus. Se não o encontrasse em algum significado que serve como ponto de partida, como base, não procuraria.

JANEIRO

"Ó sábios monarcas do mundo, aonde ides tão depressa?" Este é o grande símbolo do desejo interior do homem, do desejo por meio da fé e do desejo da fé. Desejo que não é um caminho sem sentido, como nos faz bem compreender também a festa de hoje. É um caminho para um encontro. O homem deseja Deus, o procura até encontrá-lo: eis uma espécie de verdade elementar sobre o homem, uma espécie de medida da humanidade, uma constatação da grandeza do homem.

(*Homilia no dia da Epifania*, Cracóvia, 6 de janeiro de 1976)

7 Um simples olhar para a história antiga [...] mostra claramente como em diversas partes da terra, marcadas por culturas diferentes, surgem ao mesmo tempo as perguntas de fundo que caracterizam o percurso da existência humana: *Quem sou? De onde venho e para onde vou? Por que a presença do mal? O que haverá depois desta vida?* Estas interrogações estão presentes nos escritos sagrados de Israel, mas aparecem também nos Veda não menos que nos Avesta; encontramo-las nos escritos de Confúcio e Lao-Tze, como também na pregação dos Tirthankara e de Buda; são também elas

que afloram nos poemas de Homero e nas tragédias de Eurípedes e Sófocles, como ainda nos tratados filosóficos de Platão e de Aristóteles. São perguntas que têm sua nascente comum na exigência de sentido que desde sempre urge no coração do homem: da resposta a estas perguntas, de fato, depende a orientação que se dá à existência. [...].

O termo filosofia, segundo a etimologia grega, significa "amor à sabedoria". De fato, a filosofia nasceu e se desenvolveu no momento em que o homem começou a se interrogar sobre o porquê das coisas e sobre seu fim. De modos e formas diferentes, ela mostra que o desejo de verdade pertence à mesma natureza humana. É uma propriedade nativa de sua razão interrogar-se sobre o porquê das coisas, mesmo que as respostas dadas de vez em quando se insiram num horizonte que torna evidente a complementaridade das diferentes culturas nas quais o homem vive.

(*Fides et ratio*, nn. 2-3)

8 "Todos os homens desejam saber" (Aristóteles, *Metafísica*, I, 1), e o objeto próprio deste desejo é a verdade. A mesma vida cotidiana mostra o quanto cada um está interessado em descobrir, além do simples "ouvi dizer", como realmente são as coisas. O homem é o único ser em toda a criação visível que não só é capaz de saber, mas também sabe que sabe, e por isso se interessa pela verdade real daquilo que lhe aparece. Ninguém pode sinceramente ser indiferente à verdade de seu saber. Se descobre que é falso, o rejeita; se pode, ao contrário, certificar-se da verdade, sente-se recompensado. É a lição de Santo Agostinho, quando escreve: "Encontrei muitos que queriam enganar, mas ninguém que quisesse deixar-se enganar" (*Confissões*, X, 23, 33). Justamente se considera que uma pessoa atingiu a idade adulta quando pode discernir, com os próprios meios, entre aquilo que é verdadeiro e aquilo que é falso, formando para si um juízo sobre a realidade objetiva das coisas. Está aqui o motivo de tantas pesquisas, especialmente no campo das ciências, que levaram nos últimos séculos a resultados tão significativos, favorecendo um progresso autêntico de toda a humanidade.

(*Fides et ratio*, n. 25)

9

A verdade inicialmente se apresenta ao homem em forma interrogativa: *A vida tem um sentido? Para onde está dirigida?* À primeira vista, a existência pessoal poderia apresentar-se radicalmente sem sentido. Não é necessário recorrer aos filósofos do absurdo nem às perguntas provocadoras que se encontram no livro de Jó para duvidar do sentido da vida. A experiência cotidiana do sofrimento, próprio e alheio, a visão de tantos fatos que à luz da razão parecem inexplicáveis, bastam para tornar inevitável uma questão tão dramática como a do sentido (cf. S. João Paulo II, *Salvifici doloris*, n. 9). A isto se acrescente que a primeira verdade absolutamente certa de nossa existência, além do fato de que existimos, é a inevitabilidade de nossa morte. Diante deste dado desconcertante se impõe a busca de uma resposta exaustiva. Cada um pode – e deve – conhecer a verdade sobre o próprio fim. Quer saber se a morte será o termo definitivo de sua existência e se há alguma coisa que está além da morte; se lhe é permitido esperar uma vida posterior ou não. Não é à toa que o pensamento filosófico recebeu uma sua orientação decisiva desde a morte de Sócrates e ficou marcado por isso por mais de dois milênios. Não é realmente casual, portanto, que os filósofos, diante do fato da morte, tenham voltado a propor continuamente este problema junto com a questão do sentido da vida e da imortalidade.

(*Fides et ratio*, n. 26)

10

Ninguém pode fugir destas interrogações, nem o filósofo nem o homem comum. Da resposta dada a elas depende uma etapa decisiva da pesquisa: se é possível ou não chegar a uma verdade universal e absoluta. De per si, toda verdade, mesmo parcial, se for realmente verdade, se apresenta como universal. Aquilo que é verdadeiro, deve ser verdadeiro para todos e para sempre. Além desta universalidade, todavia, o homem procura um absoluto que seja capaz de dar resposta e sentido a toda a sua procura: alguma coisa de último, que se ponha como fundamento de qualquer coisa. Em outras palavras, ele procura uma explicação definitiva, um valor supremo, além do qual não haja nem possa haver interrogações ou questionamentos posteriores. As hipóteses podem fascinar, mas não satisfazem. Chega para todos o momento em que, admitindo ou não, se tem necessidade de ancorar a própria existência numa verdade reconhecida como definitiva, que dê uma certeza não mais sujeita à dúvida.

(*Fides et ratio*, n. 27)

11

A Sagrada Escritura contém, de maneira tanto explícita como implícita, uma série de elementos que permitem chegar a uma visão do homem e do mundo de notável profundidade filosófica. Os cristãos tomaram progressivamente consciência da riqueza contida naquelas páginas sagradas. Delas resulta que a realidade da qual fazemos experiência não é o absoluto: não é incriada, nem se autogerou. Somente Deus é o Absoluto. Das páginas da Bíblia emerge, além disso, uma visão do homem como *imago Dei*, que contém indicações precisas sobre seu ser, sua liberdade e a imortalidade de seu espírito. Não sendo o mundo criado autossuficiente, toda ilusão de autonomia que ignore a dependência essencial de Deus de toda criatura – inclusive o homem – leva a dramas que destroem a busca racional da harmonia e do sentido da existência humana.

Também o problema do mal moral – a forma mais trágica de mal – é abordado na Bíblia, que nos diz que ele não deve ser atribuído a nenhuma deficiência devida à matéria, mas é uma ferida que vem do expressar desordenado da liberdade humana. A Palavra de Deus, finalmente, apresenta o problema do sentido da existência e revela sua resposta encaminhando o homem para Jesus Cristo, o Verbo de Deus encarnado, que realiza a existência humana em plenitude. Outros aspectos poderiam ser explicitados pela leitura do texto sagrado; aquilo que emerge, de alguma forma, é a rejeição de toda forma de relativismo, de materialismo, de panteísmo.

(*Fides et ratio*, n. 80)

12

A convicção fundamental desta "filosofia" contida na Bíblia é que a vida humana e o mundo têm um sentido e estão dirigidos para sua realização, que se verifica em Jesus Cristo. O mistério da encarnação ficará sempre no centro ao qual se deve referir para poder compreender o enigma da existência humana, do mundo criado e do mesmo Deus. Neste mistério, os desafios para a filosofia se tornam extremos, porque a razão é chamada a fazer sua uma lógica que derruba as barreiras nas quais ela mesma corre o risco de se fechar. Somente aqui, porém, o sentido da existência atinge o seu vértice. Torna-se inteligível, de fato, a essência íntima de Deus e do homem: no mistério do Verbo encarnado, natureza divina e natureza humana, com a respectiva autonomia, são salvaguardadas e ao mesmo tempo se manifesta o vínculo único que as coloca em relação recíproca sem confusão.

(*Fides et ratio*, n. 80)

13 [A] liturgia quer, ao mesmo tempo e sobretudo, sublinhar o valor do novo Batismo instituído por Jesus. João Batista, anunciando a vinda do Messias, dizia: "Vem alguém que vos batizará no Espírito Santo e no fogo". Jesus, iniciando a nova "economia" da salvação, disse aos apóstolos: "Foi-me dada toda a autoridade no céu e na terra. Ide, pois, fazer discípulos entre todas as nações, e batizai-os em nome do Pai, do Filho e do Espírito Santo" (Mt 28,18-19). Este é o novo e definitivo Batismo, que elimina da alma o "pecado original", inerente à natureza humana decaída pela recusa de amor das primeiras duas criaturas racionais, e dá novamente à alma a "graça santificante", isto é, a participação na mesma vida da Santíssima Trindade. Todas as vezes que se confere o Batismo acontece um fato sensacional e maravilhoso; o rito é simples, mas o significado é sublime! O fogo do amor criador e redentor de Deus queima o pecado e o destrói e toma posse da alma, que se torna habitação do Altíssimo! O evangelista São João afirma que Jesus nos deu o poder de nos tornarmos filhos de Deus, porque fomos gerados por Deus (cf. Jo 1,12-13); e São Paulo fala repetidamente de nossa grandeza e de nossa dignidade de membros do corpo de Cristo (Cl 2,19; Ef 3,11.17.19-21; 4,12).

(*Homilia no Batismo de vinte crianças*, n. 2, 9 de janeiro de 1983)

14

Quando falamos sobre a realidade do Batismo, nos referimos a alguma coisa a mais que o rito sacramental. Todo sacramento como sinal guarda em si um grande conteúdo sobrenatural, que pode ser definido como sua realidade. No quadro dessa realidade toma forma também a eficácia do sacramento, isto é, a graça, que leva à alma humana. O santo Batismo conduz o homem para fora do pecado original, para fora do estado de morte original, e substitui a morte pela vida sobrenatural. O homem se torna, então, pela primeira vez, filho de Deus, recebe também o sinal indelével dos filhos de Deus, a fim de que, através de toda sua vida terrena ele possa chegar à casa do Pai. O santo Batismo é o início deste caminho sobrenatural, ao longo do qual, por vontade divina, se realiza o destino eterno do homem. Por esse mesmo fato, a realidade do Batismo nos inicia no mistério da Santíssima Trindade. As palavras: "Eu te batizo em nome do Pai, do Filho e do Espírito Santo" já indicam a elevação vivificante para esse mistério. No contexto do nascimento humano, através do pai e da mãe, Deus introduz junto com a graça santificante a semelhança viva do nascimento eterno, pelo qual sem princípio o filho de Deus é unido ao Pai; nele enxerta também o germe de seu amor incriado, do Espírito Santo. Tudo isto encerra em si uma definição catequética, que diz que o santo Batismo nos faz filhos de Deus.

(Carta pastoral de 1965. In: *Il Buon pastore*, pp. 93-94)

15 JANEIRO

Na festa do Batismo de Jesus, a Igreja de Roma saúda com alegria os recém-nascidos, que hoje vieram à basílica de São Pedro nos braços de seus pais e de suas mães (cf. Is 60,4), para receberem o sacramento da iniciação cristã e com ele a vida nova da qual Cristo nos fez merecedores com seu sangue na cruz. [...] Vossa alegria está bem de acordo com o júbilo de toda a Igreja, que, lembrando o Batismo de Cristo, se coloca como peregrina nas margens do Jordão, *para participar num acontecimento misterioso*: o Verbo encarnado pede para ser batizado por João Batista. Com este gesto, ele, o santo e o justo, se unia à multidão daqueles que, respondendo ao apelo do grande profeta, aceitavam se converter e fazer penitência. Imergindo-se no Jordão, Jesus se colocava do lado de nós pecadores. O verdadeiro Batismo, porém, no Espírito Santo (cf. Mc 1,8), será o mesmo Jesus quem vai instituir em virtude de sua morte e ressurreição. Nesse Batismo, a imersão na água tornar-se-á sinal eficaz da remissão dos pecados e da vida eterna em Cristo. Nós hoje sabemos que *batizar quer dizer imergir na morte de Cristo*, para que o ser humano ressurja para a vida no Deus vivo: Pai, Filho e Espírito Santo (cf. Rm 6,1-11).

[...] Vocês acreditam que Jesus é o Messias, o Cristo, o Redentor do homem. Ele, verdadeiro Filho de Deus, obteve para nós, filhos dos homens, a vitória que vence o mundo: a vitória mediante a fé (cf. 1Jo 5,4). E para seus filhos que há pouco nasceram de vocês, pais, desejam essa estupenda vitória mediante a fé. Cristo no-la oferece no sacramento do santo Batismo. Ele disse: "É preciso que o homem renasça pelo Espírito Santo" (cf. Jo 3,5). É preciso verdadeiramente renascer pela água e pelo Espírito Santo; esse renascimento espiritual se obtém mediante o sacramento da nossa vida em Deus, o sacramento do início da vida eterna para nós.

(Homilia na missa para o Batismo de 41 recém-nascidos, nn. 1-2, 9 de janeiro de 1994)

16

Judeus e cristãos compartilham um patrimônio espiritual imenso, que deriva da autorrevelação de Deus. Nossos ensinamentos religiosos e nossas experiências espirituais exigem de nós que *derrotemos o mal com o bem*. Nós recordamos, mas sem nenhum desejo de vingança nem como um incentivo ao ódio. Para nós, recordar significa rezar pela paz e pela justiça e empenharmo-nos pela sua causa.

JANEIRO

Somente um mundo em paz, com justiça para todos, poderá evitar a repetição dos erros e dos crimes terríveis do passado.

Como bispo de Roma e sucessor do apóstolo Pedro, garanto ao povo judeu que a Igreja Católica, motivada pela lei evangélica da verdade e do amor e não por considerações políticas, está profundamente entristecida pelo ódio, pelos atos de perseguição e pelas manifestações de antissemitismo dirigidas contra os judeus por cristãos de todos os tempos e de todo lugar. A Igreja rejeita toda forma de racismo como uma negação da imagem do Criador intrínseca a todo ser humano (cf. Gn 1,26).

(*Discurso no mausoléu de Yad Vashem*, n. 3, Jerusalém, 23 de março de 2000)

17

Deus de nossos pais, tu escolheste
Abraão e sua descendência
para que teu nome fosse levado
às nações:
nós estamos profundamente entristecidos
pelo comportamento de quantos,
ao longo da história, fizeram sofrer
esses teus filhos,

e pedindo-te perdão queremos nos empenhar
numa fraternidade autêntica
com o povo da aliança.
Amém.

(*Oração no Muro ocidental*,
Jerusalém, 26 de março de 2000)

18 Junto com todos os discípulos de Cristo, a Igreja Católica alicerça no desígnio de Deus seu empenho ecumênico de reunir todos na unidade. Realmente, "a Igreja não é uma realidade dobrada sobre si mesma, mas permanentemente aberta à dinâmica missionária e ecumênica, porque enviada ao mundo para anunciar e testemunhar, atualizar e expandir o mistério de comunhão que a constitui: reunir todos e tudo em Cristo; para ser para todos 'sacramento inseparável de unidade'" (Congregação para a Doutrina da Fé, Carta aos Bispos da Igreja Católica sobre alguns aspectos da Igreja entendida como comunhão *Communionis notio*, n. 4). Já no Antigo Testamento, referindo-se àquela que era então a situação do povo de Deus, o profeta Ezequiel, recorrendo ao simples símbolo de duas madeiras antes distintas, depois juntadas uma com a outra, expressava a vontade divina de "reunir de toda parte" os membros de seu povo ferido: "Eu serei o seu Deus e eles serão o meu povo. As nações saberão que eu sou o Senhor que santifico Israel" (cf. 37,16-28). O Evangelho de João, por sua vez, e diante da situação do povo de Deus naquele tempo, vê na morte de Jesus a razão da unidade dos filhos de Deus: "Devia morrer pela nação e não só pela nação, mas também para reunir os filhos de Deus dispersos" (11,51-52). De fato, explicará a Carta aos Efésios, "derrubando o muro da inimizade, [...] mediante a cruz, na qual matou a inimizade", daquilo que estava dividido ele fez uma unidade (cf. 2,14-16).

(*Ut unum sint*, n. 5)

19

A unidade de toda a humanidade ferida é vontade de Deus. Por este motivo, ele enviou seu Filho para que, morrendo e ressurgindo por nós, nos doasse seu Espírito de amor. Na véspera do sacrifício da cruz, Jesus mesmo pede ao Pai pelos seus discípulos, e por todos os que acreditassem nele, que *sejam uma coisa só*, uma comunhão viva. Disto deriva não somente o dever, mas também a responsabilidade que cabe, diante de Deus, diante de seu desígnio, àqueles e àquelas que por meio do Batismo se tornam o corpo de Cristo, corpo no qual devem se realizar em plenitude a reconciliação e a comunhão. Como é possível permanecer divididos, se com o Batismo nós fomos "imersos" na morte do Senhor, isto é, no mesmo ato em que, por meio do Filho, Deus derrubou os muros da divisão? A "divisão contradiz abertamente a vontade de Cristo, e serve de escândalo para o mundo e prejudica a santíssima causa da pregação do Evangelho a toda criatura" (*Unitatis redintegratio*, n. 1).

(*Ut unum sint*, n. 6)

20 O Concílio Vaticano II expressa a decisão da Igreja de assumir a tarefa ecumênica em favor da unidade dos cristãos e de propô-la com convicção e com vigor: "Este santo Concílio exorta todos os fiéis católicos para que, reconhecendo os sinais dos tempos, participem com entusiasmo da obra ecumênica" (*Unitatis redintegratio*, n. 4).

JANEIRO

Ao indicar os princípios católicos do ecumenismo, a *Unitatis redintegratio* se reporta, antes de tudo, ao ensinamento sobre a Igreja da constituição *Lumen Gentium*, em seu capítulo que trata sobre o povo de Deus (cf. n. 14). Ao mesmo tempo, ele tem presente quanto foi afirmado pela declaração conciliar *Dignitatis humanae* sobre a liberdade religiosa (cf. nn. 1 e 2). A Igreja Católica acolhe com esperança o empenho ecumênico como um imperativo da consciência cristã iluminada pela fé e guiada pela caridade. Também aqui se pode aplicar a palavra de São Paulo aos primeiros cristãos de Roma: "O amor de Deus foi derramado em nossos corações por meio do Espírito Santo"; assim, nossa "esperança não decepciona" (Rm 5,5). Esta é a esperança da unidade dos cristãos, que na unidade trinitária do Pai e do Filho e do Espírito Santo encontra sua fonte divina.

(*Ut unum sint*, n. 8)

21

Passando dos princípios, do imperativo da consciência cristã, para a realização do caminho ecumênico para a unidade, o Concílio Vaticano II coloca, sobretudo, em relevo *a necessidade da conversão do coração*. O anúncio messiânico: "Completou-se o tempo, e o Reino de Deus está próximo" e o apelo consequente: "Convertei-vos e crede no Evangelho" (Mc 1,15) com o qual Jesus inaugura sua missão, indicam o elemento essencial que deve caracterizar todo novo início: a exigência fundamental da evangelização em cada etapa do caminho salvífico da Igreja. Isto diz respeito, especialmente, ao processo ao qual o Concílio Vaticano II deu início, inscrevendo na renovação a tarefa ecumênica de unir os cristãos divididos entre si. "Não existe ecumenismo verdadeiro sem conversão interior" (*Unitatis redintegratio*, n. 7).

O Concílio chama tanto para a conversão pessoal como para a comunitária. A aspiração de toda comunidade cristã para a unidade caminha junto com sua fidelidade ao Evangelho. Quando se trata de pessoas que vivem sua vocação cristã, ele fala de conversão interior, de uma renovação da mente.

Cada um deve, portanto, converter-se mais radicalmente para o Evangelho e, sem nunca perder de vista o desígnio de Deus, deve mudar seu olhar. Com o ecumenismo, a contemplação das "maravilhas de Deus" (*mirabilia Dei*) se enriqueceu de novos espaços nos quais o Deus trinitário suscita a ação de graças: a percepção de que o Espírito age nas outras comunidades cristãs, a descoberta de exemplos de santidade, a experiência das riquezas ilimitadas da comunhão dos santos, o contato com aspectos impensáveis do empenho cristão. Por correlação, a necessidade de penitência também foi ampliada: a consciência de certas exclusões que ferem a caridade fraterna, de certas recusas a perdoar, de certo orgulho, daquele fechar-se não evangélico na condenação dos "outros", de um desprezo que deriva de uma presunção malsã. Assim a vida inteira dos cristãos é marcada pela preocupação ecumênica e eles são chamados a se deixar como que plasmar por ela.

(*Ut unum sint*, n. 1)

22

"Esta conversão do coração e esta santidade da vida, junto com as orações particulares e públicas pela unidade dos cristãos, devem ser consideradas como a alma de todo o movimento ecumênico e podem ser justamente chamadas ecumenismo espiritual" (*Unitatis redintegratio*, n. 8).

Progride-se no caminho que leva à conversão dos corações no ritmo do amor que se dirige a Deus e, ao mesmo tempo, aos irmãos: a todos os irmãos, também aqueles que não estão em plena comunhão conosco. Do amor nasce o desejo da unidade também naqueles que sempre ignoraram sua exigência. O amor é artífice de comunhão entre as pessoas e entre as comunidades. Se nos amamos, nós tendemos a aprofundar nossa comunhão, a orientá-la para a perfeição. *O amor é dirigido a Deus* como fonte perfeita de comunhão – a unidade do Pai, do Filho e do Espírito Santo –, para atingir a força de suscitar a comunhão entre as pessoas e as comunidades, ou de restabelecê-la entre os cristãos ainda divididos. O amor é a corrente profundíssima que dá vida e infunde vigor ao processo para a unidade.

Esse amor encontra sua mais completa expressão na oração comum. Quando os irmãos que não estão em perfeita comunhão entre si se reúnem juntos para a oração, o Concílio Vaticano II define sua oração *alma de todo o movimento ecumênico*. Ela é "um meio muito eficaz para impetrar a graça da unidade", "uma manifestação genuína dos vínculos, com os quais os católicos estão ainda unidos com os irmãos separados" (n. 8).

Mesmo quando não se reza formalmente pela unidade dos cristãos, mas por outros motivos, como, por exemplo, pela paz, a oração se torna de per si expressão e prova da unidade. A oração comum dos cristãos convida o mesmo Cristo a visitar a comunidade daqueles que o imploram: "Onde estão dois ou três reunidos em meu nome, eu estou no meio deles" (Mt 18,20).

(*Ut unum sint*, n. 21)

23

Quando se reza junto entre cristãos, a meta da unidade parece mais próxima. A longa história dos cristãos marcada por múltiplas fragmentações parece se recompor, tendendo para aquela fonte de sua unidade que é Jesus Cristo. Ele "é o mesmo ontem, hoje e sempre!" (Hb 13,8). Na comunhão de oração, Cristo está realmente presente; reza "em nós", "conosco" e "por nós". É ele quem guia nossa oração no Espírito consolador que prometeu e deu à sua Igreja, já no cenáculo de Jerusalém, quando ele a constituiu na sua unidade original.

No caminho ecumênico para a unidade, o primado compete, sem mais, à *oração comum*, à unidade orante daqueles que se estreitam juntos em torno do mesmo Cristo. Se os cristãos, apesar de suas divisões, souberem sempre mais se unir em oração comum em torno de Cristo, crescerá sua consciência de quanto é limitado aquilo que os divide em comparação com aquilo que os une. Caso se encontrem cada vez mais frequente e assiduamente diante de Cristo na oração, eles poderão ganhar coragem para enfrentar toda a realidade dolorosa e humana das divisões, e se encontrarão juntos naquela comunidade da Igreja que Cristo forma incessantemente no Espírito Santo, apesar de todas as fraquezas e limites humanos.

(*Ut unum sint*, n. 22)

24 Em relação à causa da unidade, como a todas as outras, é indispensável corresponder sempre à ação da graça divina. Ecumenismo espiritual da oração e da conversão do coração: eis a via mestra, o caminho obrigatório, o fundamento de todo o ecumenismo. A Igreja Católica sublinhou-o claramente em seu decreto conciliar *Unitatis redintegratio* (n. 8). Fez sua, de fato, a intuição admirável do Padre Paul Couturier, apóstolo da unidade dos cristãos, que exatamente há oitenta anos foi ordenado na diocese de Lion. Lembro que foi ele quem renovou a Semana de Oração pela Unidade, e que, por sua iniciativa, nasceu o "Groupe des Dombes", que há quase cinquenta

JANEIRO

anos, animado sempre por seu espírito de oração e de reconciliação, continua a promover intercâmbios e iniciativas de unidade na fé. [...] Peçamos, sobretudo, ao Senhor, segundo a bela fórmula do Padre Couturier, que possa se realizar a unidade visível de todos os cristãos, "como Cristo quis e através de todos os meios que quiser". Como aprendemos do Senhor e obedientes ao seu mandamento possamos dizer: "Pai nosso que estais no céu, santificado seja o vosso nome, venha a nós o vosso Reino, seja feita a vossa vontade, assim na terra como no céu. O pão nosso de cada dia nos dai hoje, perdoai as nossas ofensas, assim como nós perdoamos a quem nos tem ofendido, e não nos deixeis cair em tentação, mas livrai-nos do mal". Amém.

(*Discurso no anfiteatro das Três Gallie*, Lion, n. 4, 4 de outubro de 1986)

25

Rezar pela unidade não está, no entanto, reservado a quem vive num contexto de divisão entre os cristãos. Naquele diálogo íntimo e pessoal que cada um de nós deve manter com o Senhor na oração, a preocupação da unidade não pode ser excluída. Somente assim, de fato, ela fará plenamente parte da realidade de nossa vida e dos empenhos que assumimos na Igreja. Para reafirmar esta exigência, quis propor aos fiéis da Igreja Católica um modelo que me parece exemplar, o de uma freira trapista, Maria Gabriella da Unidade, que proclamei beata no dia 25 de janeiro de 1983. (Maria Gabriella Sagheddu, nasceu em Dorgali, Sardenha, no dia 17 de março de 1914. Aos 21 anos, entrou para o mosteiro trapista de Grottaferrata. Conhecendo, através da ação apostólica do Padre Couturier, a necessidade de orações e ofertas espirituais pela unidade dos cristãos, em 1936, por ocasião da Oitava pela unidade, decidiu oferecer sua vida por esta causa. Depois de uma doença grave, Maria Gabriella morreu no dia 23 de abril de 1939.)

Irmã Maria Gabriella, chamada por sua vocação a estar fora do mundo, dedicou sua existência à meditação e à oração centradas no capítulo 17 do Evangelho de São João e a ofereceu pela unidade dos cristãos. Este é o fundamento de toda oração: a oferta total e sem reservas da própria vida ao Pai, por meio do Filho, no Espírito Santo. O exemplo da irmã Maria Gabriella nos instrui, nos faz compreender como não há tempos, situações ou lugares especiais para rezar pela unidade. A oração de Cristo ao Pai é modelo para todos, sempre e em todo lugar.

(*Ut unum sint*, n. 27)

26

Neste nosso encontro fraterno de oração, alegro-me em pensar que, ao lado das dúvidas dos primeiros discípulos, também as divisões entre os cristãos, sob o impulso do amor por Jesus Salvador e Redentor que todos compartilhamos, cedam progressivamente lugar ao anúncio unitário da verdade evangélica sobre Deus, sobre Jesus, sobre a Igreja.

No momento da Ascensão, tratava-se de dúvidas que dividiam os discípulos diante da realidade misteriosa do corpo glorioso do Ressuscitado. Hoje, as dúvidas que dividem as diversas confissões cristãs dizem respeito mais àquela outra realidade, não menos misteriosa, que o apóstolo Paulo qualifica com densa e sugestiva expressão de "corpo de Cristo" (1Cor 12,27).

Como nos inícios da comunidade cristã, assim também hoje, a recomposição da unidade dos discípulos é fundamentalmente fruto de uma graça especial de Cristo, que temos o dever de acolher como um dom de seu amor redentor. Uma graça extraordinária, proporcionada à fragilidade persistente das atitudes pessoais e coletivas dos cristãos, divididos por opções – nem sempre ponderadas – feitas num passado por todos hoje deplorado. Sabemos bem, de fato, que na economia divina da salvação, onde é abundante o pecado e tudo aquilo que induz ao pecado, é superabundante a graça. É sempre Deus que, com paciência infinita, recompõe a trama da história humana, tecida pelo seu amor, toda vez que ela é rasgada pelo homem mediante o pecado.

(Discurso no encontro de oração com as outras confissões cristãs, n. 3, Tallinn, 10 de setembro de 1993)

27

Entre todas as medidas anti-humanas, há uma que ficou para sempre uma vergonha para a humanidade: *a barbárie planejada que foi infligida contra o povo judeu*. Objeto da "solução final" pensada por uma ideologia aberrante, os judeus foram submetidos a privações e brutalidades dificilmente descritíveis. Perseguidos inicialmente com medidas vexatórias ou discriminatórias, eles, depois, acabaram aos milhões nos campos de extermínio.

Os judeus na Polônia, mais que outros, viveram aquele calvário: as imagens do assédio do gueto de Varsóvia, como as notícias vindas dos campos de concentração de Auschwitz, de Majdanek ou de Treblinka ultrapassam tudo o que se pode conceber humanamente. Deve-se também recordar que esta loucura homicida se abateu sobre muitos outros grupos, que tinham a culpa de serem "diferentes" ou rebeldes à tirania do ocupante.

Na ocasião desse aniversário doloroso, apelo ainda uma vez a todos os homens, convidando-os a superar os preconceitos e a combater todas as formas de racismo, aceitando reconhecer em cada pessoa humana a dignidade fundamental e o bem que nela moram, a tomar cada vez mais consciência de pertencer a uma única família humana, querida e reunida por Deus. Desejo aqui dizer novamente com força que a hostilidade ou o ódio contra o Judaísmo estão em completa contradição com a visão cristã da dignidade do homem.

*(No 50º aniversário do início
da Segunda Guerra Mundial, n. 5,
26 de agosto de 1989)*

28

O novo paganismo e os sistemas a ele relacionados investiam contra os judeus, mas também atacavam o Cristianismo, cujos ensinamentos haviam dado forma à alma da Europa. Mediante a perseguição do povo, do qual "descende Cristo, quanto à carne" (Rm 9,5), zombava-se da mensagem evangélica que une todos os filhos de Deus.

O meu predecessor, o Papa Pio XI, demonstrou sua habitual lucidez quando, na encíclica *Mit brennender Sorge*, declarou: "Quem exalta a raça, ou o povo, ou o Estado, ou uma determinada forma de Governo, ou os depositários do poder, ou qualquer outro valor fundamental da comunidade humana [...] acima de seus valores comuns e os cultua com caráter de idolatria, distorce e perverte a ordem do mundo como planejado e criado por Deus [...]" (n. 8). Essa pretensão da ideologia do sistema nacional-socialista não poupou a Igreja, nem particularmente a *Igreja Católica*, a qual, antes e durante o conflito, *conheceu também essa paixão*. A sua sorte certamente não foi melhor nos lugares onde se impôs a ideologia marxista do materialismo dialético. No entanto, devemos dar graças a Deus pelas numerosas testemunhas, célebres e anônimas, que – naquelas horas de tribulação – tiveram a coragem de professar intrepidamente a fé, souberam erguer-se contra o arbítrio ateu e não se dobraram pela força.

(No 50º aniversário do início da Segunda Guerra Mundial, n. 6, 26 de agosto de 1989)

29

Em última análise, o paganismo nazista e o dogma marxista têm em comum o fato de serem *ideologias totalitárias, com uma tendência a se tornarem religiões substitutivas*. Já bem antes de 1939, em certos setores da cultura europeia aparecia uma vontade de eliminar Deus e sua imagem do horizonte do homem. Iniciava-se em doutrinar neste sentido as crianças, desde sua mais tenra idade. A experiência infelizmente mostrou que o homem entregue somente ao poder do homem, mutilado nas suas aspirações religiosas, se torna logo um número ou um objeto. Por outro lado, nenhuma época da humanidade fugiu do risco do dobramento fechado do homem sobre si mesmo, numa atitude de suficiência orgulhosa. Mas este risco se acentuou nesse século na medida em que a força das armas, a ciência e a técnica puderam dar ao homem contemporâneo a ilusão de se tornar o único senhor da natureza e da história. Esta é a pretensão que se encontra na base dos excessos que deploramos. O abismo moral, no qual, há cinquenta anos, o desprezo de Deus – e, portanto, do homem – lançou o mundo, nos faz tocar com a mão o poder do "príncipe deste mundo" (Jo 14,30), que pode seduzir as consciências com a mentira, *com o desprezo do homem e do direito, com o culto do poder e da força*. Hoje nós lembramos tudo isto e meditamos nos extremismos, ao qual pode levar o abandono de toda referência a Deus e de toda lei moral transcendente.

(*No 50º aniversário do início da Segunda Guerra Mundial*, n. 7, 26 de agosto de 1989)

30

E a Igreja, em sua realidade teândrica, vive em peregrinação nesta terra. Daí a necessidade do diálogo: "A Igreja deve entrar em diálogo com o mundo no qual está vivendo. A Igreja se faz palavra; a Igreja se faz mensagem; a Igreja se faz colóquio" (*Ecclesiam suam*, n. 67).

Paulo VI foi verdadeiramente *o Papa do diálogo*: dialogou com a humanidade, também não crente; com aqueles que adoram o Deus único e supremo, como nós adoramos, isto é, com os filhos do povo judeu; e com os adoradores de Deus segundo a concepção monoteísta, a muçulmana especialmente; com os pertencentes às Igrejas e comunidades cristãs não católicas, favorecendo de maneira magnífica as relações ecumênicas, especialmente mediante encontros pessoais e declarações comuns com os chefes dessas Igrejas e comunidades. [...].

Esta Igreja que se faz diálogo, que se faz colóquio, para Paulo VI é também uma Igreja essencialmente missionária. Desde a primeira rádio-mensagem para o Dia Missionário Mundial (19 de agosto de 1963) até a grandiosa exortação apostólica *Evangelii nuntiandi*, de 8 de dezembro de 1975, Paulo VI transfundiu no coração de seus irmãos – bispos, padres, religiosos, leigos – seu incontido ardor missionário: "Evangelizar... é a graça e a vocação própria da Igreja, sua identidade mais profunda. Ela existe para evangelizar, isto é, para pregar e ensinar, ser o canal do dom da graça, reconciliar os pecadores com Deus, perpetuar o sacrifício do Cristo na santa missa, que é o memorial de sua morte e de sua ressurreição gloriosa" (*Evangelii nuntiandi*, n. 14).

(*Encontro com os cidadãos*, nn. 2-3,
Concessio, 26 de setembro de 1982)

31

É bom lembrar as estupendas palavras que Dom Bosco dirigia a seus jovens e que constituem a síntese genuína de sua escolha de fundo: "Façam de conta que, quando eu estou, estou todo para vocês, de dia e de noite, de manhã e de tarde, em qualquer momento. Eu não tenho outro objetivo senão procurar o bem de vocês, moral intelectual e físico" (*Memorie Biografiche di San Giovanni Bosco*, v. 7, p. 503). "Eu por vocês estudo, por vocês trabalho, por vocês vivo e por vocês estou disposto até a dar a vida" (Domenico Rufino, *Cronache dell'Oratorio di San Francesco di Sales*, Roma, Arquivo Salesiano Central, cad. 5, p. 10).

A tanto dom de si pelos jovens, em meio a dificuldades por vezes extremas, João Bosco chegou graças a uma singular e intensa caridade, ou seja, por força de uma energia interior, que une inseparavelmente nele o amor de Deus e o amor do próximo. Ele consegue assim estabelecer uma síntese entre atividade evangelizadora e atividade educativa.

Sua preocupação de evangelizar os jovens não se reduz unicamente à catequese, ou somente à liturgia, ou àqueles atos religiosos que pedem um exercício explícito da fé e a ela conduzem, mas está em todo o vasto setor da condição juvenil. Situa-se, portanto, dentro do processo de formação humana, ciente das deficiências, mas também otimista sobre o amadurecimento progressivo, na convicção de que a palavra do Evangelho deve ser semeada na realidade do viver cotidiano para levar os jovens a se empenharem generosamente na vida. Uma vez que eles vivem uma idade peculiar para sua educação, a mensagem salvífica do Evangelho deverá sustentá-los ao longo do processo educativo, e a fé se tornar elemento unificador e iluminador de sua personalidade.

(*Iuvenum patris*, nn. 14-15,
31 de janeiro de 1988)

FEVEREIRO

1

FEVEREIRO

Nas palavras de Cristo sobre a continência "pelo Reino dos Céus" não há nenhum aceno sobre a "inferioridade" do matrimônio em relação ao "corpo", ou seja, em relação à essência do matrimônio, que consiste no fato de que o homem e a mulher nele se unem de modo a se tornarem uma "só carne" (cf. Gn 2,24). As palavras de Cristo relatadas em Mateus 19,11-12 (como também as palavras de Paulo na Primeira Carta aos Coríntios, cap. 7) não dão motivo para afirmar nem a "inferioridade" do matrimônio nem a "superioridade" da virgindade ou do celibato, enquanto estes pela própria natureza consistem no abster-se da "união" conjugal "no corpo". Sobre este ponto, as palavras de Cristo são decididamente límpidas. Ele propõe a seus discípulos o ideal da continência e o chamado a ela *não por motivo da inferioridade* ou com preconceito *da "união" conjugal "no corpo"*, mas *somente pelo "Reino dos Céus"*. [...] O matrimônio e a continência nem se contrapõem um à outra, nem dividem de per si a comunidade humana (e cristã) em dois campos (digamos: dos "perfeitos" por causa da continência e dos "imperfeitos" ou menos perfeitos por causa da realidade da vida conjugal). Mas estas duas situações fundamentais, ou então, como se costumava dizer, estes dois "estados", num certo sentido, se explicam ou se completam mutuamente, quanto à existência e quanto à vida (cristã) dessa comunidade, que no seu conjunto e em todos os seus membros se realiza na dimensão do Reino de Deus e tem uma orientação escatológica, que é própria daquele Reino.

(*Audiência geral*, nn. 1-2, 14 de abril de 1982)

2 Se, conforme certa tradição teológica, se fala do estado de perfeição (*status perfectionis*), fala-se não por motivo da mesma continência, mas em relação ao conjunto da vida fundamentada nos conselhos evangélicos (pobreza, castidade e obediência), pois essa vida corresponde ao chamado de Cristo à perfeição ("Se queres ser perfeito...", Mt 19,21). *A perfeição da vida cristã*, no entanto, *é medida com o metro da caridade*. Disto se segue que uma pessoa que não vive no "estado de perfeição" (isto é, numa instituição que fundamente seu plano de vida nos votos de pobreza, castidade e obediência), ou seja, que não vive num instituto religioso, mas no "mundo" pode atingir *de facto* um grau superior de perfeição – cuja medida é a caridade – comparado com a pessoa que vive no "estado de perfeição", com um grau menor de

caridade. Todavia, os conselhos evangélicos ajudam indubitavelmente a atingir uma caridade mais plena. Portanto, aquele que a atinge, mesmo que não viva num "estado de perfeição" institucionalizado, chega àquela perfeição que brota da caridade, mediante a fidelidade ao espírito daqueles conselhos. Tal perfeição é possível e acessível a todo homem, tanto num "instituto religioso" como no "mundo".

(Audiência geral, n. 3, 14 de abril de 1982)

3 A contemplação da glória do Senhor Jesus no ícone da transfiguração revela às pessoas consagradas, antes de tudo, o Pai, criador e dador de todo bem, que atrai a si (cf. Jo 6,44) sua criatura com um amor especial e em vista de uma missão especial. "Este é meu Filho predileto: escutai-o!" (Mt 17,5). Atendendo a este apelo acompanhado de uma atração interior, a pessoa chamada se confia ao amor de Deus que a quer para seu serviço exclusivo, e se consagra totalmente a ele e ao seu desígnio de salvação (cf. 1Cor 7,32-34).

Aqui está o sentido da vocação à vida consagrada, uma iniciativa toda do Pai (cf. Jo 15,16), que exige daqueles que escolheu a resposta de uma dedicação total e exclusiva (cf. Congregação para os Religiosos e para os Institutos Seculares, *Essential elements in the Church's teaching on Religious Life as applied to institutes dedicates to works of the apostolate*, 31 de maio de 1983).

A experiência deste amor gratuito de Deus é de tal forma íntima e forte que a pessoa percebe que deve responder com a dedicação incondicionada de sua vida, consagrando tudo, presente e futuro, em suas mãos. Justamente por isso, seguindo Santo Tomás, pode-se compreender a identidade da pessoa consagrada a partir da totalidade de sua oferta, comparável a um autêntico holocausto (cf. *Summa Theologiae*, II-II, q. 186, a. 1).

(Vita consecrata, n. 17)

4

O Filho, caminho que leva ao Pai (cf. Jo 14,6), chama todos aqueles que o Pai lhe deu (cf. Jo 17,9) para um seguimento que orienta sua existência. Mas para alguns – exatamente as pessoas de vida consagrada – ele pede um envolvimento total, que comporta o abandono de tudo (cf. Mt 19,27), para viver em intimidade com ele (São Francisco de Assis, *Regula bullata*, I, 1) e segui-lo aonde quer que ele vá (cf. Ap 14,4).

No olhar de Jesus (cf. Mc 10,21), "imagem do Deus invisível" (Cl 1,15), irradiação da glória do Pai (cf. Hb 1,3), se percebe a profundidade de um amor eterno e infinito que toca as raízes do ser (S. João Paulo II, *Redemptionis donum*, n. 3). A pessoa que se deixa agarrar por ele não pode deixar de abandonar tudo e segui-lo (cf. Mc 1,16-20; 2,14; 10,21.28). Como Paulo, ela considera todo o resto "uma perda diante da sublimidade do conhecimento de Jesus Cristo", em comparação do qual não hesita em considerar toda coisa "como lixo, a fim de ganhar Cristo" (Fl 3,8). Sua aspiração é de se identificar com ele, assumindo seus sentimentos e sua forma de vida. Este deixar tudo e seguir o Senhor (cf. Lc 18,28) constitui um programa válido para todas as pessoas chamadas e para todos os tempos.

(*Vita consecrata*, n. 18)

5 Como toda a existência cristã, também o chamado à vida consagrada está em relação íntima com a obra do Espírito Santo. É ele que, ao longo de milênios, atrai sempre novas pessoas para perceber o fascínio de uma escolha tão exigente. Sob sua ação elas revivem, de alguma forma, a experiência do profeta Jeremias: "Tu me seduziste, Senhor, e eu me deixei seduzir" (20,7). É o Espírito que suscita o desejo de uma resposta plena; é ele que guia o crescimento desse desejo, levando à maturidade a resposta positiva e sustentando depois sua execução fiel; é ele quem forma e plasma a alma dos chamados, configurando-os a Cristo casto, pobre e obediente e levando-os a fazer própria a sua missão. Deixando-se guiar pelo Espírito num caminho incessante de purificação, eles se tornam, dia após dia, *pessoas cristiformes*, prolongamento na história de uma presença especial do Senhor ressuscitado. Com intuição penetrante, os Padres da Igreja qualificaram este caminho espiritual como *filocalia*, ou seja, *amor pela beleza divina*, que é irradiação da bondade divina.

A pessoa que pelo poder do Espírito Santo é levada progressivamente à plena configuração a Cristo, reflete em si um raio da luz inacessível e em seu peregrinar terreno caminha até à fonte inesgotável da luz. Desse modo, a vida consagrada se torna uma expressão especialmente profunda da Igreja Esposa, a qual, conduzida pelo Espírito para reproduzir em si os traços do Esposo, se lhe apresenta "toda gloriosa, sem mancha nem ruga ou qualquer reparo, mas santa e imaculada" (Ef 5,27).

(*Vita consecrata*, n. 19)

6

Amem, portanto, com toda a alma, o conselho evangélico da *castidade*. Ele liberta, de modo especial, o coração, para que se inflame cada vez mais na caridade de Deus e de todos os homens. É um meio sem igual para que vocês possam se dedicar com ardor ao serviço e às obras de apostolado (cf. *Perfectae caritatis*, n. 12).

Quando o amor de Cristo é aceito com "coração indiviso", em sua inteireza, sem concessões e duplicidades, sem desânimos e compensações, a castidade se revela como uma *afirmação alegre de amor*, e não como uma limitação ou uma negação. Ela canaliza e dá novo vigor à capacidade infinita de amar que Deus colocou no coração humano, levando-o aos vértices do ilimitado amor divino. E é deste amor que brota a *maternidade espiritual* (cf. Gl 4,19), fonte de vida para a Igreja. O exemplo de Maria Santíssima, a Virgem de Nazaré, será sempre fonte de especial fecundidade espiritual na vida consagrada de vocês, e a proteção segura da entrega feita por amor de Deus.

Amem, do mesmo modo, com toda a alma, os conselhos evangélicos *da pobreza e da obediência*, com o desejo ardente de imitar o exemplo de Cristo, que "se fez pobre por vós, para que vós vos torneis ricos por meio de sua pobreza" (2Cor 8,9), e que, por amor ao Pai e pela salvação dos homens, "humilhou-se, fazendo-se obediente até a morte, e morte de cruz" (Fl 2,8).

Os conselhos evangélicos, do modo como sempre foram compreendidos e vividos na Igreja, podem hoje parecer uma verdadeira "loucura" (1Cor 1,18) para muitos incapazes de entender a "sabedoria das coisas de Deus" (cf. Mt 16,23). São, de fato, uma *loucura*, mas uma *loucura feliz de amor*.

(*Discurso às religiosas*, nn. 3-4,
Florianópolis, 18 de outubro de 1991)

7 Dirijo-me a vocês, jovens e adolescentes, e também a vocês, pais, professores, educadores, a vocês animadores e responsáveis das organizações católicas, para lhes propor, com a força do grande afeto que lhes dedico, acolher sem reservas Cristo, verdade luminosa que liberta, e para exortá-los a uma familiaridade assídua com ele. A familiaridade fraterna com Jesus, vivida na oração e na frequência aos sacramentos, estimula a dar os próprios passos naquele caminho espiritual que a Tradição da Igreja indica com os conselhos evangélicos da pobreza, da castidade e da obediência e que, olhado em profundidade, é caminho de libertação, respectivamente, da escravidão das coisas, das cobiças da carne, da prepotência do eu.

Aparece claro, assim, que os conselhos evangélicos, graças aos quais se começa nesse caminho, são, como atitude interior, uma proposta oferecida a todos; como linha ascética, uma indicação especialmente necessária aos jovens, que querem se preparar seriamente para o matrimônio e para a vida de família; como estado de vida, constituem a condição de quem, respondendo à vocação do Senhor, quer atingir a plena liberdade de espírito e se consagrar totalmente ao serviço de Deus e dos irmãos.

Como estão vendo, caríssimos, os três conselhos evangélicos marcam uma pedagogia, que conduz à maturidade cristã. Vivendo em espírito de pobreza, castidade e obediência, vocês, com a ajuda dos pais e dos educadores, plasmam em vocês mesmos uma personalidade sólida, capaz de responder com sempre maior segurança à própria vocação, à tarefa pela qual Deus interpela cada um.

(*Discurso aos jovens das escolas médias e superiores*, n. 4, Reggio Emilia, 6 de junho de 1988)

8 O monaquismo, de modo especial, revela que a vida está suspensa entre dois vértices: a Palavra de Deus e a Eucaristia. Isto significa que ele é sempre, mesmo nas suas formas eremíticas, ao mesmo tempo, resposta pessoal a um chamado individual e acontecimento eclesial e comunitário.

A Palavra de Deus é o ponto de partida do monge, uma Palavra que chama, que convida; que pessoalmente interpela, como acontece aos apóstolos. Quando uma pessoa é atingida pela Palavra, nasce a obediência, isto é, a escuta que muda a vida. Todo dia o monge se nutre do pão da Palavra. Privado dele, ele é como morto, e não tem mais nada para comunicar aos irmãos, porque a Palavra é Cristo, ao qual o monge é chamado a se conformar.

Mesmo quando canta com seus irmãos a oração que santifica o tempo, ele continua sua assimilação da Palavra. A riquíssima hinografia litúrgica, da qual justamente se orgulham todas as Igrejas do Oriente cristão, não é senão a continuação da Palavra lida, compreendida, assimilada e finalmente cantada: aqueles hinos são, em grande parte, paráfrases sublimes do texto bíblico, filtradas e personalizadas através da experiência de cada um e da comunidade.

(*Orientale lumen*, n. 10)

9

Diante do abismo da misericórdia divina, ao monge não resta senão proclamar a consciência da própria pobreza radical, que se torna logo invocação e grito de júbilo por uma salvação ainda mais generosa, porque inseparável do abismo da própria miséria (cf., por exemplo, São Basílio, *Regra breve*; São João Crisóstomo, *Sobre a compunção*; *Homilias sobre Mateus*, XV, 3; São Gregório de Nissa, *Sobre as bem-aventuranças*, 3).

É por isso que a invocação de perdão e a glorificação de Deus substanciam grande parte da oração litúrgica. O cristão é imerso no assombro deste paradoxo, último de uma série infinita, toda engrandecida com reconhecimento na linguagem da liturgia: o Imenso se faz limite, uma virgem dá à luz;

através da morte aquele que é a vida derrota a morte para sempre, no alto dos céus um corpo humano se assenta à direita do Pai.

No vértice desta experiência orante está a Eucaristia, o outro vértice ligado indissoluvelmente à Palavra, enquanto lugar no qual a Palavra se faz carne e sangue, experiência celeste onde ela volta a se fazer acontecimento.

Na Eucaristia se esconde a natureza profunda da Igreja, comunidade dos convocados à sinapse para celebrar o dom daquele que é oferente e oferta: eles, participando nos santos mistérios, se tornam "consanguíneos" de Cristo (cf. Nicola Cabasilas, *La vita in Cristo*, IV; Cirilo de Alexandria, *Tratado sobre João*, 11; 12,1.c, 564; São João Crisóstomo, *Homilias sobre Mateus*, LXXXII, 5), antecipando a experiência da divinização no já inseparável vínculo que liga em Cristo divindade e humanidade.

(*Orientale lumen*, n. 10)

10

O homem "morre" quando perde "a vida eterna". O contrário da salvação não é, portanto, só o sofrimento temporal, um sofrimento qualquer, mas o sofrimento definitivo: a perda da vida eterna, ser rejeitados por Deus, a condenação. O Filho unigênito foi dado à humanidade para proteger o homem, antes de tudo, contra este mal definitivo e contra *o sofrimento definitivo*. Em sua missão salvífica ele deve, portanto, tocar o mal em suas mesmas raízes transcendentais, das quais ele se desenvolve na história do homem. Essas raízes transcendentais do mal estão fixadas no pecado e na morte: elas, de fato, se encontram na base da perda da vida eterna. A missão do Filho unigênito consiste em *vencer o pecado e a morte*. Ele vence o pecado com sua obediência até a morte, e vence a morte com sua ressurreição.

(*Salvifici doloris*, n. 14).

11

O sofrimento é, em si mesmo, um experimentar o mal. Mas Cristo fez dele a base mais sólida do bem definitivo, isto é, do bem da salvação eterna. Com seu sofrimento na cruz, Cristo atingiu as mesmas raízes do mal: do pecado e da morte. Ele venceu o artífice do mal, que é Satanás, e sua rebelião permanente contra o Criador. Diante do irmão ou da irmã sofredores, Cristo abre e desdobra gradualmente os horizontes do Reino de Deus: de um mundo convertido ao Criador, de um mundo liberto do pecado, que se está construindo sobre o poder salvífico do amor. E, lentamente, mas eficazmente, Cristo introduz neste mundo, neste Reino do Pai, o homem sofredor, em certo sentido através do coração mesmo de seu sofrimento. O sofrimento, de fato, não pode ser transformado e mudado com uma graça de fora, mas de dentro. E Cristo, mediante seu próprio sofrimento salvífico, se encontra, como nunca, dentro de todo sofrimento humano e pode agir de dentro dele com o poder de seu Espírito de verdade, de seu Espírito Consolador.

(*Salvifici doloris*, n. 26)

12

Úteis? Vocês (os doentes) o são certamente, com sua simples presença. Num mundo marcado pelo anonimato, pela técnica, pela pressa febril, pela preocupação da produtividade, pela sede de prazeres sensíveis imediatos, vocês estão lá simplesmente com o valor de sua pessoa, com sua interioridade, com sua necessidade de relações humanas autênticas. Então, diante de vocês, o mundo para, reflete, volta a considerar o essencial: o sentido da vida, o amor desinteressado, o dom de si. Se vocês têm a fortuna de ter fé e se olham para Cristo crucificado, então vocês penetram mais profundamente num grande mistério, escondido aos olhos do mundo. Depois de ter curado o maior número possível de enfermos, Cristo passou da compaixão para a paixão. Ele tomou sobre si o sofrimento, sem procurar explicá-lo. Ninguém entrou nele como ele. Nele, o sofrimento foi ligado ao amor, foi resgatado. Oferta, tornou-se poder redentor, transfigurado em sua ressurreição. Sim, Cristo inseriu no fundo do sofrimento o poder da redenção e a luz da esperança. Portanto, o doente crente, no cadinho de sua prova que fica intacta, se une silenciosamente à redenção de Cristo, como Maria aos pés da cruz. Não se trata de resignação passiva ou de fatalismo, uma vez que nesse doente subsiste o desejo de viver, com a ajuda dos médicos: mas está pronto a entregar sua vida a Deus quando vier o momento da grande passagem. Ele vive da graça do amor. É um dom de Deus. Eu o peço para vocês.

(*Discurso na Catedral de São João*, n. 5,
Lion, 5 de outubro de 1986)

FEVEREIRO

13

A parábola do bom samaritano pertence ao Evangelho do sofrimento. Ela indica, de fato, qual deve ser a relação de cada um de nós com o próximo sofredor. Não nos é lícito "passar adiante" com indiferença, mas devemos "parar" junto dele. Bom samaritano é *todo homem que para junto ao sofrimento de outro homem*, quem quer que ele seja. Este parar não significa curiosidade, mas disponibilidade. Esta é como o abrir-se de certa disposição interior do coração, que tem também sua expressão emotiva. Bom samaritano é todo homem sensível ao sofrimento do outro, o homem que "se comove" pela desgraça do próximo. Se Cristo, conhecedor do interior do homem, sublinha esta comoção, quer dizer que ela é importante para toda nossa atitude diante do sofrimento alheio. É preciso, portanto, cultivar em si esta sensibilidade do coração, que testemunha a *compaixão* por um sofredor. Às vezes, esta compaixão permanece a única ou a principal expressão de nosso amor e de nossa solidariedade com o homem sofredor.

Todavia, o bom samaritano da parábola de Cristo não para unicamente pela comoção e compaixão. Estas se tornam para ele um estímulo para as ações que visam levar ajuda ao homem ferido. Bom samaritano é, portanto, definitivamente, *aquele que leva ajuda no sofrimento*, de qualquer natureza que esta seja. Ajuda, enquanto possível, eficaz. Nela ele coloca seu coração, mas não poupa nem mesmo os meios materiais. Pode-se dizer que dá a si mesmo, seu próprio "eu", abrindo este "eu" para o outro. Tocamos aqui dois pontos-chave de toda a antropologia cristã. O homem não pode "encontrar-se plenamente senão através de um dom sincero de si" (*Gaudium et spes*, n. 24). Bom samaritano é *o homem capaz deste dom de si*.

(*Salvifici doloris*, n. 28)

14 O acontecimento que devia decidir sobre todo o curso posterior de sua (de Cirilo e Metódio) vida, foi o pedido dirigido ao príncipe Ratislav da Grande Morávia ao imperador Miguel III, de enviar aos seus povos "um bispo e mestre... que estivesse em condição de explicar-lhes a verdadeira fé cristã em sua língua".

Foram escolhidos os santos Cirilo e Metódio, que aceitaram prontamente. Depois, puseram-se em viagem e chegaram à Grande Morávia – um Estado que então compreendia diversas populações eslavas da Europa central, na encruzilhada das influências recíprocas entre Oriente e Ocidente – provavelmente já no ano 863, empreendendo naqueles povos aquela missão, à qual ambos dedicaram todo o resto da vida, passado entre viagens, privações, sofrimentos, hostilidades e perseguições, que para Metódio chegaram até a uma prisão cruel. Tudo eles suportaram com fé forte e esperança invencível em Deus. Tinham, na verdade, se preparado bem para a tarefa que lhes fora confiada: traziam consigo os textos da Sagrada Escritura indispensáveis à celebração da sagrada liturgia, preparados e traduzidos por eles para a língua paleoeslava e escritos num novo alfabeto, elaborado por Constantino Filósofo e perfeitamente adaptado aos sons dessa língua. A atividade missionária dos dois irmãos foi acompanhada de um sucesso notável, mas também de dificuldades compreensíveis que a cristianização anterior, inicial, realizada pelas Igrejas latinas limítrofes, colocava aos novos missionários.

Depois de mais ou menos três anos, na viagem para Roma, eles pararam na Panônia, onde o príncipe eslavo Kocel, fugido do importante centro civil e religioso de Nitra, ofereceu-lhes acolhida cordial. De lá, depois de alguns meses, retomaram o caminho para Roma, junto com seus discípulos, para os quais desejavam obter as ordens sagradas. Seu itinerário passava por Veneza, onde foram submetidas a discussão pública as premissas inovadoras da missão que estavam desenvolvendo. Em Roma, o Papa Adriano II, que sucedeu Nicolau I, os acolheu benevolamente. Ele aprovou os livros litúrgicos eslavos, que mandou colocar solenemente no altar na Igreja de Santa Maria *ad Presepe*, hoje chamada Santa Maria Maior, e recomendou que seus discípulos fossem ordenados padres. Esta fase de seus trabalhos se concluiu de modo muito favorável. Metódio teve de, porém, retomar a etapa posterior sozinho, porque seu irmão menor, gravemente doente, teve apenas tempo de emitir os votos religiosos e de vestir o hábito monástico, pois morreu pouco depois, no dia 14 de fevereiro de 869, em Roma.

(*Slavorum apostoli*, n. 5)

15

São Metódio permaneceu fiel às palavras que Cirilo lhe dissera no leito de morte: "Meu irmão, compartilhávamos a mesma sorte, passando o arado no mesmo sulco; eu, agora, caio no campo ao se concluir minha jornada. Você ama muito – eu sei – sua Montanha;

todavia, por causa da Montanha não abandone sua ação de ensinamento. Onde, na verdade, você pode se salvar melhor?".

Ordenado bispo para o território da antiga diocese da Panônia, nomeado legado pontifício *ad gentes* (para os povos eslavos), ele assumiu o título eclesiástico da sede episcopal restaurada de Sirmio. A atividade apostólica de Metódio, porém, foi interrompida depois de complicações político-religiosas que culminaram com sua prisão por dois anos, sob a acusação de ter invadido a jurisdição episcopal de outro. Foi libertado depois de uma intervenção pessoal do Papa João VIII. Também o novo soberano da Grande Morávia, o príncipe Svatopluk, finalmente se mostrou contrário à obra de Metódio, opondo-se à liturgia eslava e insinuando a Roma dúvidas sobre a ortodoxia do novo arcebispo. No ano 880, Metódio foi convocado *ad limina apostolorum*, para apresentar ainda uma vez toda a questão pessoalmente a João VIII. Na Urbe, absolvido de todas as acusações, ele obtém do Papa a publicação da bula *Industriae tuae*, que, pelo menos substancialmente, restituía as prerrogativas reconhecidas à liturgia em língua eslava pelo predecessor Adriano II.

Metódio obteve reconhecimento análogo de perfeita legitimidade e ortodoxia também por parte do imperador bizantino e do patriarca Fócio, naquele tempo em plena comunhão com Roma, quando no ano 881 ou 882 se dirigiu para Constantinopla. Ele dedicou os últimos anos de vida, sobretudo, a traduções posteriores da Sagrada Escritura e dos livros litúrgicos, das obras dos Padres da Igreja e também da coleção das leis eclesiásticas e civis bizantinas, chamada *Nomocanone*. Preocupado com a sobrevivência da obra que começara, designou como próprio sucessor o discípulo Gorazd. Morreu no dia 6 de abril de 885, a serviço da Igreja instaurada entre os povos eslavos.

(*Slavorum apostoli*, n. 6)

16

O processo de divisão da Europa em ocidental e oriental, acontecido no segundo milênio – processo que concorreu para formar, no âmbito da mais vasta categoria de "europeu", duas variações dessa concepção – se explica com o influxo religioso-cultural de dois centros, situados nos limites meridionais da Europa [...]. Esses centros são Roma e Constantinopla.

O fato de as fronteiras da Europa, e mais da "europeidade", correrem também no âmbito geográfico, está em íntima conexão com a formação desses dois centros, que originariamente consistiam somente em certa separação; mas, já no início do milênio atual, começaram a mostrar a existência de algumas contraposições.

Trata-se não somente de separação e contraposição de dois centros de poder (originariamente também estatal e sempre eclesial), mas também de diversidade de tradições culturais. Essa diversidade e contraposição só parcialmente se identificam com a distinção pré-cristã entre Grécia e Roma; tem, porém, um perfil próprio e deriva de numerosas causas e circunstâncias, que fazem parte do complexo da história da Igreja e da política da Europa do início de nosso milênio.

(*Una frontiera per l'Europa: dove?*, p. 163)

17

O Cristianismo no continente europeu remonta ao tempo dos apóstolos. Conforme o livro dos Atos, o anúncio evangélico atravessou o limite entre a Ásia e a Europa, antes de tudo pela obra de São Paulo. Sucessivamente, o apóstolo Pedro, deixando Jerusalém, dirigiu seus passos, através de Antioquia, para Roma, onde mais tarde se encontrou prisioneiro também Paulo. Desde aquele tempo, Roma se tornou a sede dos apóstolos e por ela começou a se irradiar pela Europa a grande evangelização, que, em certo sentido, pode muito bem ser qualificada como "a primeira" e que durou quase até o fim do século XIV. O último povo a receber o Batismo, junto com seu soberano, foi a Lituânia.

A ação evangelizadora, no centro romano e naqueles ligados a ele (por exemplo, a Irlanda e a Inglaterra), teve outro centro importante no Oriente, em Constantinopla. Se todo o primeiro milênio, já no período das perseguições, e ainda depois de seu término, constitui o tempo da cristandade unida, deve-se deduzir disto que esta unidade, apesar das divisões locais, se referia, sobretudo, à relação entre o Ocidente e o Oriente grego, mais tarde bizantino.

O desenvolvimento da Igreja na região da Ásia Menor e na África, isto é, em torno do Mar Mediterrâneo, teve um grande significado. No entanto, valor primário para a evangelização da Europa deve ser reconhecido à bipolaridade Roma-Bizâncio, a qual, durante todo o primeiro milênio, se mantém no contexto da unidade eclesial. Somente no decorrer do século XI que se foi consumando a divisão prática entre Oriente e Ocidente. Desde aquele tempo, a evangelização da Europa traz consigo a marca de uma divisão que, apesar de esforços louváveis voltados a recompô-la, continua até em nossos dias.

(Discurso na reunião da assembleia do sínodo dos bispos pela Europa, n. 4, 5 de junho de 1990)

18 A Igreja relê sempre o mesmo Evangelho – Verbo de Deus que não passa – no contexto da realidade humana que muda. E Bento soube certamente interpretar com perspicácia os sinais dos tempos de então, quando escreveu sua Regra, na qual a união da oração e do trabalho se tornava, para aqueles que a aceitassem, o princípio da aspiração à eternidade. *Ora et labora* era para o grande fundador do monaquismo ocidental, a mesma verdade que o apóstolo proclama na leitura de hoje, quando afirma que deixou perder tudo por Cristo: "Julgo que tudo é prejuízo diante deste bem supremo que é o conhecimento do Cristo Jesus, meu Senhor. Por causa dele, perdi tudo e considero tudo como lixo a fim de ganhar Cristo e ser encontrado unido a ele" (Fl 3,8-9).

Bento, lendo os sinais dos tempos, viu que era necessário realizar o programa radical da santidade evangélica, expresso com as palavras de São Paulo, numa forma ordinária, nas dimensões da vida cotidiana de todos os homens. Era necessário que o heroico se tornasse normal, cotidiano, e que o normal, cotidiano, se tornasse heroico.

Desse modo ele, pai dos monges, legislador da vida monástica no Ocidente, se tornou mesmo indiretamente o pioneiro de uma nova civilização. Onde quer que o trabalho humano condicionasse o desenvolvimento da cultura, da economia, da vida social, lá chegava o programa beneditino da evangelização, que unia o trabalho à oração e a oração ao trabalho.

(*Homilia*, n. 5, Norcia, 23 de março de 1980)

19

No fim desta peregrinação [...] desejo elevar ao santo patrono da Europa uma fervorosa invocação: "Ó São Bento abade! O humilde sucessor de Pedro e os bispos da Europa, que tu tanto amaste, viemos a este lugar, no qual, jovem estudante, procuraste e encontraste o significado mais verdadeiro de tua existência; neste lugar, no qual, ajudado pelo silêncio, pela reflexão, pela oração, pela penitência, te preparaste para ser instrumento dócil da misericórdia de Deus, que queria fazer de ti um guia e um mestre para a Europa, para a Igreja, para o mundo. Viemos em peregrinação com o objetivo de expressar, antes de tudo, nossa imensa gratidão à Trindade Santíssima pelo dom, que há quinze séculos, fizeste à Igreja: e também com o objetivo de te dizer, ó santo patrono da Europa, nossa fervorosa admiração pela tua plena correspondência à graça e escutar aquela mensagem que viveste em ti e também transmitiste às gerações futuras, enraizada sua força libertadora no Evangelho, que é "força de Deus para a salvação de todo aquele que crê" (Rm 1,16). Ó santo patriarca, tu que não ensinaste diversamente de como viveste (cf. São Gregório Magno, *Dial.*, II, 36), faze que todos nós sintamos, nesta circunstância singular, a atualidade perene de teu ensinamento, para que continues a ser inspirador do bem para o homem contemporâneo.

(*Oração a São Bento*, n. 1,
Subiaco, 28 de setembro de 1980)

20

Tu nos ensinaste que Deus criador e Pai deve ser o "primeiro servido", mediante a fé viva, o culto decoroso, a adoração devota, a oração assídua, a obediência alegre à sua santíssima vontade. Tu nos ensinaste que a vida do homem é digna de ser vivida, sem otimismo superficial utópico nem pessimismo desesperado, porque é dom do amor de Deus e deve ser uma contínua, perene, constante busca de Deus, o único verdadeiro e autêntico valor absoluto. Tu nos ensinaste que o cristão, para ser verdadeiramente tal, deve "servir na milícia de Cristo Senhor, rei verdadeiro (São Bento, *Regra*, Prol.), fazendo de Cristo o centro da própria vida e dos próprios interesses. Tu nos ensinaste que, junto com o destaque interior dos bens caducos da terra, devemos possuir uma alegre e operante abertura de espírito e de coração para todos os homens, irmãos em Cristo, filhos do mesmo Pai celeste. Tu nos ensinaste que, para o homem, o trabalho – não somente aquele de quem se inclina sobre os livros, mas também de quem se inclina com a fronte molhada de suor e com as mãos doloridas, para cavar a terra – não é humilhação nem alienação, mas elevação, exaltação, antes, participação na obra criadora de Deus; e contribuição consciente e meritória para a construção da cidade

FEVEREIRO

terrena, na espera da cidade definitiva e eterna. Tu nos ensinaste que a fé cristã, longe de ser elemento de divisão ou de desagregação, é matriz de unidade, de solidariedade, de fusão também na ordem temporal, social, cultural, e que, portanto, a liberdade religiosa é um dos direitos alienáveis do homem.

(*Oração a São Bento*, n. 2,
Subiaco, 28 de setembro de 1980)

21 Qual é a Europa que hoje deveria ser sonhada? Seja-me permitido traçar aqui um rápido esboço da visão que tenho de uma Europa unida.

Penso numa Europa sem nacionalismos egoístas, na qual as nações são vistas como centros vivos de uma riqueza cultural que merece ser protegida e promovida para vantagem de todos.

Penso numa Europa na qual as conquistas da ciência, da economia e do bem-estar social não se orientam para um consumismo sem sentido, mas estão a serviço de todo homem em necessidade e da ajuda solidária para aqueles países que procuram atingir a meta da segurança social. Possa a Europa, que sofreu em sua história tantas guerras sanguinolentas, se tornar um fator ativo da paz no mundo!

Penso numa Europa cuja unidade se fundamenta na verdadeira liberdade. A liberdade de religião e as liberdades sociais amadureceram como frutos preciosos no *húmus* do Cristianismo. Sem liberdade não há responsabilidade: nem diante de Deus, nem diante dos homens. Sobretudo depois do Concílio Vaticano II, a Igreja quer dar um amplo espaço à liberdade. O estado moderno é consciente de que não pode ser um estado de direito, se não proteger nem promover a liberdade dos cidadãos em suas possibilidades de expressão, tanto individuais como coletivas.

Penso numa Europa unida graças ao empenho dos jovens. Com tanta facilidade os jovens se entendem entre si, além dos limites geográficos! Como pode nascer, porém, uma geração juvenil que esteja aberta ao verdadeiro, ao belo, ao nobre e àquilo que é digno de sacrifício, se na Europa a *família* não se apresenta mais como uma instituição aberta à vida e ao amor desinteressado?

(*Discurso à direção do prêmio Carlos Magno*, n. 5, 24 de março de 2004)

22

O Evangelho da esperança, entregue à Igreja e por ela assimilado, pede para ser todo dia anunciado e testemunhado. É esta a vocação própria da Igreja em todos os tempos e em todos os lugares. É esta também a missão da Igreja hoje na Europa. "Evangelizar, de fato, é a graça e a vocação própria da Igreja, sua identidade mais profunda. Ela existe para evangelizar, isto é, para pregar e ensinar, ser o canal do dom da graça, reconciliar os pecadores com Deus, perpetuar o sacrifício do Cristo na santa missa que é o memorial de sua morte e de sua gloriosa ressurreição" (Paulo VI, exortação apostólica *Evangelii nuntiandi*, 14).

A Igreja na Europa, a "nova evangelização", é a tarefa que nos espera! Saiba reencontrar o entusiasmo do anúncio. Sinta dirigida a você, hoje, neste início do terceiro milênio, a súplica que já soou nos albores do primeiro milênio, quando apareceu em visão a Paulo um macedônio que lhe suplicava: "Passa pela Macedônia e ajuda-nos!" (At 16,9). Mesmo se não expressa ou até reprimida, é esta a invocação mais profunda e mais verdadeira que brota do coração dos europeus de hoje, sedentos de uma esperança que não decepciona. A você esta esperança foi dada como presente para que você também a desse com alegria em todo tempo e em toda latitude. O anúncio de Jesus, que é o Evangelho da esperança, seja, portanto, sua glória e sua razão de ser. Continue com ardor renovado no mesmo espírito missionário que, ao longo destes vinte séculos e começando da pregação dos apóstolos Pedro e Paulo, animou tantos santos e santas, evangelizadores autênticos do continente europeu.

(*Ecclesia in Europa*, n. 45)

23

Atravessando a Porta Santa, no início do Grande Jubileu do ano 2000, elevei diante da Igreja e do mundo o livro do Evangelho. Este gesto, realizado por todo bispo nas diversas catedrais do mundo, indique o empenho que espera hoje e sempre a Igreja em nosso continente.

A Igreja na Europa entra no novo milênio com o livro do Evangelho! Seja acolhida por todo fiel a exortação conciliar "para aprender 'o sublime conhecimento de Cristo' (Fl 3,8) com a leitura frequente das Escrituras divinas. 'A ignorância das Escrituras, de fato, é ignorância de Cristo'" (Concílio Ecumênico Vaticano II, *Dei Verbum*, n. 25). A Bíblia sagrada continue a ser um tesouro para a

FEVEREIRO

Igreja e para todo cristão: no estudo atento da Palavra encontraremos alimento e força para realizar a cada dia nossa missão.

Tomemos em nossas mãos este livro! Aceitemo-lo do Senhor que continuamente no-lo oferece através de sua Igreja (cf. Ap 10,8). *Devoremo-lo* (cf. Ap 10,9), para que se torne vida de nossa vida. *Degustemo-lo* (cf. Ap 10,9), até o fundo: reservar-nos-á canseiras, mas nos dará alegria porque é doce como o mel (cf. Ap 10,9-10). Seremos repletos de esperança e *capazes de comunicá-la* a cada homem e mulher que encontrarmos em nosso caminho.

(*Ecclesia in Europa*, n. 65)

24

No que diz respeito às linhas de desenvolvimento da cultura humanista, por muitos séculos, as premissas metafísicas e gnoseológicas universalmente aceitas garantiram uma visão teocêntrica da realidade. Esta – especialmente no âmbito da tradição cristã – tinha também, como é óbvio, sua precisa dimensão cosmológica e antropológica. Para corroborar as certezas conseguidas em tal visão da realidade, levavam não somente os conhecimentos teológicos, mas também os filosóficos, pelo menos até quando ao centro da tensão filosófica restou a objetividade do *ser*. Do tempo de Descartes, como se sabe, veio se realizando um deslocamento deste centro para a consciência subjetiva, e das consequências desse deslocamento nós todos somos testemunhas. A filosofia se tornou antes de tudo gnoseologia (teoria do conhecimento), com a consequência que no centro da realidade encontrou-se o homem como sujeito cognoscitivo, mas aí ficou sozinho.

(*Discurso na reunião da assembleia do sínodo dos bispos pela Europa*, n. 5, 5 de junho de 1990)

25

Também o cosmos, e, sobretudo, o mundo visível e empírico, tornou-se, com o desenvolvimento das ciências naturais, um âmbito do conhecimento humano fechado em si mesmo. Se para Newton, que é chamado o pai da ciência natural moderna, este conhecimento permanecia no contexto da religião e da revelação, o desenvolvimento posterior das ciências naturais habituou gradualmente as mentes humanas a olhar o mundo em si mesmo, "como se Deus não existisse". A hipótese, no início metódica, da não existência de Deus, com o passar do tempo levou à ideia de Deus como hipótese. Essas correntes de pensamento se consolidaram sob forma de agnosticismo difuso, especialmente entre os cientistas. Um passo posterior foi o ateísmo que, do ponto de vista filosófico, assumiu sua expressão mais radical no materialismo dialético marxista. Na visão filosófica, própria desta corrente de pensamento, a religião constitui uma das formas de alienação do homem, que, criando para si a ideia de Deus, se priva por si daquilo que é um seu atributo e uma sua propriedade. Aliena-se renunciando à herança de tudo aquilo que é autenticamente humano.

O marxismo é a forma extrema deste processo intelectual que atravessou a consciência europeia (e não somente aquela) entre os séculos XIX e XX.

O positivismo filosófico não constitui seguramente uma forma tão extrema de ateísmo; também ele, no entanto, encerra o conhecimento humano dentro de limites puramente empíricos, negando à ideia de Deus, e, portanto, à religião, a possibilidade de uma fundamentação racional.

(Discurso na reunião da assembleia do sínodo dos bispos pela Europa, n. 5, 5 de junho de 1990)

26

A fé acolhe o Deus vivo como ele se revelou. Na revelação, o Deus invisível se dirige aos homens como a amigos, para convidá-los a compartilhar a própria vida (cf. *Dei Verbum*, n. 1). Através dos acontecimentos da história santa e das palavras proféticas que lhe dão sentido, faz-lhes sinal e suscita sua fé na aliança que lhes propõe. Mais ainda, no Cristo, o Filho amado, "nós conhecemos Deus visivelmente, por meio dele somos raptados para o amor das coisas invisíveis" (Prefácio de Natal). Nós vamos para este Deus com a adesão livre de nossa inteligência, mas também com o amor que responde a seu amor: "O amor de Deus foi derramado em nossos corações por meio do Espírito Santo que nos foi dado" (Rm 5,5).

A fé é, portanto, um modo de olhar a vida, a história, à luz do Espírito Santo e, ao mesmo tempo, de olhar para além da história. Através dela, nós nos tornamos atentos à realidade mais profunda, além das coisas e no interior das coisas. Os olhos se tornam capazes de ver a beleza e a coesão de tudo aquilo que vivo neste mundo. Na grande luz de Deus, todas as luzes da criação adquirem novo fulgor. E, do mesmo modo, a experiência humana, o nascimento, o amor, o sofrimento, a morte, são colocados numa luz nova, em relação com a vida de Cristo.

(*Homilia na missa para os artistas*, n. 2,
Bruxelas, 20 de maio de 1985)

27

A fé, por si mesma, quer se fazer compreensível e acessível a todos. A missão cristã tende, portanto, sempre a fazer conhecer a verdade, e o verdadeiro amor pelo próximo se manifesta em sua forma mais completa e profunda quando quer dar ao próximo aquilo de que o homem tem necessidade mais radicalmente: o conhecimento da verdade e a comunhão com ela. E a verdade suprema é o mistério de Deus uno e trino definitiva e insuperavelmente revelado em Cristo. Quando o anseio missionário corre o risco de se tornar árido, depende, sobretudo, da perda da paixão e do amor pela verdade, que a fé cristã faz encontrar.

Por outro lado, o conhecimento da verdade cristã pede intimamente e exige interiormente o amor àquele ao qual deu o próprio assentimento. A *teologia sapiencial* de Santa Teresa do Menino Jesus mostra o caminho mestre de toda reflexão teológica e pesquisa doutrinal: o amor do qual "dependem a lei e os profetas" é amor que tende à verdade e, desse modo, se conserva como *ágape* autêntico com Deus e com os homens. É importante para a teologia, hoje, recuperar a dimensão sapiencial, que integra o aspecto intelectual e científico com a santidade da vida e a experiência contemplativa do mistério cristão.

(*Discurso para a Congregação para a Doutrina da Fé*, n 4, 24 de outubro de 1997)

28

O que é a fé? A fé é o contrário da incredulidade, enquanto se contrapõe a quem tenta rejeitar a pedra angular que é Cristo. A fé é, portanto, aceitar o Reino que Deus está construindo no mundo sobre Cristo, sobre esta única extremidade do ângulo. O que é a fé? A liturgia [...] dá a esta pergunta uma resposta na qual se encerra toda a lógica da Páscoa de Cristo: da cruz e da ressurreição. A liturgia responde com as palavras tiradas da Carta de São João, as quais contêm em si um reflexo profundo daquilo que João, junto com os outros apóstolos e com Tomás, pôde experimentar no cenáculo de Jerusalém. Estas são as palavras de João: "Todo aquele que crê que Jesus é o Cristo foi gerado de Deus... Tudo o que foi gerado de Deus vence o mundo. E esta é a vitória que venceu o mundo: a nossa fé. Quem é o vencedor do mundo, senão aquele que crê que Jesus é o Filho de Deus?" (1Jo 5,1.4-5). "Meu Senhor e meu Deus."

(*Homilia na celebração conclusiva do consistório*, n. 3, 7 de abril de 1991)

MARÇO

1

No tempo da Quaresma, todos devemos, com atenção especial, olhar para a cruz e compreender novamente sua eloquência. Não podemos ver nela somente uma recordação dos eventos acontecidos cerca de dois mil anos atrás. Devemos compreender o ensinamento da cruz da maneira como ele fala aos nossos tempos, ao homem de hoje: "Jesus Cristo é o mesmo ontem, hoje e sempre" (Hb 13,8).

Na cruz de Jesus Cristo se expressa um vivo convite à *metánoia*, à conversão: "Convertei-vos e crede no Evangelho" (Mc 1,15). E este convite devemos aceitá-lo como endereçado a cada um de nós e a todos, de maneira particular no período da Quaresma. Viver a Quaresma significa converter-se a Deus através de Jesus Cristo.

Cristo mesmo nos indica no Evangelho o rico programa da conversão. Cristo – e, depois dele, a Igreja – nos propõe ainda, no tempo da Quaresma, os meios que servem para esta conversão. Trata-se, antes de tudo, da oração; depois, da esmola e do jejum. É preciso aceitar estes meios e introduzir-nos na vida na proporção das necessidades e das possibilidades do homem e do cristão dos nossos tempos. A oração permanece sempre a condição primeira e fundamental da aproximação a Deus. Durante a Quaresma devemos rezar, devemos nos esforçar para rezar mais; procurar o tempo e o lugar para rezar. É, em primeiro lugar, ela que nos faz sair da indiferença e nos torna sensíveis às coisas de Deus e da alma. A oração educa ainda nossa consciência e a Quaresma é um tempo especialmente adequado para a despertar e educar. A Igreja nos recorda, justamente neste período, a necessidade inadiável da confissão sacramental, a fim de que todos possamos viver a ressurreição de Cristo não somente na liturgia, mas em nossa própria alma.

(*Mensagem à Igreja de Roma para a Quaresma*, nn. 1-2, 28 de fevereiro de 1979)

2

A Igreja convida cada um de nós a se colocar hoje diante da liturgia, que remonta até os limiares da história do homem: "Lembra-te de que és pó e em pó te hás de tornar" (Gn 3,19). São as palavras do livro do Gênesis; nelas encontramos a expressão mais simples daquela "liturgia da morte", da qual o homem se tornou participante em consequência do pecado. A árvore da vida ficou fora de seu alcance, quando, contra a vontade de Deus, ele se propôs assimilar a realidade desconhecida do bem e do mal, com o objetivo de se tornar, como o anjo caído, "como Deus"; de se tornar "como Deus, conhecendo o bem e o mal" (Gn 3,5).

E justamente então o homem ouviu estas palavras, que traçaram seu destino sobre a terra: "Comerás o pão com o suor de teu rosto, até voltares ao solo, do qual foste tirado. Porque tu és pó e ao pó hás de voltar" (Gn 3,19).

Para começar a Quaresma, para se converter para Deus essencial e radicalmente, é preciso retornar àquele "princípio": ao início do pecado humano e da morte, que dele tem o começo. É necessário encontrar a consciência do pecado que se tornou o início de todo pecado na terra; que se tornou o fundamento permanente e a fonte da pecaminosidade do homem.

Aquele pecado original está, realmente, em todo ser humano. Ele é em nós a herança do primeiro Adão. E mesmo se apagado pelo Batismo por obra de Cristo, "último Adão" (1Cor 15,45), ele deixa seus efeitos em cada um de nós.

(*Homilia na Quarta-feira de Cinzas*, nn. 1-2, 20 de fevereiro de 1980)

MARÇO

3

Por que o sentido do pecado está ligado à dignidade do homem? Porque esta dignidade exige também que o homem viva na verdade. Ora, a verdade sobre o homem é que ele comete o mal, que ele é pecador. Até aqueles que se esforçam por riscar do vocabulário do coração o sentido do pecado, e de apagá-lo da linguagem humana, confirmam, todos, de diversas maneiras, esta verdade. Apagar o sentido do pecado significa empobrecer o homem num ponto constitutivo da experiência da humanidade.

Quem quer eliminar o sentido do pecado, o faz para "libertar" o homem da perspectiva de uma "conversão" (e, portanto, da "penitência" sacramental). Este modo de proceder desemboca, porém, no vazio ou ainda carrega o subconsciente com a ideia do *mal inevitável* e, de alguma forma, *normal*. Disto se conclui a necessidade de não chamar o mal *de mal*, mas *de bem*, para poder ceder a ele também no campo das exigências morais mais fundamentais.

("*Non abbiate paura!*", p. 99)

4 *Reconhecer o próprio pecado*, antes – indo ainda mais a fundo na consideração da própria personalidade –, *reconhecer-se pecador*, capaz de pecado e levado ao pecado, é o princípio indispensável da volta para Deus. É a experiência exemplar de Davi, que, depois de "ter feito mal aos olhos do Senhor", repreendido pelo profeta Natan, exclama: "Reconheço minha iniquidade, e meu pecado está sempre diante de mim. Contra ti, só contra ti eu pequei, eu fiz o que é mal a teus olhos" (Sl 51[50],5-6). De resto, Jesus coloca na boca e no coração do filho pródigo aquelas palavras significativas: "Pai, pequei contra o céu e contra ti" (Lc 15,18.21).

Na realidade, reconciliar-se com Deus supõe e inclui o desapegar-se do pecado, no qual se caiu, com lucidez e determinação. Supõe e inclui, portanto, *fazer penitência* no sentido mais completo do termo: arrepender-se, manifestar o arrependimento, assumir a atitude concreta do arrependido, que é a de quem se coloca no caminho de volta ao Pai. Esta é uma lei geral, que cada um deve seguir na situação particular em que se encontra. O discurso sobre o pecado e sobre a conversão, de fato, não pode ser desenvolvido somente em termos abstratos.

(*Reconciliatio et paenitentia*, n. 13)

5

MARÇO

O Deus da Aliança é apresentado à mulher como um soberano ciumento do mistério de seu domínio, como um adversário do homem ao qual é preciso se opor, contra o qual é preciso se rebelar. Enfim, Satanás formula a tentação, que tira do mesmo núcleo da própria rebelião e negação: "No dia em que comerdes da árvore, vossos olhos se abrirão, e sereis como Deus, conhecedores do bem e do mal" (Gn 3,4-50).

O pai da mentira não se apresenta ao homem negando a existência de Deus: não lhe nega a existência e a onipotência, que se expressam na criação; ele aponta diretamente para o Deus da Aliança. A negação de Deus, sem reservas, é impossível, porque sua existência é muito óbvia no universo criado, no homem... até no mesmo Satanás. O apóstolo escreveu: "Também os demônios creem isso, e estremecem de medo" (Tg 2,19), demonstrando assim que também eles não são capazes de negar a existência de Deus e seu poder soberano sobre todo ser. Ao contrário, a destruição da verdade sobre o Deus da Aliança, sobre o Deus que cria a partir do amor, que no amor oferece à humanidade a Aliança em Adão, que por amor coloca diante do homem exigências que tocam a mesma verdade de seu ser criado, a destruição desta verdade é, no discurso de Satanás, total.

(*Segno di contradizione*, pp. 39-40)

6 O relato do primeiro pecado no Éden e o relato de Babel, apesar das diferenças notáveis de conteúdo e de forma entre eles, têm um ponto de convergência: em ambos nos encontramos diante de uma *exclusão de Deus* por oposição frontal a um mandamento seu, por um gesto de rivalidade em relação a ele, pela pretensão enganosa de ser "como ele" (Gn 3,5: "sereis como Deus, conhecedores do bem e do mal"; cf. também o v. 22). No relato de Babel, a exclusão de Deus não aparece tanto em chave de contraste com ele, mas como esquecimento e indiferença diante dele, como se Deus não merecesse qualquer interesse no âmbito do desígnio operativo e associativo do homem. Mas em ambos os casos *a relação com Deus* é cortada com violência. No caso do Éden, aparece em toda sua gravidade e dramaticidade aquilo que constitui a essência mais íntima e mais obscura do pecado: a *desobediência a Deus*, à sua lei, à norma moral que ele deu ao homem, escrevendo-a no coração, confirmando-a e aperfeiçoando-a com a revelação.

Exclusão de Deus, ruptura com Deus, desobediência a Deus: ao longo de toda a história humana, este foi e é, sob formas diversas, o pecado, que pode chegar até à negação de Deus e de sua existência: é o fenômeno chamado ateísmo. *Desobediência* do homem, que – com um ato de sua liberdade – não reconhece o senhorio de Deus sobre sua vida, pelo menos naquele momento determinado em que viola sua lei.

(*Reconciliatio et paenitentia*, n. 14)

7. Meditemos, portanto, o Salmo 50, no qual o homem eternamente se encontra com a graça de Cristo. Esta graça chega ao espaço do homem interior, toca as consciências.

O homem do Salmo 51 diz: "Reconheço a minha iniquidade, e meu pecado está sempre diante de mim. Contra ti, só contra ti eu pequei, eu fiz o que é mal a teus olhos" (Sl 51[50],5-6).

O homem se apresenta diante de Deus em toda sua verdade interior. Esta é a verdade da consciência. Nela se espelha a lei moral que é conhecida pelo homem: ela realmente não só é confirmada pela revelação, mas é também escrita no coração de cada um. Esta lei culmina no mandamento do amor. À luz desta lei – e ainda mais à luz do amor revelado na cruz de Cristo – o homem vê sua própria vida e seu próprio comportamento, os próprios pensamentos, as palavras e as obras. Vê na verdade. E através desta verdade se encontra com Deus. Não pode se encontrar com ele senão na verdade. Nisto consiste a grandeza insubstituível da consciência. A Quaresma interpela e exorta com vigor especial nossas consciências.

(*Angelus*, n. 2, 16 de fevereiro de 1986)

8 A Igreja – escrevia eu na carta apostólica *Mulieris dignitatem* – "*deseja agradecer a Santíssima Trindade* pelo 'mistério da mulher' – por toda mulher – por aquilo que constitui a medida eterna de sua dignidade feminina, pelas 'grandes obras de Deus' que na história das gerações humanas foram realizadas nela e por meio dela".

Agradecer ao Senhor pelo seu desígnio sobre a vocação e a missão das mulheres no mundo se torna também um *obrigado* concreto e direto às mulheres, a cada mulher, por aquilo que ela representa na vida da humanidade.

Obrigado a você, *mulher mãe*, que se faz seio do ser humano na alegria e no trabalho de uma experiência única, que a torna sorriso de Deus para o filho que vem à luz, a faz guia de seus primeiros passos, apoio em seu crescimento, ponto de referência no sucessivo caminho da vida.

Obrigado a você, *mulher esposa*, que une irrevogavelmente seu destino ao do homem, numa relação de dom recíproco, a serviço da comunhão e da vida.

Obrigado a você, *mulher filha* e *mulher irmã*, que leva no núcleo familiar e, depois, no conjunto da vida social as riquezas de sua sensibilidade, de sua intuição, de sua generosidade e de sua constância.

Obrigado a você, mulher trabalhadora, empregada em todos os âmbitos da vida social, econômica, cultural, artística, política, pela contribuição indispensável que você dá na elaboração de uma cultura capaz de conjugar razão e sentimento, uma concepção da vida sempre aberta ao sentido do "mistério", à edificação de estruturas econômicas e políticas mais ricas de humanidade.

Obrigado a você, *mulher consagrada*, que a exemplo da maior das mulheres, a Mãe de Cristo, Verbo encarnado, se abre com docilidade e fidelidade ao amor de Deus, ajudando a Igreja e toda a humanidade a viver em relação a Deus uma resposta "esponsal", que expressa maravilhosamente a comunhão que ele quer estabelecer com sua criatura.

Obrigado a você, *mulher*, pelo fato mesmo de ser *mulher*! Com a percepção que é própria de sua feminilidade você enriquece a compreensão do mundo e contribui para a verdade plena das relações humanas.

(*Carta às mulheres*, n. 2)

9

Mas agradecer não basta, eu sei. Infelizmente, somos herdeiros de uma história de *condicionamentos* enormes que, em todos os tempos e latitudes, tornaram difícil o caminho da mulher, ignorada em sua dignidade, deturpada em suas prerrogativas, não raro marginalizada e até reduzida à servidão. Isto a impediu de ser, profundamente, ela mesma e empobreceu toda a humanidade de autênticas riquezas espirituais. Não seria certamente fácil atribuir responsabilidades precisas, considerando a força das sedimentações culturais que, ao longo dos séculos, plasmaram mentalidades e instituições. Mas se nisto não faltaram responsabilidades objetivas até de não poucos filhos da Igreja, especialmente em determinados contextos históricos, lamento-o sinceramente. Que este pesar se traduza para toda a Igreja num empenho de fidelidade renovada à aspiração evangélica, a qual, justamente sobre o tema da libertação das mulheres de toda espécie de afronta e de domínio, tem uma mensagem de atualidade perene, que brota da *atitude mesma de Cristo*. Ele, superando os cânones vigentes na cultura de seu tempo, teve em relação às mulheres uma atitude de abertura, de respeito, de acolhida, de ternura. Honrava, assim, na mulher a dignidade que ela sempre teve no projeto de amor de Deus. Olhando para ele, no fim deste segundo milênio, vem-nos espontaneamente a pergunta: quanto de sua mensagem foi recebida e realizada?

(*Carta às mulheres*, n. 3)

10

Sim, é hora de olhar com a coragem da memória e o reconhecimento sincero das responsabilidades para a longa história da humanidade, à qual as mulheres deram uma contribuição não inferior à dos homens e, na maioria das vezes, em condições bem mais difíceis. Penso, em especial, nas mulheres que amaram a cultura e a arte e a elas se dedicaram partindo de condições de desvantagem, excluídas frequentemente de uma educação paritária, expostas ao desprezo, ao desconhecimento e até à expropriação de sua contribuição intelectual [...].

MARÇO

Deve-se colocar no devido relevo o "gênio da mulher", não considerando somente mulheres grandiosas e famosas, que viveram no passado ou são nossas contemporâneas, mas também as *simples*, que expressam seu talento feminino a serviço dos outros na normalidade do cotidiano. É, de fato, especialmente em seu doar-se aos outros na vida de cada dia que a mulher percebe a vocação profunda da própria vida, ela que, talvez ainda mais que o homem, *vê o homem*, porque o vê com o coração. Ela o vê independentemente dos vários sistemas ideológicos ou políticos. Ela o vê em sua grandeza e em seus limites, e procura ir-lhe ao encontro e ser-lhe ajuda. Dessa forma, realiza-se na história da humanidade o desígnio fundamental do Criador e vem à luz incessantemente, na variedade das vocações, a beleza – não somente física, mas, sobretudo, espiritual – que Deus deu generosamente desde o início à criatura humana e especialmente à mulher.

(*Carta às mulheres*, nn. 3 e 12)

11

Hoje, meditamos o primeiro mistério doloroso: a agonia de Jesus no jardim do Getsêmani. Guia-nos o mesmo evangelista e mestre deste ano litúrgico, São Lucas (Lc 22,29-46). Ele relata que Jesus, saindo do cenáculo, foi "como de costume" ao monte das Oliveiras. Ele não estava sozinho; seus discípulos, mesmo sem compreender, o seguiam. A eles, por duas vezes, na abertura e na conclusão do acontecimento, Jesus endereçou a exortação que nós cotidianamente expressamos no Pai-Nosso: "Orai para não cairdes em tentação" (Lc 22,40.46).

Neste domingo e na próxima semana da Quaresma, acolhemos esta palavra divina como viático e como chamado realista: "Rezai para não cair em tentação". Jesus, na prova extrema de sua vida, reza em solidão: "Afastou-se deles à distância de um arremesso de pedra e, de joelhos, começou a orar" (Lc 22,41). O conteúdo da oração é filial, inclinada, na dor interior, a acolher a vontade do Pai, fiel mesmo na angústia por tudo o que está para acontecer: "Pai, se quiseres, afasta de mim este cálice! Contudo, não seja feita a minha vontade, mas a tua!" (Lc 22,42).

E Jesus entra num sofrimento que envolve dramaticamente toda sua pessoa: "Seu suor tornou-se como gotas de sangue que caíam no chão". Mas sua oração se fizera "mais intensa" (Lc 22,44).

Irmãos e irmãs, contemplemos Jesus na dor física, seu sofrimento dilacerante, psicológico e moral, no abandono e na solidão, mas em oração, no esforço de aderir em fidelidade total ao Pai. Nesta etapa quaresmal, temos um empenho preciso: interpretar nosso sofrer à luz do sofrimento de Jesus, perito em sofrer e cheio de compaixão (cf. Hb 5,1-10); e orar, orar mais. Oração no segredo de nosso quarto (Mt 6,6); oração de oferta de nosso trabalho; oração de escuta e de meditação da Palavra de Deus; oração em família mediante o santo rosário; oração litúrgica, fonte e vértice de nossa vida interior.

(*Angelus*, nn. 2-3, 12 de fevereiro de 1989)

12

Na oração mariana deste segundo domingo da Quaresma, consideramos o segundo mistério doloroso do rosário: Jesus é flagelado. O evangelista São Lucas sublinha por bem três vezes as torturas às quais Jesus foi submetido antes da execução capital.

Antes de tudo, antes de comparecer diante do sinédrio: "Os homens que vigiavam Jesus escarneciam dele e o espancavam. Cobriam seu rosto e lhe diziam: 'Profetiza! Quem é que te bateu?'. E o insultavam de muitos outros modos" (Lc 22,63-65). Aquele a quem, mas que qualquer outro, cabia o título de "profeta", isto é, de homem que fala em nome e com o poder de Deus, é escarnecido justamente sobre sua mais profunda realidade pessoal: o ser ele a Palavra mesma de Deus. Também no encontro com Herodes Antipas se repete uma cena análoga: "Herodes, com seus soldados, tratou Jesus com desprezo, zombou dele, vestiu-o com uma roupa vistosa e mandou-o de volta a Pilatos" (Lc 23,11). E diante de Pilatos, pela terceira vez, Lucas escreve: "Pilatos disse: 'Portanto, vou castigá-lo e depois o soltarei'" (Lc 23,13.16).

São Marcos descreve este castigo: "Pilatos, querendo satisfazer a multidão, soltou Barrabás, mandou açoitar Jesus e entregou-o para ser crucificado" (Mc 15,15). A *flagellatio* romana, feita por alguns soldados munidos de *flagellum* ou de *flagrum*, chicotes de cordinhas trançadas com couro, ou trazendo nas pontas corpos que feriam, era o suplício reservado aos escravos e aos condenados à morte. Seus efeitos eram terríveis: quem era submetido a ela não raramente ficava sem vida, sob os golpes. Jesus não se esquivou nem mesmo deste sofrimento atroz: enfrentou-o por nós. Meditando este segundo mistério doloroso do rosário, sentimo-nos convidados a nos fazer discípulos de Jesus sofredor.

(*Angelus*, nn. 1-2, 19 de fevereiro de 1989)

13 Dediquemos o encontro de hoje à oração mariana na contemplação do terceiro mistério doloroso: a coroação de espinhos de Jesus. O fato é relatado nos Evangelhos, que, mesmo não se demorando em muitos detalhes, sublinharam, por outro lado, os gestos agressivos e de diversão doentia dos soldados de Pilatos.

"Os soldados" – escreve Marcos, seguido por Mateus e por João – "levaram Jesus para dentro do pátio do pretório e chamaram todo o batalhão. Vestiram Jesus com um manto de púrpura e puseram nele uma coroa trançada de espinhos. E começaram a saudá-lo: 'Salve, rei dos judeus!'. Batiam na sua cabeça com uma vara, cuspiam nele e, dobrando os joelhos, se prostravam diante dele" (Mc 15,16-19; cf. Mt 27,27-30; Jo 19,2-3). Mateus acrescenta somente um sinal zombeteiro de realeza: antes, colocam a cana na mão direita de Jesus, como se fosse um cetro real (Mt 27,29); depois, tomam-lha da mão e com ela batem em sua cabeça (Mt 27,30).

Estamos diante de uma imagem de dor, que relembra todas as loucuras homicidas, todos os sadismos da história. Também Jesus quis estar em poder da malvadeza por vezes dramaticamente cruel dos homens. João nos leva a transformar nossa contemplação em oração, que adora e treme, diante do

MARÇO

sofrimento de Jesus, coroado de espinhos: "Pilatos" – ele escreve – "saiu outra vez e disse aos judeus: 'Olhai! Eu o trago aqui fora, diante de vós, para que saibais que eu não encontro nele nenhum motivo de condenação'. Então, Jesus veio para fora, trazendo a coroa de espinhos e o manto de púrpura. Ele disse-lhes: 'Eis o homem!'" (Jo 19,4-5).

Na realidade, aquele homem é o Filho de Deus que, mediante um sofrimento indizível, leva a termo o plano salvífico do Pai. Ele levou tão a sério os nossos dramas a ponto de compartilhá-los, assumi-los, enriquecê-los de sentido, transformá-los numa possibilidade inesperada de vida, de graça, de comunhão com Deus e, portanto, de glória.

(*Angelus*, nn. 1-2, 26 de fevereiro de 1989)

14

Neste nosso encontro quaresmal na oração mariana do *Angelus*, o pensamento se dirige para o quarto mistério doloroso do santo rosário: Jesus no caminho do Calvário. Nossa meditação se fixa, antes de tudo, naquilo que determinou aquele dilacerante itinerário: a condenação de Jesus à morte. São Lucas escreve:

"Os sumos sacerdotes, as autoridades e o povo [...] pediam que fosse crucificado [...]. [Pilatos] entregou Jesus à vontade deles" (Lc 23,13.23.25). "Entregar", "abandonar", "ser entregue" são os termos que aparecem no relato. Eles tornam o latino *tradere* e *traditum* verbos nos quais se refletem tanto o gesto de pusilanimidade e de injustiça de Pilatos como o desígnio do Pai e a vontade de amor do Filho, que aceita "ser entregue" pela salvação do mundo.

Ao longo da via dolorosa, o evangelista São Lucas nos oferece, depois, modelos que nos ensinam a viver, em nosso cotidiano, a paixão de Jesus como itinerário para a ressurreição. O primeiro exemplo é o de Simão de Cirene, que "vinha do campo e o mandaram carregar a cruz atrás de Jesus" (Lc 23,26). Não é relevante somente o fato de levar a cruz. Muitíssimas pessoas sofrem dramaticamente no mundo: todo povo, toda família tem nos próprios ombros dores e pesos para levar. Aquilo que dá plenitude de significado à cruz é levá-la atrás de Jesus, não num caminho de angustiosa solidão ou de rebelião, mas num caminho sustentado e vivificado pela presença divina do Senhor.

O segundo exemplo é dado pela "grande multidão de povo e de mulheres que batiam no peito e choravam por ele [Jesus]" (Lc 23,27). Não basta uma partilha feita de palavras de compaixão ou então de lágrimas de participação: é preciso tomar consciência da própria responsabilidade no drama da dor, especialmente daquele inocente. Isto leva a assumir a própria parte em trazer uma contribuição ativa para seu alívio.

(*Angelus*, nn. 1-3, 5 de março de 1989)

15

Neste quinto domingo de nosso caminho quaresmal, no momento da oração mariana, paramos para considerar o quinto mistério doloroso do santo rosário: Jesus morre na cruz. A crucifixão e morte de Jesus envolvem céu e terra como os outros acontecimentos fundamentais da história da salvação: a criação, o nascimento de Jesus, a ressurreição, a vinda final ou parúsia do Senhor. O evangelista Lucas anota: "era por volta do meio-dia, quando o sol se eclipsou e se fez escuridão sobre toda a terra" (Lc 23,44). Neste acontecimento se expressa com a máxima evidência como Jesus é sinal de "contradição" (cf. Lc 2,34). De fato, as pessoas se alinham em duas frentes: quem o reconhece e adora, e quem zomba dele.

São Lucas nos introduz na contemplação de Jesus em oração: "Pai, perdoa-os, porque não sabem o que fazem" (Lc 23,34). É o mais elevado modelo de todo martírio. É a escola mais sublime de amor: na dor, Jesus procura escusar quem o faz sofrer e paga o mal com o bem. Santo Estêvão, o primeiro mártir cristão, repetirá a mesma oração de Jesus. Os personagens da crucifixão são vistos pelos evangelistas em suas atitudes contrastantes. "Os chefes" e "os soldados" (Lc 23,35.36), desiludidos em suas expectativas, zombam de Jesus. O povo, ao contrário, "estava vendo" (Lc 23,35). Também os dois "malfeitores" (Lc 23,32.39) revelam atitudes contraditórias. Enquanto um o insulta, outro testemunha uma experiência extraordinária de reconciliação: reconhece a própria condição de pecador, que o diferencia radicalmente daquele que sofre ao lado dele ("Ele, ao contrário, não fez mal algum" [Lc 23,41]), e se entrega plenamente ao amor de Jesus (cf. Lc 23,42).

São João, depois, nos apresenta Maria aos pés da cruz: mulher da dor, oferecida por amor; mulher da dor e da acolhida; mãe de Jesus; mãe da Igreja; mãe de todos os homens. Estavam presentes também outras mulheres junto à cruz, mas Jesus, "vendo a mãe e ao lado dela o discípulo que ele amava" (Jo 19,26), sai com uma expressão de ressonâncias espirituais profundíssimas: "Mulher, eis teu filho"; "Eis tua mãe" (Jo 19,26.27). Em João todo homem se descobre como filho daquela que deu ao mundo o Filho de Deus.

(*Angelus*, nn. 1-3, 12 de março de 1989)

16

O período da Quaresma, que estamos vivendo para nos preparar dignamente para a comemoração da Páscoa, me sugere dois pensamentos que lhes deixo como recordação e como programa.

Vocês sabem que Jesus, antes de iniciar a vida pública, retirou-se em oração por quarenta dias no deserto. Pois bem, caríssimos jovens, procurem fazer também vocês um pouco de silêncio na própria vida, para poder pensar, refletir, rezar com maior fervor e fazer propósitos com maior decisão. É difícil hoje criar "zonas de deserto e de silêncio", porque se está continuamente envolvido pela engrenagem das ocupações, pelo barulho dos acontecimentos, pelo atrativo dos meios de comunicação, de modo que fica comprometida a paz interior e são dificultados os pensamentos supremos que devem qualificar a existência do homem. É difícil, mas é possível e importante saber fazê-lo.

Santa Teresa do Menino Jesus conta em sua autobiografia que, quando era criança, de vez em quando não era encontrada, escondendo-se para rezar. "O que você pensa?", perguntavam-lhe os familiares; e ela, com simplicidade inocente, respondia: "Penso no bom Deus, na vida, na eternidade".

Reservem, também vocês, um pouco de tempo, especialmente à noite, para rezar, para meditar, para ler uma página do Evangelho ou um episódio da biografia de algum santo; criem uma zona de deserto e de silêncio, tão necessária para a vida espiritual. E se lhes for possível, participem também nos retiros e nos cursos de exercícios espirituais, organizados nas próprias dioceses e paróquias.

(*Discurso aos jovens*, n. 2, 18 de março de 1981)

17 O Cristo é ao mesmo tempo misericordioso e intransigente. Ele chama o bem e o mal com o próprio nome, sem transações nem compromissos; mas se mostra também sempre pronto para o perdão. Tudo o que faz, toda sua palavra, diz a sua fé no homem – que não pode "renovar-se" senão convertendo-se, tornando-se cada vez mais homem, e homem livre. Paulo de Tarso retoma e lança esta mensagem com a paixão do neófito, do perseguidor convertido. E a Igreja, que não hesita nunca em chamar o bem e o mal com o próprio nome e que não cessa nunca de perdoar os pecados, serve, em suma, ao bem do homem no sentido mais profundo, e diria até, ainda uma vez, no sentido mais constitutivo de sua humanidade. Procurei expressar algumas ideias pelo menos elementares sobre este assunto na encíclica *Redemptor hominis*.

(*"Non abbiate paura!"*, p. 99)

18

Antes ainda de pronunciar o próprio "creio" o homem já possui *algum conceito de Deus que chega com o esforço do próprio intelecto*; a constituição *Dei Verbum*, tratando da revelação divina, recorda este fato com as seguintes palavras: "O sagrado concílio professa que 'Deus, princípio e fim de todas as coisas, pode ser conhecido com certeza com a luz natural da razão humana partindo das coisas criadas' (cf. Rm 1,20)" (*Dei Verbum*, n. 6).

O Vaticano II lembra aqui a doutrina apresentada amplamente pelo concílio anterior: o Vaticano I. Ela corresponde a toda a tradição doutrinal da Igreja, que aprofunda suas raízes na Sagrada Escritura, tanto no Antigo como no Novo Testamento.

Um texto clássico sobre o tema da possibilidade de conhecer a Deus – antes de tudo, sua existência –, partindo das coisas criadas, encontramo-lo na Carta de São Paulo aos Romanos: "... Pois o que de Deus se pode conhecer é a eles manifesto, já que Deus mesmo lhes deu esse conhecimento. De fato, as perfeições invisíveis de Deus – não somente seu poder eterno, mas também a sua eterna divindade – *são percebidas pelo intelecto*, através de suas obras, desde a criação do mundo. Portanto, eles não têm desculpa" (Rm 1,19-20). O apóstolo tem aqui na mente os homens "que por injustiça reprimem a verdade" (Rm 1,18). O pecado os impede de dar a glória devida a Deus, que todo homem pode conhecer. Pode conhecer sua existência, e também, até certo grau, sua essência, suas perfeições, seus atributos. Deus invisível se torna em certo sentido "visível nas suas obras".

(*Audiência geral*, nn. 1-2,
20 de março de 1985)

MARÇO

19

Diversamente do conhecimento mediante a razão que parte "das criaturas", as quais *só indiretamente* levam a Deus, o conhecimento mediante a fé o atingimos pela revelação, na qual Deus "faz conhecer a si mesmo" *diretamente*. Deus se revela, isto é, permite conhecer a si mesmo, manifestando à humanidade "o mistério de sua vontade" (Ef 1,9). A vontade de Deus é que os homens por meio de Cristo, Verbo feito homem, tenham no Espírito Santo acesso ao Pai e sejam tornados partícipes de sua natureza divina. Deus, portanto, revela ao homem "a si mesmo", revelando ao mesmo tempo seu *plano salvífico* em relação à humanidade. Este projeto salvífico misterioso de Deus não é acessível somente à força de raciocínio humano. Até a mais perspicaz leitura do testemunho de Deus às criaturas não está em condição de revelar à mente humana estes horizontes sobrenaturais. Ela não abre diante do homem "o caminho da salvação superior" (*Dei Verbum*, n. 3), caminho que está intimamente unido ao "*dom que Deus faz de si*" ao homem. Na revelação de si mesmo, Deus "convida e admite o homem à comunhão consigo" (cf. n. 2).

(*Audiência geral*, n. 2,
27 de março de 1985)

20

MARÇO

Se, portanto, queremos aprofundar a compreensão daquilo que é a fé, daquilo que quer dizer "crer", a primeira coisa que nos aparece é *a originalidade da fé* em relação ao conhecimento racional de Deus, partindo "das coisas criadas".

A originalidade da fé está, antes de tudo, *em seu caráter sobrenatural*. Se o homem, na fé, dá a resposta à "autorrevelação de Deus" e aceita o plano divino da salvação, que consiste na participação na natureza e na vida íntima do mesmo Deus, tal resposta deve levar o homem, *acima de tudo, àquilo que o ser humano mesmo consegue com as faculdades e as forças da própria natureza*, quer quanto ao conhecimento, quer quanto à vontade: trata-se realmente do conhecimento de uma verdade infinita e da realização transcendente das aspirações ao bem e à felicidade, que estão enraizadas na vontade, no coração; diz respeito, justamente, à "vida eterna". [...]

Assim, portanto, a *resposta* humana à autorrevelação de Deus, e especialmente à sua autorrevelação definitiva em Jesus Cristo, se forma interiormente sob o poder luminoso de *Deus mesmo*, que opera no profundo das faculdades espirituais do homem, e, de alguma forma, em todo o conjunto de suas energias e disposições. Aquela força divina se chama graça, em particular: *a graça da fé*.

(*Audiência geral*, n. 2, 10 de abril de 1985)

21

A essência da fé não está somente num consenso puramente intelectual sobre a verdade revelada por Deus ou em certo refletir-se sobre os conteúdos revelados na consciência do homem, mas em alguma coisa mais. "O abandono de si a Deus" como resposta à revelação testemunha, ainda, que a fé se expressa através da atitude do homem: atitude que pertence à essência mesma da fé, porque corresponde à plena realidade da revelação. Esta não é somente informação ou complexo de informações das quais basta ter conhecimento, mas sim um abrir-se de Deus para o homem em Jesus Cristo, e um empenhar-se na vida e na sorte dele. Poder-se-ia dizer, ponderando as palavras, que na revelação se expressa a "atitude" de Deus em relação ao homem. Por isso, a resposta à revelação deve expressar-se também com a atitude do homem em relação a Deus. O homem se entrega a Deus assumindo, com todo seu ser, a missão divina na qual se realiza a revelação. Assume-a ao mesmo tempo "em si" e "na comunidade". E é assim que ele participa no "estado de missão" no qual toda a Igreja se encontra continuamente; antes, cada um constitui uma única e irrepetível concretização deste "estado" salvífico.

(*A Doutrina Social da Igreja*, p. 27)

22

Quando a Constituição *Dei Verbum* nos diz que o homem se abandona a Deus "com a obediência da fé", estamos diante de toda a dimensão ôntica e existencial, e, por assim dizer, de todo o drama da existência do homem.

Na fé, o homem descobre a relatividade de seu ser voltado para um *eu* absoluto, e o caráter contingente de sua existência. Crer é entregar este *eu humano* em toda sua transcendência e em toda sua grandeza transcendente, mas também com seus limites, sua fragilidade, sua condição mortal, a *Alguém* que se anuncia como o *princípio* e o *fim*, que transcende todo o criado e o contingente, e que se revela, ao mesmo tempo, como uma pessoa que nos convida ao convívio, à participação, à comunhão. Uma Pessoa absoluta – ou melhor: um Absoluto pessoal.

O abandono a Deus por meio da fé (com a obediência da fé) penetra no mais profundo da existência humana, no coração mesmo da existência pessoal. [...] Quando Deus se revela, e a fé o aceita, *é o homem que se vê revelado a si mesmo e confirmado em seu ser de homem e de pessoa*. Nós sabemos que Deus se revela em Jesus Cristo e que, ao mesmo tempo, como diz a constituição *Gaudium et spes*, Jesus Cristo revela o homem ao homem: "Na realidade, somente no mistério do Verbo encarnado o mistério do homem encontra verdadeira luz" (n. 22).

(*"Non abbiate paura!"*, pp. 80-81)

23

Nossa época, como todas as épocas, é tempo de caridade. Certamente não faltam as ocasiões para viver esta caridade. Todos os dias, os meios de comunicação social chegam a nossos olhos e a nosso coração, fazendo-nos ouvir os apelos angustiados e urgentes de milhões de irmãos nossos menos afortunados, feridos por algum desastre, natural ou causado pelo homem: irmãos que estão famintos, feridos no corpo e na alma, doentes, expropriados, refugiados, isolados, desprovidos de todo socorro; eles elevam os braços para nós cristãos, que queremos viver o Evangelho e o grande e único mandamento do Amor.

Nós, portanto, estamos informados. Mas nos sentimos envolvidos? Como é possível, depois de ter visto o jornal ou a tela da televisão, viajar como turista frio e tranquilo, pronunciar juízos de valor sobre acontecimentos sem, no entanto, sair de nossas comodidades? Podemos nos recusar a ser desconcertados, perturbados, feridos, sacudidos por aqueles milhões de seres humanos que são também nossos irmãos e irmãs, como nós, criaturas de Deus chamadas à vida eterna? Como permanecer impassíveis diante daquelas crianças com o olhar desesperado e o corpo esquelético? Nossa consciência de cristãos pode permanecer sem nada fazer neste mundo de sofrimentos? A parábola do bom samaritano tem ainda alguma coisa a nos dizer?

(Mensagem para a Quaresma, 1986)

24

Ele diz: o homem é condenado somente à perda do corpo. A história humana procura somente os corpos das coisas: e estas permanecem quando o homem morre, elas vivem gerações inteiras. As coisas não são a nossa morte, ao homem resta a imortalidade das coisas.

Eu digo: nas coisas morre muito do homem, mais do que permanece. Você experimentou abraçar aquilo que morre?

Experimentou encontrar-lhe um espaço, um contorno?

Não fale de incógnitas! O homem não é uma incógnita!

Um homem está sempre cheio de sua humanidade.

Não destaque o homem das coisas que são corpo de sua história!

Não destaque os homens do Homem que se faz Corpo de sua história: o humano não será salvo pelas coisas, mas somente pelo Homem!

(Veglia pasquale, 1966.
In: *Opere letterarie*, pp. 135-136)

25 — MARÇO

Jesus Cristo – é bom relevar – é o protagonista, é sempre o único e verdadeiro protagonista em toda a obra da redenção humana. Ele é tal desde o primeiro momento, que é justamente aquele da encarnação, quando, logo depois do anúncio dirigido pelo anjo a Maria Santíssima e em consequência da adesão por ela dada àquele mesmo anúncio, "O Verbo se fez carne e veio habitar no meio de nós" (Jo 1,14). Primícias da redenção é, portanto, a encarnação: o Verbo encarnado está agora pronto para a obra. Ele, de fato, entrando no mundo, pode dizer verdadeiramente a Deus Pai: "'Tu não quiseste nem sacrifício nem oferta, ao contrário, um corpo...'. Então eu disse: 'Eis, eu venho para fazer, ó Deus, tua vontade'" (Hb 10,5.7; cf. Sl 40[39],7-9). E como poderá nascer verdadeiro homem em Belém, verdadeiro homem poderá também morrer no calvário. A redenção do Senhor é preparada pela anunciação do Senhor.

Lá, na terra da Galileia, dentro da casa humilde de Nazaré, ao lado do arcanjo Gabriel que leva o anúncio (sujeito) e de Maria que recebe o anúncio (termo), está ele que precisa entrever com os olhos atentos da fé: é ele precisamente o conteúdo do anúncio (objeto). Nós invocaremos, portanto, e louvaremos o anjo do anúncio; invocaremos, em especial, e louvaremos Maria, chamando-a e venerando-a com o belo apelativo da "Anunciação", muito caro à piedade popular; mas, no centro destes dois personagens, como hóspede augustíssimo agora presente e operante, deveremos sempre perceber, invocar, louvar, ou melhor, adorar o anunciado Filho de Deus. "Não tenhas medo, Maria... Conceberás e darás à luz um filho, e lhe porás o nome de Jesus. Ele será grande; será chamado Filho do Altíssimo..." (Lc 1,30-32). Este, em síntese, na rude simplicidade da linguagem evangélica, é o anúncio: concepção e parto virginal do mesmo Filho de Deus.

(*Audiência geral*, n. 2, 23 de março de 1983)

26 O mistério da Anunciação sempre atraiu a atenção dos artistas e frequentemente inspirou páginas célebres. Sugestivo – limito-me só a este acontecimento – é o quadro do beato Angélico que retrata o arcano encontro entre Gabriel e Maria. Parece que céu e terra estejam na expectativa desta resposta na sublimidade inenarrável de uma comunicação transcendente. No entanto, Jesus não está lá visivelmente; está, sim, seu Espírito, pronto para realizar o grande milagre fecundando o seio virginal de Maria; está, sim, o poder do Altíssimo, para quem nada é impossível (cf. Lc 1,35-37). Mas Jesus, pelo menos no plano das aparências, ainda não está. Dir-se-ia que, como céu e terra esperam a resposta de Maria, assim também o Verbo, escondidamente e tremendo, espera para logo dar realização ao desígnio eterno do Pai. Assim, o mesmo esperado, aquele que a lei e os profetas tinham apresentado como "o esperado das nações" (cf. Gn 49,10; Is 9,5-6; Jo 1,45), está na espera: dele já falam os dois augustos interlocutores, e não haverá apenas a resposta, isto é, quando ressoar o *Fiat* nos lábios da Virgem, ele mesmo virá imediatamente.

(*Audiência geral*, n. 3, 23 de março de 1983)

27 Mistério grande, caríssimos irmãos, mistério sublime é o mistério da encarnação, para cuja compreensão não basta certamente a fraqueza de nossa mente, incapaz como é de entender as razões do agir de Deus. Nele nós devemos sempre ver, em posição de evidência primária, Jesus Cristo, como o Filho de Deus que se encarna, e, junto com ele, aquela que coopera na encarnação, doando-lhe com amor de mãe sua própria carne. A anunciação do Senhor, dessa forma, nada vai subtrair à função e ao mérito de Maria, que justamente pela sua maternidade será, junto com seu Filho divino, bendita pelos séculos. Mas este mesmo mistério deveremos sempre ver não já destacado, mas coordenado e ligado com todos os vários mistérios da vida escondida e pública de Jesus, até o outro e sublime mistério da redenção. De Nazaré ao Calvário há, de fato, uma linha de desenvolvimento ordenado, na continuidade de um indiviso e indivisível desígnio de amor. É por isso que no Calvário encontraremos ainda Maria, que lá se apresenta justamente como mãe, vigilante e orando junto da cruz do Filho moribundo, e como "sócia", isto é, como colaboradora de sua obra salvífica, "servindo sob ele e com ele, por graça de Deus onipotente, ao mistério da redenção" (cf. *Lumen Gentium*, n. 56).

(*Audiência geral*, n. 4,
23 de março de 1983)

28

Olhar para o Beato Angélico é olhar para um modelo de vida no qual a arte se revela como um caminho que pode levar à perfeição cristã: ele foi um religioso exemplar e um grande artista. Apelidado "Angélico" pela bondade de sua alma e pela beleza de suas pinturas, Frei João de Fiésole foi um padre artista que soube traduzir em cores a eloquência da Palavra de Deus.

Tirando do lar doméstico uma fé vigorosa, ele teve da ordem dos dominicanos, na qual entrou em 1420, um aprofundado conhecimento da doutrina sagrada e um estímulo para anunciar o mistério da salvação, mediante o mistério sacerdotal e a pintura.

O Beato Angélico, consagrando-se a Deus, conseguiu ser mais homem, não somente com os outros, mas pelos outros; suas obras são uma mensagem perene de Cristianismo vivo e, ao mesmo tempo, uma mensagem altamente humana, fundamentada no poder transcendente da religião, em virtude do qual todo homem que entra em contato com Deus e seus mistérios volta a ser semelhante a ele na santidade, na beleza, na alegria; um homem segundo os desígnios de seu Criador (cf. Pio XII, AAS 47 [1955] 289).

Ele tornou verdadeiro na própria vida o liame orgânico e constitutivo que havia entre o Cristianismo e a cultura, entre o homem e o Evangelho. Nele a fé se tornou cultura e a cultura se tornou fé vivida. Foi um religioso que soube transmitir, com a arte, os valores que estão na base do modo de vida cristã. Foi um "profeta" da imagem sagrada: soube atingir os vértices da arte buscando inspiração nos mistérios da fé (cf. Pio XII, AAS 47 [1955] 285). Nele a arte se torna oração.

(Homilia na missa para a proclamação do Beato Angélico como patrono dos artistas, n. 2, 18 de fevereiro de 1984)

29

O Evangelho é sempre, em todos os tempos, a revelação do Deus vivo em sua "abertura" para o homem, em sua aproximação dele... "Viremos a ele e moraremos nele": são palavras de Cristo ditas em nome do Pai para expressar seu amor. Ao mesmo tempo, o Evangelho em cada época é também a revelação do homem. Diante da dignidade da inteligência, da verdade e da sabedoria, diante da dignidade da consciência moral e da excelência da liberdade (*Gaudium et Spes*, nn. 15, 16 e 17) e diante do "mistério do destino humano", que se revela mais que nunca na hora de nossa morte

(n. 18), em toda a grandíssima esfera das expressões e dos fatos que compõem o complexo da existência humana na terra, "Cristo que é o novo Adão, na mesma revelação do mistério do Pai e de seu amor, manifesta plenamente o homem ao próprio homem e lhe descobre a sua altíssima vocação" (n. 22).

O Evangelho revela não somente "o homem ao próprio homem, mas constitui também uma mensagem dirigida a todo homem e a toda a humanidade". Esta mensagem com as palavras de São Paulo na Carta aos Coríntios (1Cor 2,9-16) conclama o "homem espiritual"ao combate.

(L'evangelizzazione e l'uomo interiore, p. 12)

30

A linha deste combate passa através de cada um de nós, através da interioridade humana e, filtrando na múltipla dimensão social e histórica, toca as instituições humanas, os sistemas econômicos e políticos, as civilizações e a cultura.

Muitos textos do Novo Testamento confirmam estas afirmações. Os mais significativos são aqueles que falam da libertação e da "liberdade pela qual

MARÇO

Cristo nos libertou" (Gl 5,1). Pois a luta, como o amor, vem do domínio da vontade, da libertação, como superação da escravidão, do sufoco ou da limitação do espírito; indica seu mais fundamental e principal objetivo. Essa luta, esse combate, se torna um componente indispensável do amor. Cristo mesmo é o primeiro protagonista dessa luta; São Paulo é dele aluno excelente e apóstolo.

(*L'evangelizzazione e l'uomo interiore*, pp. 12-13)

31

A palavra "Redentor", que, em polonês, soa *Odkupiciel*, faz referência ao verbo *odkupic*, que significa "readquirir". É o que acontece, de resto, também com o termo latino *Redemptor*, cuja etimologia se liga com o verbo *redimere* (readquirir). Justamente esta análise linguística poderia nos aproximar da compreensão da realidade da redenção.

Nela se ligam, de modo muito íntimo, os conceitos de remissão e também de justificação. Ambos os termos pertencem à linguagem do Evangelho. Cristo perdoava os pecados, sublinhando com vigor o poder que o Filho do Homem tinha de fazê-lo.

Quando lhe levaram o paralítico, disse, antes de tudo: "Filho, são-te perdoados os pecados" (Mc 2,5), e depois acrescentou: "Levanta-te, toma teu leito e vai para tua casa" (Mc 2,11). Dessa forma, colocava implicitamente em evidência que o pecado é um mal maior que a paralisia do corpo.

(Memoria e identità, pp. 35-36)

ABRIL

ABRIL

1\. Fiel ao ensinamento do último Concílio, a Igreja é cada vez mais consciente de que só numa contínua purificação de seus membros e de suas instituições pode oferecer ao mundo um testemunho coerente do Senhor. Por isso, "santa e ao mesmo tempo necessitada de purificação, nunca descuida a penitência e a renovação" (*Lumen gentium*, n. 8).

O reconhecimento das implicações comunitárias do pecado leva a Igreja a pedir perdão pelas culpas "históricas" de seus filhos. [...]

O reconhecimento dos pecados históricos supõe uma tomada de posição em relação aos acontecimentos, da maneira como de fato aconteceram e que somente reconstruções históricas serenas e completas podem fazer emergir. Por outro lado, o juízo sobre acontecimentos históricos não pode prescindir de uma consideração realista dos condicionamentos constituídos por contexto cultural, antes de atribuir a cada um responsabilidades morais específicas.

A Igreja certamente não teme a verdade que emerge da história e está pronta a reconhecer os erros, onde foram reconhecidos, sobretudo quando se trata do respeito devido às pessoas e às comunidades. Ela é propensa a desconfiar das sentenças generalizadas de absolvição ou de condenação em relação às várias épocas históricas. Confia a pesquisa sobre o passado à paciente e honesta reconstrução científica, livre de preconceitos de tipo confessional ou ideológico, quer no que diz respeito às acusações que lhe são atribuídas, quer pelos erros por ela sofridos.

(*Audiência geral*, nn. 1-3,
1º de setembro de 1999)

2. Quando são verificadas por uma pesquisa histórica séria, a Igreja sente o dever de reconhecer as culpas de seus membros e de pedir por isso perdão a Deus e aos irmãos. Este pedido de perdão não deve ser entendido como ostentação de humildade fingida, nem como renegação de sua história bimilenar certamente rica de méritos nos campos da caridade, da cultura e da santidade. Ela responde, ao contrário, a uma irrenunciável exigência de verdade, que, ao lado dos aspectos positivos, reconhece os limites e as fraquezas humanas das várias gerações dos discípulos de Cristo. [...]

Penso, antes de tudo, na realidade dolorosa da divisão entre os cristãos. As feridas do passado, certamente não sem culpas de ambas as partes, são um escândalo diante do mundo. Um segundo ato de arrependimento diz respeito à aquiescência a métodos de intolerância e até de violência no serviço da verdade (cf. *Tertio millennio adveniente*, n. 35). Mesmo que muitos o fizeram em boa-fé, não foi certamente evangélico pensar que a verdade devesse ser imposta com a força. Nisto faltou discernimento de não poucos cristãos em relação a situações de violação dos direitos humanos fundamentais. O pedido de perdão vale por quanto foi omitido ou calado por fraqueza ou avaliação errada, por aquilo que foi feito ou dito de modo indeciso ou pouco idôneo.

(*Audiência geral*, n. 3, 1º de setembro de 1999)

3

Nele (Cristo) se revelou de modo novo e mais admirável a verdade fundamental sobre a criação, que o livro do Gênesis atesta quando repete várias vezes: "Deus viu que era bom" (cf. Gn 1, *passim*). O bem tem sua fonte na sabedoria e no amor. Em Jesus Cristo, o mundo visível, criado por Deus para o homem (cf. Gn 1,26-30) – aquele mundo que, tendo nele entrado o pecado, "foi submetido à caducidade" (Rm 8,19-22; cf. *Gaudium et Spes*, nn. 2 e 13) –, readquire novamente o vínculo original com a mesma fonte divina da sabedoria e do amor. De fato, "Deus amou tanto o mundo que deu seu Filho unigênito" (Jo 3,16). Como no homem Adão este vínculo foi quebrado, assim no homem Cristo ele foi novamente reatado (cf. Rm 5,12-21). [...]

Cristo, Redentor do mundo, é aquele que penetrou, de modo único e irrepetível, no mistério do homem e entrou em seu "coração". Justamente, portanto, o Concílio Vaticano II ensina: "Na realidade, o mistério do homem só se torna claro verdadeiramente no mistério do Verbo encarnado. Com efeito, Adão, o primeiro homem, era figura daquele que haveria de vir (Rm 5,14), isto é, de Cristo Senhor. Novo Adão, na mesma revelação do mistério do Pai e de seu amor, Cristo manifesta plenamente o homem ao próprio homem e lhe descobre sua altíssima vocação". E depois ainda: "*Ele é a imagem do Deus invisível* (Cl 1,15). Ele é o homem perfeito, que restituiu aos filhos de Adão a semelhança divina, deformada desde o primeiro pecado. Como a natureza humana foi nele assumida, não aniquilada, por isso mesmo também foi em nós elevada a uma dignidade sublime. Com efeito, por sua encarnação, o Filho de Deus *uniu-se de algum modo a todo homem*. Trabalhou com mãos humanas, pensou com inteligência humana, agiu com vontade humana, amou com coração humano. Nascido da Virgem Maria, tornou-se verdadeiramente um de nós, semelhante a nós em tudo, exceto no pecado" (*Gaudium et Spes*, n. 22). Ele, o Redentor do homem!

(*Redemptor hominis*, n. 8)

4 A redenção do mundo – este mistério tremendo do amor, no qual a criação é renovada (cf. *Gaudium et spes*, n. 37) – é, em sua mais profunda raiz, a plenitude da justiça num coração humano: no coração do Filho primogênito, para que ela possa se tornar justiça dos corações de muitos homens, os quais justamente no Filho primogênito foram, desde a eternidade, predestinados a se tornarem filhos de Deus (cf. Rm 8,29-30; Ef 1,5) e chamados à graça, chamados ao amor. A cruz no Calvário, por meio da qual Jesus Cristo – homem, filho da Virgem Maria, filho putativo de José de Nazaré – "deixa" este mundo, é ao mesmo tempo uma nova manifestação da paternidade

eterna de Deus, o qual nele se aproxima novamente da humanidade, de cada homem, dando-lhe o três vezes santo "Espírito de verdade" (cf. Jo 16,13).

Com esta revelação do Pai e efusão do Espírito Santo, que imprimem um selo indelével no mistério da redenção, se explica o sentido da cruz e da morte de Cristo. O Deus da criação se revela como Deus da redenção, como Deus "fiel a si mesmo" (cf. 1Ts 5,24), fiel a seu amor pelo homem e pelo mundo, já revelado no dia da criação. E o seu amor é aquele que não recua diante de nada daquilo que nele mesmo exige a justiça. E por isso, o Filho "que não havia conhecido o pecado, Deus o tratou como pecado em nosso favor" (2Cor 5,21; cf. Gl 3,13). Se "tratou como pecado" aquele que era absolutamente sem pecado algum, o fez para revelar o amor que é cada vez maior que toda a criação, o amor que é ele mesmo, porque "Deus é amor" (1Jo 4,8.16). E, sobretudo, o amor é maior que o pecado, que a fraqueza, que a "caducidade da criação" (cf. Rm 8,20), mais forte que a morte; é amor sempre pronto a erguer e a perdoar, sempre pronto a ir ao encontro do filho pródigo (cf. Lc 15,11-32), sempre em busca da "revelação dos filhos de Deus" (Rm 8,19), que são chamados à glória futura (cf. Rm 8,18). Esta revelação do amor é também definida como misericórdia (cf. Santo Tomás, *Summa Theologiae*, III, q. 46, a. 1, ad 3), e tal revelação do amor e da misericórdia tem na história do homem uma forma e um nome: chama-se Jesus Cristo.

(*Redemptor hominis*, n. 9)

5 O homem não pode viver sem amor. Ele permanece para si mesmo um ser incompreensível, sua vida não tem sentido, se não lhe é revelado o amor, se não se encontra com o amor, se não o experimenta e o faz próprio, se não participa dele vivamente. E, por isso, justamente Cristo Redentor – como já se disse – revela o homem ao mesmo homem. Esta é – se assim se pode expressar – a dimensão humana do mistério da redenção. Nesta dimensão o homem encontra a grandeza, a dignidade e o valor próprios de sua humanidade. No mistério da redenção o homem se torna novamente "reproduzido" e, de alguma forma, é criado de novo. Ele é mais uma vez criado! "Não há mais judeu nem grego; não há mais escravo nem livre; não há mais homem nem mulher, pois todos vós sois um em Cristo Jesus" (Gl 3,28). O homem que quer compreender a si mesmo profundamente – não somente segundo imediatos, parciais, frequentemente superficiais e até aparentes

critérios e medidas do próprio ser – deve, com sua inquietude e incerteza e também com sua fraqueza e pecaminosidade, com sua vida e morte, aproximar-se de Cristo. Precisa, por assim dizer, entrar n'Ele com tudo de si, deve "apropriar-se" e assimilar toda a realidade da encarnação e da redenção para encontrar a si mesmo. Se nele se realiza este processo profundo, então produz frutos não somente de adoração de Deus, mas também de maravilha profunda de si mesmo. Que valor deve ter o homem aos olhos do Criador se "mereceu ter um tão nobre e grande Redentor!" (*Exultet* da vigília pascal), se "Deus deu seu Filho", a fim de que ele, o homem, "não morra, mas tenha a vida eterna".

Na realidade, aquele profundo assombro diante do valor e da dignidade do homem se chama Evangelho, isto é, a Boa-Nova. Chama-se também Cristianismo.

(*Redemptor hominis*, n. 10)

6 No Sudário está refletida a imagem do sofrimento humano. Ele recorda ao homem moderno, frequentemente distraído pelo bem-estar e pelas conquistas tecnológicas, o drama de muitos irmãos, e o convida a se interrogar sobre o mistério da dor para aprofundar suas causas. A marca do corpo martirizado do Crucificado, testemunhando a tremenda capacidade do homem de procurar dor e morte para os seus semelhantes, se coloca como ícone do sofrimento do inocente de todos os tempos: das tragédias inumeráveis que marcaram a história passada e dos dramas que continuam a se consumar no mundo.

Diante do Sudário, como não pensar nos milhões de homens que morrem de fome, nos horrores perpetrados nas muitas guerras que mancham de sangue as nações, na exploração brutal de mulheres e crianças, nos milhões de seres humanos que vivem de misérias e de humilhações nas periferias das metrópoles, especialmente nos países em desenvolvimento? Como não recordar com desânimo e piedade quantos não podem gozar dos direitos civis elementares, as vítimas da tortura e do terrorismo, os escravos de organizações criminosas?

Evocando tais situações dramáticas, o Sudário não só nos leva a sair de nosso egoísmo, mas também nos faz descobrir o mistério da dor que, santificada pelo sacrifício de Cristo, gera salvação para toda a humanidade.

(*Discurso na celebração da Palavra diante do Sudário*, n. 4, 24 de maio de 1998)

7

ABRIL

O Sudário é também imagem do amor de Deus, além do pecado do homem. Ele convida a descobrir a causa última da morte redentora de Jesus. No incomensurável sofrimento por ele documentado, o amor daquele que "amou tanto o mundo que deu seu Filho unigênito" (Jo 3,16) se torna quase palpável e manifesta suas dimensões surpreendentes. Diante dele os crentes não podem deixar de exclamar em toda verdade: "Senhor, não podia amar-me mais!", e logo tomar consciência de que o responsável por aquele sofrimento é o pecado: são os pecados de cada ser humano. Falando-nos de amor e de pecado, o Sudário convida todos nós a imprimir em nosso espírito o rosto do amor de Deus, para excluir dele a tremenda realidade do pecado. A contemplação daquele corpo martirizado ajuda o homem contemporâneo a se libertar da superficialidade e do egoísmo com o qual muito frequentemente trata do amor e do pecado. Fazendo eco à Palavra de Deus e a séculos de consciência cristã, o Sudário sussurra: creia no amor de Deus, o maior tesouro dado à humanidade, e fuja do pecado, a maior desgraça da história.

(*Discurso na celebração da Palavra diante do Sudário*, n. 5, Turim, 24 de maio de 1998)

8

O Sudário é também imagem da impotência: impotência da morte, na qual se revela a consequência extrema do mistério da encarnação. O tecido do Sudário nos leva a medir-nos com o aspecto mais perturbador do mistério da encarnação, que é também aquele no qual se mostra com quanta verdade Deus se fez verdadeiramente homem, assumindo nossa condição em tudo, menos no pecado. Cada um é sacudido pelo pensamento que nem mesmo o Filho de Deus resistiu à força da morte, mas todos nos comovemos ao pensamento de que ele participou de tal modo na nossa condição humana que quis se submeter à impotência total do momento em que a vida se apaga. É a experiência do Sábado Santo, passagem importante do caminho de Jesus para a glória, da qual se desprende um raio de luz que atinge a dor e a morte de cada homem.

A fé, recordando-nos a vitória de Cristo, nos comunica a certeza de que o sepulcro não é a meta última da existência. Deus chama à ressurreição e à vida imortal.

(*Discurso na celebração da Palavra diante do Sudário*, n. 6, Turim, 24 de maio de 1998)

9

No Cristianismo, o tempo tem uma importância fundamental. Dentro de sua dimensão é criado o mundo, dentro dele se realiza a história da salvação, que tem seu vértice na "plenitude do tempo" da encarnação e sua meta no retorno glorioso do Filho de Deus no fim dos tempos. *Em Jesus Cristo, Verbo encarnado, o tempo se torna uma dimensão de Deus*, que em si mesmo é eterno. Com a vinda de Cristo começam os "últimos tempos" (cf. Hb 1,2), a "última hora" (cf. 1Jo 2,18), começa o tempo da Igreja que durará até a parúsia.

Dessa relação de Deus com o tempo nasce o *dever de santificá-lo*. É o que se faz, por exemplo, quando são dedicados a Deus tempos específicos, dias ou semanas, como já acontecia na religião da Antiga Aliança e acontece ainda, embora de modo novo, no Cristianismo. Na liturgia da vigília pascal, o celebrante, enquanto abençoa o círio que simboliza Cristo ressuscitado, proclama: "Cristo ontem e hoje, Princípio e Fim, Alfa e Ômega. A ele pertencem o tempo e os séculos. A ele a glória e o poder por todos os séculos eternamente". Ele pronuncia estas palavras inserindo no círio o número do ano em curso. O significado do rito é claro: ele coloca em evidência o fato de *Cristo ser o Senhor do tempo*; é seu princípio e sua realização; cada ano, cada dia e cada momento são abraçados pela sua encarnação e ressurreição, para se encontrar assim na "plenitude do tempo".

(Tertio millennio adveniente, n. 10)

10 *A hora de nossa redenção.* Embora imensamente provado, Jesus não foge diante de sua "hora": "E que direi? Pai, livra-me desta hora? Mas foi precisamente para esta hora que eu vim!" (Jo 12,27). Ele deseja que os discípulos lhe façam companhia, e deve, ao contrário, experimentar a solidão e o abandono: "Não fostes capazes de vigiar uma só hora comigo? Vigiai e orai para não cairdes em tentação" (Mt 26,40-41). Somente João permanecerá aos pés da cruz, ao lado de Maria e das mulheres piedosas. A agonia no Getsêmani foi a introdução à agonia da cruz da Sexta-feira Santa. A hora santa, a hora da redenção do mundo. Quando se celebra a Eucaristia junto do túmulo de Jesus, em Jerusalém, se volta de modo quase palpável à sua "hora", à hora da cruz e da glorificação. Naquele lugar e naquela hora se reporta todo presbítero que celebra a santa missa, junto com a comunidade cristã que nela participa.

"Foi crucificado, morto e sepultado; desceu à mansão dos mortos; ressuscitou ao terceiro dia." Às palavras da profissão de fé fazem eco as palavras da contemplação e da proclamação: *Ecce lignum crucis, in quo salus mundi pependit. Venite adoremus*. É o convite que a Igreja dirige a todos nas horas da tarde da Sexta-feira Santa. Ela retomará depois seu canto durante o tempo pascal para proclamar: *Surrexit Dominus de sepulcro qui pro nobis pependit in ligno. Alleluia*.

(Ecclesia de Eucharistia, n. 4)

11

Passa diante de nosso olhar a intensidade da cena da agonia no monte das Oliveiras. Jesus, oprimido pela previsão da prova que o espera, sozinho diante de Deus, o invoca com sua habitual e terna expressão de confiança: "Abbá, Pai". Pede-lhe que afaste dele, se possível, o cálice do sofrimento (cf. Mc 14,36). Mas o Pai parece não querer escutar a voz do Filho. Para trazer ao homem o rosto do Pai, Jesus teve de não somente assumir o rosto do homem, mas carregar-se até do "rosto" do pecado. "Aquele que não cometeu pecado, Deus o fez pecado por nós, para que nele nos tornemos justiça de Deus" (2Cor 5,21).

Nunca investigaremos suficientemente o abismo deste mistério. É toda a aspereza deste paradoxo que emerge no grito de dor, aparentemente desesperado, que Jesus dá na cruz: *"Eloí, Eloí, lema sabactáni?*, que significa: Meu Deus, Meu Deus, por que me abandonaste?" (Mc 15,34). É possível imaginar uma ferida maior, uma escuridão mais densa? Na realidade, o "por que" angustiado dirigido ao Pai com *as palavras iniciais do salmo 22*, embora conservando todo o realismo de uma dor indizível, se ilumina com o sentido de toda a oração, na qual o salmista une, ao mesmo tempo, num entrelaçar tocante de sentimentos, o sofrimento e a confiança. Continua, realmente o salmo: "Em ti confiaram nossos pais, confiaram e os libertaste. [...] Não fiques longe de mim, pois a angústia está próxima e não há quem me ajude" (Sl 22[21],5.12)

(*Novo millennio ineunte*, n. 25)

12

O grito de Jesus na cruz, caríssimos irmãos e irmãs, não revela a angústia de um desesperado, mas a oração do Filho que oferece sua vida ao Pai no amor, pela salvação de todos. Enquanto se identifica com nosso pecado, "abandonado" pelo Pai, ele se "abandona" nas mãos do Pai. Seus olhos ficam fixos no Pai. Exatamente pelo conhecimento e pela experiência que somente ele tem de Deus, também nesse momento de escuridão vê limpidamente a gravidade do pecado e sofre por ele. Somente ele, que vê o Pai e se alegra plenamente com ele, avalia de modo profundo o que significa resistir ao seu amor com o pecado. Antes ainda, e bem mais que no corpo, sua paixão é sofrimento atroz da alma. A tradição teológica não evitou perguntar-se como Jesus pôde viver ao mesmo tempo a união profunda com o Pai, por sua natureza fonte de alegria e de felicidade, e a agonia até o grito do abandono. A copresença destas duas dimensões aparentemente inconciliáveis está, na realidade, radicada na profundeza insondável da união hipostática.

(*Novo millennio ineunte*, n. 26)

13

Assim, antes ainda que desponte a aurora e as mulheres cheguem ao túmulo de Jerusalém, viemos aqui para procurar Jesus crucificado, pois: "Nosso homem velho foi crucificado com ele, para que... nós não fossemos mais escravos do pecado..." (Rm 6,6); pois: não nos consideramos "mortos para o pecado, mas vivos para Deus, no Cristo Jesus" (Rm 6,11): "No que diz respeito à sua morte, ele morreu para o pecado uma vez por todas, e aquele que vive, vive para Deus" (Rm 6,10); pois: "Por meio do Batismo, fomos sepultados com ele em sua morte, para que, como Cristo foi ressuscitado dos mortos pela ação gloriosa do Pai, assim também nós vivamos uma vida nova" (Rm 6,4); pois: "Se fomos, de certo modo, identificados a ele por uma morte semelhante à sua, seremos semelhantes a ele também pela ressurreição" (Rm 6,5); pois cremos: que "se já morremos com Cristo, também viveremos com ele" (Rm 6,8); e, pois, cremos que "Cristo, ressuscitado dos mortos, não morre mais; a morte não tem mais poder sobre ele" (Rm 6,9). Justamente por isso estamos aqui e velamos junto ao seu sepulcro. Vela a Igreja e vela o mundo. A hora da vitória de Cristo sobre a morte é a hora maior da história.

(*Homilia na vigília pascal*, nn. 4-5,
18 de abril de 1981)

14

A Igreja, isto é, o povo de Deus unido no corpo místico de Jesus, anuncia hoje sua mensagem pascal. Quais são os elementos desta mensagem? Em primeiro lugar, a "sorte" de Jesus ou, como se expressou São Pedro em sua catequese, "aquilo que lhe diz respeito". A "sorte" de Jesus: a condenação à morte na cruz, por haver proclamado a verdade, e a ressurreição dele no terceiro dia, desafiando todas as leis da natureza. Esta sua "sorte" foi esclarecida por Jesus aos dois que iam para Emaús: "Não era necessário que o Cristo sofresse tudo isso para entrar na sua glória?" (Lc 24,26).

A mensagem da Páscoa proclama, todo ano, a sorte de Cristo: sua ressurreição e sua vitória sobre a morte. E Cristo permanece em nós, em comunhão conosco, na comunidade. Diversamente, como poderíamos nós, povo de Deus – Igreja –, chamar-nos seu corpo místico? Na mensagem pascal está contida assim nossa sorte, que maravilhosamente a liturgia de hoje e de toda a oitava propõe novamente [...]. Cristo, portanto, ressuscitou não somente para si, mas para todos nós. Todos participamos da sorte de sua ressurreição e, na comunhão que deriva dela, formamos seu corpo místico, a Igreja.

(*Homilia no domingo da Ressurreição*,
Cracóvia, 14 de abril de 1974)

15

"A pedra rejeitada pelos construtores se tornou pedra angular." A liturgia pascal expressa com estas palavras do Salmo 118,22 uma verdade central da fé. A Igreja crê que Deus constrói seu Reino no mundo. A construção se apoia na pedra angular. O mistério pascal é a revelação desta pedra, sobre a qual o mesmo Deus constrói seu Reino. O fato de os homens terem rejeitado esta pedra revela ainda mais claramente que o mesmo Deus é o construtor do Reino, que se realiza, porém, nos homens e através dos homens, apesar de suas contradições; o Reino de Deus, de fato, é a sua última eterna vocação. Esta realidade encontra sua expressão dramática justamente no mistério pascal: [...] Durante o Tríduo Sagrado, a liturgia o atestou de modo especial. De resto, o atesta sempre, a cada dia, em cada celebração eucarística, colocando em evidência a verdade sobre Cristo, que é o vértice do ângulo. Rejeitado pelos construtores, Cristo manifestou ser aquele sobre o qual se apoia plenamente toda a construção do Reino de Deus no mundo.

(*Homilia na celebração conclusiva do consistório*, n. 1, 7 de abril de 1991)

16 ABRIL

A solenidade da Páscoa [...] enche nossas almas [...], e as encherá ainda em todo o tempo pascal, daquela alegria que vem da comemoração da ressurreição gloriosa de Cristo. Percorremos o caminho martirizado de sua paixão, da última ceia até a agonia e a morte na cruz; e, depois, esperamos no grande silêncio do Sábado Santo o repique festivo da "feliz noite" da vigília. A Páscoa não deve permanecer somente no nível das emoções e das recordações; ela deve deixar um traço, deve incidir continuamente em nossa vida, deve ser para nós, todo dia, motivo de encorajamento para a coerência e para o testemunho. A Páscoa é, para o cristão, convite a viver "em novidade de vida". "Se ressuscitastes com Cristo, buscai as coisas do alto, onde Cristo está entronizado à direita de Deus; cuidai das coisas do alto..." (Cl 3,1-2). Nos acontecimentos alegres ou tristes da vida, no trabalho, na profissão, na escola, o cristão deve testemunhar que Cristo está verdadeiramente ressuscitado, seguindo-o com coragem e amor, colocando nele toda confiança e toda esperança.

(*Audiência geral*, n. 1,
14 de abril de 1982)

17 Embora cansativo, o caminho de Emaús conduz da sensação de desconforto e desfalecimento à plenitude da fé pascal. Percorrendo novamente esse itinerário, também somos alcançados pelo misterioso companheiro de viagem. Jesus se aproxima de nós ao longo da vida, tomando-nos no ponto em que nos encontramos e colocando as perguntas essenciais que reabrem o coração à esperança. Ele tem muitas coisas para explicar a respeito de seu e de nosso destino. Sobretudo, revela que toda existência humana deve passar através de sua cruz para entrar na glória. Mas Cristo realiza alguma coisa mais: parte para nós o pão da partilha, oferecendo aquela mesa eucarística na qual as Escrituras adquirem seu significado pleno e revelam os traços únicos e radiantes do rosto do Redentor.

Depois de haver reconhecido e contemplado o rosto de Cristo ressuscitado, também nós, como os dois discípulos, somos convidados a correr até nossos irmãos, para levar a todos o grande anúncio: "Vimos o Senhor!" (Jo 20,25).

"Nele ressuscitado, toda a vida ressurge" (Prefácio pascal II): eis a Boa-Nova que os discípulos de Cristo não se cansam de levar ao mundo, antes de tudo, mediante o testemunho da própria vida. É este o dom mais belo que esperam de nós nossos irmãos neste tempo pascal.

(*Audiência geral*, nn. 3-4, 18 de abril de 2001)

18

De modo figurado, ele [Cristo] parece dizer [aos discípulos de Emaús]: a paixão, o Calvário, a cruz são o meu "ontem"; o meu "hoje", no entanto, são a ressurreição e a glorificação [...]. Isto é, o que vale é seu "hoje" de ressurreição e de glória; muito importante isto, enquanto nós, unicamente nesta perspectiva, superamos nosso mesquinho ponto de vista, fechado no passado histórico e esquecido do homem, divino e ao mesmo tempo humano, do Cristo, que começou com a ressurreição. [...] O Cristo que age em sua Igreja é o Cristo ressuscitado e glorificado, e o hoje da ressurreição e da glorificação é aquele que se iniciou no momento de seu triunfo pascal sobre a morte. Tal é o Cristo que age no seu perene "hoje": no caminho de Emaús, conversando com os dois discípulos; depois – até a ascensão –, nos contatos com os apóstolos; desde então, para todos os tempos, nos encontros com a humanidade, através da Igreja no anúncio da Palavra de Deus e na celebração dos sacramentos. Assim, no sacramento da Penitência: não é o padre que absolve dos pecados, a remissão vem de Deus. Assim no sacramento do Matrimônio e do Sacerdócio. Assim acontece desde nosso nascimento, no sacramento do Batismo: não sou eu, padre, que faço daquele pequeno ser um filho de Deus: Cristo realiza isto. Assim, sobretudo, no sacramento da Eucaristia: dentro de alguns instantes, eu, padre, repetirei as palavras da consagração, mas o sacrifício será realizado por ele, sob as espécies do pão e do vinho, de maneira incruenta como no cenáculo. Por tudo isso, é basilar, para nós, perceber o contínuo "hoje" de Cristo, ressuscitado e glorificado, preparado imediatamente pela paixão e morte, e em perspectiva, pela encarnação e pela vida terrena.

(*Homilia na segunda-feira da Ressurreição*, Cracóvia, 31 de março de 1975)

19

Como na Sexta-feira e no Sábado Santo, a Igreja continua a ficar em contemplação deste rosto ensanguentado, no qual está escondida a vida de Deus e oferecida a salvação do mundo. Mas sua contemplação do rosto de Cristo não pode parar na imagem dele crucificado. *Ele é o Ressuscitado!* Se não fosse assim, vã seria nossa pregação e vã seria nossa fé (cf. 1Cor 15,14). A ressurreição foi a resposta do Pai a sua obediência, como recorda a Carta aos Hebreus: "Cristo, nos dias de sua vida terrestre, dirigiu preces e súplicas, com forte clamor e lágrimas, àquele que tinha poder de salvá-lo da morte. E foi atendido, por causa de sua piedade. Mesmo sendo Filho, aprendeu o que significa a obediência, por aquilo que ele sofreu. Mas, quando levou a termo sua vida, tornou-se causa de salvação eterna para todos os que lhe obedecem" (Hb 5,7-9).

É para Cristo ressuscitado que agora a Igreja olha. E o faz colocando-se nas pegadas de Pedro, que derramou lágrimas pela sua negação, e retomou o caminho confessando a Cristo, com trepidação, seu amor: "Tu sabes que eu te amo" (Jo 21,15.17). E o faz acompanhado de Paulo, que o encontrou no caminho de Damasco e ficou iluminado por ele: "Para mim o viver é Cristo, e o morrer um ganho" (Fl 1,21).

Passados dois mil anos desses acontecimentos, a Igreja os revive como se tivessem acontecido hoje. No rosto de Cristo ela, a Esposa, contempla seu tesouro, sua alegria. *Dulcis Iesu memoria, dans vera cordis gaudia*: como é doce a recordação de Jesus, fonte de verdadeira alegria do coração!

(*Novo millennio ineunte*, n. 28)

20 Cristãos de Lion, de Viena, da França, o que vocês fazem com a herança de seus mártires gloriosos? Certamente, vocês hoje não são entregues a animais ferozes, não se procura matá-los por causa de Cristo. Mas pode-se talvez negar que outra forma de prova pesa insidiosamente sobre os cristãos? Correntes de pensamento, estilos de vida e, às vezes, até leis opostas ao verdadeiro sentido do homem e de Deus minam nas bases a fé cristã na vida das pessoas, das famílias, da sociedade. Os cristãos não são maltratados, gozam até de toda liberdade, mas não existe talvez o risco real de ver sua fé aprisionada por um ambiente que tende a negá-la no âmbito unicamente da vida privada do indivíduo? A grande indiferença de muitos em relação ao Evangelho e ao comportamento moral que ele exige não é talvez um modo de sacrificar hoje, progressivamente, a esses ídolos que são o egoísmo, o luxo, o gozo, o prazer buscados a todo custo e sem limites? Esta forma de pressão ou de sedução seria capaz de matar a alma sem atacar o corpo.

O espírito do mal que agredia nossos mártires está sempre em ação. Através de outros meios, continua a tentar desencaminhar da fé. Cristãos de Lion e da França, não se deixem surpreender nem enganar [...]. Na fidelidade a sua Palavra, sem fazer sozinhos nada daquilo que vocês podem fazer juntos para responder às exigências do homem de hoje, "permaneçam firmes na fé" (Cl 1,23).

(*Discurso no anfiteatro das Três Gallie*, n. 2, Lion, 4 de outubro de 1986)

21

Antes de tudo, todo cristão é confessor de sua fé. Confessar significa dar testemunho da verdade de Deus, da verdade revelada através do Cristo e em Cristo – e da própria convicção a propósito desta verdade. A profissão de fé não determina um campo separado de atividade, mas procura espaço em todas as atividades. Ela permanece estreitamente ligada à criação da cultura neste seu sentido mais profundo e interior, em que absolutamente o mesmo homem é obra de cultura. Mas, consequentemente, o confessar, isto é, dar testemunho de Cristo como um traço interior do cristão, penetra nas obras de cultura criadas pelos confessores. Esta penetração nas obras é inevitável e se completa tanto discreta como categoricamente. Ela é talvez o critério principal de cultura da alma cristã. Em todo caso, daqui tira suas origens a presença do cristão nas obras da cultura.

(Conferência no Clube dos Intelectuais Católicos de Cracóvia, 1964)

22

Mas onde está a verdadeira força da Igreja? Naturalmente, a força da Igreja, no Oriente e no Ocidente, através de todos os séculos, está no testemunho dos santos, isto é, daqueles que da verdade de Cristo fizeram sua própria verdade, daqueles que seguiram o caminho que é ele mesmo, que viveram a vida que brota dele no Espírito Santo. E nunca faltaram esses santos na Igreja, no Oriente e no Ocidente.

Os santos de nosso século foram, em sua maioria, mártires. Os regimes totalitários, que dominaram na Europa na metade do século XX, contribuíram para incrementar o número deles. Os campos de concentração, os campos de morte, que produziram, entre outras coisas, o monstruoso holocausto judeu, revelaram autênticos santos entre os católicos e ortodoxos, e também entre os protestantes. Tratou-se de verdadeiros mártires. Basta recordar as figuras do Padre Maximiliano Kolbe e de Edith Stein e, ainda antes, as dos mártires da guerra civil na Espanha. No Leste da Europa, é enorme o exército dos santos mártires, especialmente ortodoxos: russos, ucranianos, bielorussos e dos vastos territórios além dos Urais. Houve também mártires católicos na mesma Rússia, na Bielorússia, na Lituânia, nos países bálticos, nos Bálcãs, na Ucrânia, na Galícia, na Romênia, Bulgária, Albânia, nos países da ex-Iugoslávia. É esta a grande multidão daqueles que, como se disse no Apocalipse, "seguem o cordeiro" (14,4). Eles completaram em seu martírio o testemunho redentor de Cristo (cf. Cl 1,24) e, ao mesmo tempo, se encontram *na base de um mundo novo, da nova Europa e da nova civilização.*

(*Varcare la soglia della speranza*, pp. 192-193)

23

Nosso sacerdócio sacramental [...] é sacerdócio "hierárquico" e, ao mesmo tempo, "ministerial". Constitui um *ministerium* especial, isto é, "serviço" para a comunidade dos crentes. Não tira, por isso, origem desta comunidade, como se fosse ela que "chamasse" ou a "relegasse". Ele é, verdadeiramente, dom para esta comunidade e vem do mesmo Cristo, da plenitude de seu sacerdócio. Tal plenitude encontra sua expressão no fato de Cristo, tornando todos idôneos a oferecer o sacrifício espiritual, chamar alguns e os habilitar a serem ministros de seu mesmo sacrifício sacramental, a Eucaristia, para cuja oblação concorrem todos os fiéis e no qual são inseridos os sacrifícios espirituais do povo de Deus.

Conscientes desta realidade, compreendemos de que modo nosso sacerdócio é "hierárquico", isto é, ligado com o poder de formar e reger o povo sacerdotal (cf. *Lumen Gentium*, n. 10), e, justamente por isso, "ministerial". Realizamos este sacrifício, mediante o qual o mesmo Cristo "serve" incessantemente o Pai na obra de nossa salvação. Toda a nossa existência sacerdotal é e deve ser profundamente permeada deste serviço, se quisermos realizar adequadamente o sacrifício eucarístico *in persona Christi*. [...]

ABRIL

O sacerdócio exige uma especial integridade de vida e de serviço, e exatamente essa integridade condiz sumamente com nossa identidade sacerdotal. Nela se expressam, ao mesmo tempo, a grandeza de nossa dignidade e a "disponibilidade" a ela proporcionada: trata-se da prontidão humilde para aceitar os dons do Espírito Santo e para distribuir aos outros os frutos do amor e da paz, para doar-lhes aquela certeza da fé, da qual derivam a compreensão profunda do sentido da existência humana e a capacidade de introduzir a ordem moral na vida dos indivíduos e dos ambientes humanos.

(*Carta aos sacerdotes*, n. 4, Quinta-feira Santa, 1979)

24

O padre oferece o santíssimo sacrifício *in persona Christi*, o que quer dizer "em nome" ou ainda "fazendo as vezes" de Cristo. *In persona*: isto é, na identificação específica, sacramental com o "sumo e eterno sacerdote" (*Coleta da missa votiva da santíssima Eucaristia*, B: *Missal Romano*), que é o autor e o sujeito principal deste seu próprio sacrifício, no qual em verdade não pode ser substituído por ninguém. Somente ele

– Cristo – podia e sempre pode ser verdadeira e efetiva *propitiatio pro peccatis nostris... sed etiam totius mundi* (1Jo 2,2; 1Jo 4,10). Somente seu sacrifício – e nenhum outro – podia e pode ter *vim propitiatoriam* diante de Deus, da Trindade, de sua santidade transcendente. A tomada de consciência desta realidade lança certa luz sobre o caráter e sobre o significado do padre celebrante que, realizando o santíssimo sacrifício e agindo *in persona Christi*, é, sacramentalmente e ao mesmo tempo inefavelmente, introduzido e inserido naquele estreitíssimo *sacrum*, no qual ele, por sua vez, associa espiritualmente todos os participantes da assembleia eucarística.

(*Dominicae cenae*, n. 8)

25

A vocação sacerdotal é um mistério. *É o mistério de um intercâmbio maravilhoso – admirabile commercium –* entre Deus e o homem. Este entrega a Cristo sua humanidade, para que ele possa dela se servir como instrumento de salvação, como fazendo desse homem um outro "ele mesmo". Se não se percebe o mistério desse "intercâmbio", não se consegue compreender como pode acontecer que um jovem, ouvindo a palavra:

"Segue-me!", chegue a renunciar a tudo por Cristo, na certeza de que por este caminho sua personalidade humana se realizará plenamente.

Há no mundo uma realização de nossa humanidade que seja maior que o poder de representar, todo dia, *in persona Christi*, o sacrifício redentor, o mesmo que Cristo consumou na cruz? Nesse sacrifício, de um lado, está profundamente presente no mundo o mesmo mistério trinitário; de outro, todo o universo criado é como que "recapitulado" (Ef 1,10). Também para oferecer "no altar da terra inteira o trabalho e o sofrimento do mundo", segundo uma bela expressão de Teilhard de Chardin, é que se realiza a Eucaristia.

(*Dono e mistero*, p. 84)

26 A vida sacerdotal é construída sobre o fundamento do sacramento da Ordem, que imprime em nossa alma o sinal de um caráter indelével. Este sinal, impresso no profundo de nosso ser, tem sua dinâmica "personalista". *A personalidade sacerdotal deve ser para os outros* um sinal claro e límpido e uma indicação. Esta é a primeira condição de nosso serviço pastoral. Os homens, dentre os quais somos escolhidos e para os quais somos constituídos (cf. Hb 5,1), querem, sobretudo, ver em nós tal sinal e tal indicação, e têm direito a isto. Pode parecer-nos, por vezes, que não querem ou desejam que sejam em tudo "como eles"; às vezes parece até que o exigem de nós. E aqui é justamente necessário um profundo "sentido de fé" e "o dom do discernimento". De fato, é muito fácil deixar-se guiar pelas aparências e se tornar vítimas de uma ilusão fundamental. Aqueles que pedem a laicização da vida sacerdotal e que aplaudem suas vãs manifestações nos abandonarão certamente, quando sucumbirmos à tentação; e, então, deixaremos de ser necessários e populares. Nossa época é caracterizada por diversas formas de "manipulação" e de "instrumentalização" do homem, mas nós não podemos ceder a nenhuma delas. [...] Definitivamente, resultará sempre necessário aos homens somente o padre que é consciente do sentido pleno de seu sacerdócio; o padre que crê profundamente, que professa sua fé com coragem, que reza com fervor, que ensina com convicção profunda, que serve, que atua em sua vida o programa das bem-aventuranças, que sabe amar desinteressadamente, que está próximo de todos e, em especial, dos mais necessitados.

(*Carta aos sacerdotes*, n. 7, Quinta-feira Santa, 1979)

27

ABRIL

O padre, através de seu celibato, se torna "homem para os outros", de modo diferente de quem, ligando-se em unidade conjugal com a mulher, se torna também ele, como esposo e pai, "homem para os outros", sobretudo no raio da própria família: para sua esposa e, junto com ela, para os filhos, aos quais dá a vida. O padre, renunciando a esta paternidade que é própria dos esposos, procura outra paternidade e quase absolutamente outra maternidade, recordando as palavras do apóstolo sobre os filhos, que ele gera na dor (cf. 1Cor 4,15; Gl 4,19). São eles filhos de seu espírito, homens confiados pelo Bom Pastor à sua solicitude. Esses homens são muitos, mais numerosos do que uma simples família humana possa abraçar. A vocação pastoral dos padres é grande e o Concílio ensina que é universal: ela é dirigida a toda a Igreja (cf. *Presbyterorum ordinis*, nn. 3, 6, 10 e 12) e, portanto, é também missionária. Normalmente, ela está ligada ao serviço de uma comunidade determinada do povo de Deus, no qual cada um espera atenção, cuidado, amor. O coração do padre, para ser disponível a tal serviço, a tal solicitude e amor, deve estar livre. O celibato é sinal de uma liberdade que é para o serviço. Em virtude deste sinal, o sacerdócio hierárquico, ou seja, "ministerial", é – segundo a tradição de nossa

Igreja – mais intimamente "ordenado" para o sacerdócio comum dos fiéis.

(*Carta aos sacerdotes*, n. 8, Quinta-feira Santa, 1979)

28

Como soam eloquentes neste dia [aniversário da ordenação sacerdotal] as palavras de São João apóstolo: "Que grande presente de amor o Pai nos deu"; não somente nos "chamou filhos de Deus, e o somos realmente" (cf. 1Jo 3,1), mas nos tornou participantes do sacerdócio de Cristo. Mediante o sacramento da ordem, nós padres podemos oferecer *in persona Christi* o único e eterno sacrifício da Nova Aliança. Por isso, dou graças a Deus porque me concedeu celebrar a santa missa, todos os dias, nestes cinquenta anos, a partir do dia 1º de novembro de 1946.

Desfilam diante de mim, neste momento, as imagens daquele dia já distante, quando, logo de manhã, me apresentei na residência dos arcebispos de Cracóvia, na rua Franciszkanka, para receber a ordenação sacerdotal, acompanhado de um pequeno grupo de parentes e amigos. Com emoção me revejo estendido no pavimento da capela particular do príncipe metropolita; ouço o canto do *Veni Creator* e das ladainhas dos santos; espero a imposição das mãos; aceito o convite para proclamar a Boa-Nova, para guiar o povo de Deus, para celebrar os divinos mistérios. São recordações incanceláveis, que revivo neste dia com indizível gratidão ao Senhor.

"Que grande presente de amor o Pai nos deu!": um amor que nos transforma e nos leva à santidade! A santidade é vocação universal dirigida a cada batizado, como bem sublinha a solenidade de hoje de Todos os Santos. O padre existe para oferecer aos fiéis os meios predispostos por Cristo para este caminho de santificação progressiva. Entre estes meios de santidade está, antes de tudo, a Eucaristia, memorial da paixão, morte e ressurreição do Salvador. Através do padre, a Igreja faz a Eucaristia, e é esta mesma Eucaristia que, por sua vez, faz a Igreja. Assim, o padre se torna o servo da santidade e da comunhão dos batizados.

(*Homilia na missa celebrada com 700 presbíteros da diocese de Roma*, nn. 4-5, 1º de novembro de 1996)

29   Aqui nossos pés tocam a terra sobre as quais surgiram muitas paredes e colunas – se entre elas você não se perde, mas vai encontrando unidade e significado, é porque o Pavimento o guia. Ele unifica não somente os espaços de uma estrutura renascentista, mas os espaços dentro de nós que caminhamos, assim, conscientes das nossas fraquezas e derrotas.

ABRIL

És tu, Pedro. Queres ser aqui o pavimento sobre o qual os outros caminham (que avançam ignorando a meta) para chegar aonde tu guias seus passos, unificando os espaços com o olhar que facilita o pensamento.

Queres ser aquele que sustenta os passos – como a rocha sustenta o pisotear de um rebanho.

Rocha também do pavimento de um templo gigantesco.

E a pastagem é a cruz.

(Chiesa. I pastore e le fonti. Il pavimento.
In: *Opere letterarie*, p. 85
Basílica de São Paulo, outono de 1962)

ABRIL 30

Mãe de Jesus Cristo e mãe
dos sacerdotes,
recebe este título que nós
te atribuímos
para celebrar tua maternidade
e contemplar junto de ti o sacerdócio
de teu Filho e de teus filhos,
santa Mãe de Deus.
Mãe de Cristo,
que ao Messias sacerdote deste
o corpo de carne
pela unção do Espírito Santo
para salvação dos pobres
e contritos de coração,
guarda em teu coração
e na Igreja os sacerdotes,
Mãe do Salvador.
Mãe da fé,
Que acompanhaste ao templo
o Filho do Homem,
realização das promessas feitas aos pais,
entrega ao Pai para sua glória
os sacerdotes de teu Filho,
arca da Aliança.
Mãe da Igreja,
Que entre os discípulos no cenáculo

rezavas ao Espírito
pelo povo novo e pelos seus pastores,
consegue para a ordem dos presbíteros
a plenitude dos dons,
Rainha dos apóstolos.
Mãe de Jesus Cristo,
que estavas com ele nos inícios
de sua vida e de sua missão,
Mestre, procuraste-o no meio da multidão,
assististe-o elevado da terra,
consumado pelo sacrifício único eterno,
e tinhas João perto, teu filho,
acolhe desde o início os chamados,
protege seu crescimento,
acompanha na vida e no ministério
teus filhos,
Mãe dos sacerdotes.
Amém!

(*Pastores dabo vobis*, n. 82)

MAIO

MAIO

1

Se Isabel disse da Mãe do Redentor: "Feliz aquela que acreditou", pode, em certo sentido, referir-se esta felicidade também a José, porque respondeu afirmativamente à Palavra de Deus, quando lhe foi transmitida naquele momento decisivo. A bem da verdade, José não respondeu ao "anúncio" do anjo como Maria, mas "fez como lhe ordenara o anjo do Senhor e tomou consigo sua esposa". Isto que ele fez é puríssima "obediência da fé" (cf. Rm 1,5; 16,26; 2Cor 10,5-6).

Pode-se dizer que aquilo que José fez o uniu de modo todo especial à fé de Maria: ele aceitou como verdade vinda de Deus aquilo que ela já aceitara na anunciação. [...]

Ele, portanto, se tornou um depositário singular do mistério "escondido desde séculos na mente de Deus" (cf. Ef 3,9), assim como tornou Maria, naquele momento decisivo, que pelo apóstolo é chamado "a plenitude do tempo", quando "Deus mandou seu Filho, nascido de mulher" para "resgatar aqueles que estavam sob a lei", a fim de que "recebessem a adoção de filhos" (cf. Gl 4,4-5). "Aprouve a Deus, ensina o Concílio, em sua bondade e sabedoria, revelar a si mesmo e tornar conhecido o mistério de sua vontade (cf. Ef 1,9), mediante o qual os homens, por intermédio de Cristo, Verbo feito carne, e no Espírito Santo, têm acesso ao Pai e se tornam participantes da natureza divina (cf. Ef 2,18; 2Pd 1,4)" (*Dei Verbum*, n. 2).

Deste mistério divino José é, junto com Maria, o primeiro depositário. Junto com Maria – e também em relação a Maria – ele participa desde o início desta fase culminante da autorrevelação de Deus em Cristo. Tendo sob os olhos o texto de ambos os evangelistas Mateus e Lucas, pode-se também dizer que José é o primeiro a participar da fé da Mãe de Deus, e que, fazendo assim, apoia sua esposa na fé da anunciação divina. Ele é também aquele colocado primeiro por Deus no caminho da "peregrinação da fé", no qual Maria – sobretudo do tempo do Calvário e do Pentecostes – irá adiante de modo perfeito (cf. *Lumen gentium*, n. 63).

(*Redemptoris custos*, nn. 4-5)

2 Também sobre o trabalho de carpinteiro se estende o mesmo clima de silêncio que acompanha tudo quanto se refere à figura de José. É um silêncio, porém, que revela de modo especial o perfil interior dessa figura. Os Evangelhos falam exclusivamente daquilo que José "fez"; todavia, permitem descobrir em suas "ações", envolvidas pelo silêncio, um clima de contemplação profunda. José estava em contato cotidiano com o mistério "escondido há séculos", que "fez morada" sob o teto de sua casa. Isto explica, por exemplo, porque Santa Teresa de Jesus, grande reformadora do Carmelo contemplativo, se fez promotora da renovação do culto de São José na cristandade ocidental.

O sacrifício total que José fez de toda sua existência, às exigências da vinda do Messias em sua própria casa, encontra a razão adequada em "sua insondável vida interior, da qual vêm a ele ordens e confortos singularíssimos, e lhe derivam a lógica e a força, próprias das almas simples e límpidas, das grandes decisões, como a de colocar logo à disposição dos desígnios divinos sua liberdade, sua legítima vocação humana, sua felicidade conjugal, aceitando da família a condição, a responsabilidade e o peso, e renunciando, por um incomparável amor virginal, ao amor conjugal natural que a constitui e a alimenta" (*Insegnamenti di Paolo VI*, VII [l969], 1268).

(*Redemptoris custos*, nn. 25-26)

MAIO

3 Lemos na *Lumen gentium*: "Pelo sacramento da confirmação [os fiéis batizados] são vinculados mais perfeitamente à Igreja, enriquecidos de força especial do Espírito Santo, e, assim, mais estritamente obrigados à fé que, como verdadeiras testemunhas de Cristo, devem difundir e defender tanto por palavras como por obras" (n. 11).

Um primeiro testemunho desse sacramento aparece nos Atos dos Apóstolos. Lá se narra que o diácono Filipe (pessoa diferente de Filipe, o apóstolo), um dos sete homens "cheios do Espírito e de sabedoria" ordenados pelos apóstolos, tinha descido a uma cidade da Samaria para pregar a Boa-Nova. "As multidões davam ouvidos àquilo que Filipe dizia. Unânimes o escutavam, vendo os sinais que fazia. [...] Depois, porém, passaram a crer na pregação de Filipe sobre o Reino de Deus e o nome de Jesus Cristo, e homens e mulheres se deixavam batizar. [...] Os apóstolos que estavam em Jerusalém souberam que a Samaria acolhera a Palavra de Deus e enviaram para lá Pedro e João. Chegando ali, oraram pelos habitantes da Samaria para que recebessem o Espírito Santo. Pois o Espírito ainda não viera sobre nenhum deles; só tinham recebido o Batismo no nome do Senhor Jesus. Pedro e João impuseram-lhes as mãos, e eles receberam o Espírito

Santo" (At 8,6-17). O episódio nos mostra o liame que desde os primeiros tempos da Igreja existia entre o Batismo e uma "imposição das mãos", novo ato sacramental para obter e conferir o dom do Espírito Santo. Este rito é considerado um complemento do Batismo. É tido como importante, tanto que Pedro e João são expressamente mandados de Jerusalém a Samaria para esse escopo.

(*Audiência geral*, nn. 1-2, 1º de abril de 1992)

4 O efeito essencial do sacramento da Confirmação é o aperfeiçoamento do dom do Espírito Santo recebido no Batismo, de modo a tornar quem o recebe hábil para testemunhar Cristo com a palavra e com a vida. O batismo opera a purificação, a libertação do pecado, e confere uma vida nova. A Crisma coloca o acento sobre o aspecto positivo da santificação e sobre a força que é dada pelo Espírito Santo ao cristão, em vista de uma vida autenticamente cristã e de um testemunho eficaz.

Como no Batismo, um caráter especial é impresso na alma também pelo sacramento da Confirmação. É um aperfeiçoamento da consagração batismal, conferido por meio de dois gestos rituais, a imposição das mãos e a unção. Também a capacidade de exercer o culto, já recebida no Batismo, é confirmada com a Crisma. O sacerdócio universal é mais profundamente enraizado na pessoa, e tornado mais eficaz em seu exercício. A função específica do caráter da Crisma é de levar a atos de testemunho e de ação cristã, que já São Pedro indica como derivações do sacerdócio universal (cf. 1Pd 2,11ss). Santo Tomás de Aquino precisa que o crismado dá o testemunho do nome de Cristo, realiza as ações do bom cristão em defesa e pela propagação da fé, em força do "poder especial" do caráter (cf. *Summa Theologiae*, III, q. 72, a. 5 in c. e ad 1), enquanto investido de uma função e de um mandato peculiar. É uma "participação no sacerdócio de Cristo nos fiéis, chamados ao culto divino que no Cristianismo é uma derivação do sacerdócio de Cristo" (q. 63, a. 3). Também o testemunho público de Cristo entra na esfera do sacerdócio universal dos fiéis, que para ele são chamados "quase *ex officio*" (q. 72, a. 5 ad 2).

(*Audiência geral*, nn. 5-6,
1º de abril de 1992)

5

O sacramento da Confirmação "torna, de alguma forma, perene na Igreja a graça do Pentecostes" (*Catecismo da Igreja Católica*, n. 1.288). O Batismo, que a tradição cristã chama "porta da vida espiritual" (n. 1.213), nos faz renascer "da água e do Espírito" (cf. Jo 3,5), tornando-nos participantes sacramentalmente da morte e da ressurreição de Cristo (cf. Rm 6,1-11). A Confirmação, por sua vez, nos torna participantes plenamente da efusão do Espírito Santo por parte do Senhor ressuscitado. O liame indissolúvel entre a Páscoa de Jesus Cristo e a efusão pentecostal do Espírito Santo se expressa na íntima relação que une os sacramentos do Batismo e da Confirmação. Esse liame íntimo emerge também do fato de que nos primeiros séculos a confirmação constituía, em geral, "uma celebração única com o Batismo, formando com este, segundo a expressão de São Cipriano, um sacramento duplo" (*Catecismo da Igreja Católica*, n. 1.290). Esta praxe foi conservada até hoje no Oriente, enquanto no Ocidente, por muitas causas, se afirmou a celebração sucessiva e também normalmente distanciada dos dois sacramentos.

Desde os tempos apostólicos, a plena comunicação dos dons do Espírito Santo aos batizados é significada eficazmente pela imposição das mãos. A ela, para melhor expressar o dom do Espírito, bem depressa se acrescentou uma unção com óleo perfumado, chamado "crisma". De fato, mediante a Confirmação, os cristãos, consagrados com a unção no Batismo, participam na plenitude do Espírito do qual Jesus está repleto, a fim de que toda a sua vida emane o "perfume de Cristo" (2Cor 2,15).

(*Audiência geral*, n. 2, 30 de setembro de 1998)

6 O rosário, justamente a partir da experiência de Maria, *é uma oração acentuadamente contemplativa*. Privado desta dimensão, seria desnaturado, como sublinhava Paulo VI: "Sem contemplação, o rosário é corpo sem alma, e sua récita corre o risco de se tornar repetição mecânica de fórmulas e de contradizer a advertência de Jesus: 'Quando orardes, não useis de muitas palavras como fazem os pagãos. Eles pensam que serão ouvidos por força das muitas palavras' (Mt 6,7). Por sua natureza, a récita do rosário exige um ritmo tranquilo e quase uma lentidão pensativa, que favoreçam no orante a meditação dos mistérios da vida do Senhor, vistos através do coração daquela que esteve mais próxima do Senhor, e descubram suas riquezas insondáveis".

MAIO

Vale a pena nos deter neste pensamento profundo de Paulo VI, para fazer emergir algumas dimensões do rosário que melhor lhe definem o caráter próprio de contemplação cristológica.

(*Rosarium Virginis Mariae*, n. 12)

7

O contemplar de Maria é, antes de tudo, um *recordar*. É preciso, no entanto, entender esta palavra no sentido bíblico da memória (*zakar*), que atualiza as obras realizadas por Deus na história da salvação. A Bíblia é narração dos acontecimentos salvíficos que têm seu vértice no mesmo Cristo. Esses acontecimentos não são somente um "ontem"; *são também o "hoje" da salvação*. Essa atualização se realiza especialmente na liturgia: aquilo que Deus fez há séculos não diz respeito somente aos testemunhos diretos dos acontecimentos, mas atinge com seu dom de graça o homem de todo tempo. Isto vale, de certo modo, também para qualquer outra abordagem daqueles acontecimentos: "Fazer memória deles", em atitude de fé e de amor, significa abrir-se à graça que Cristo nos obteve com seus mistérios de vida, morte e ressurreição. [...] O rosário se coloca, com sua simplicidade, neste cenário variegado da oração "incessante", e se a liturgia, ação de Cristo e da Igreja, é ação salvífica por excelência, o rosário, como meditação sobre Cristo com Maria, é contemplação salutar. O imergir-se de fato, de mistério em mistério, na vida do Redentor, faz que tudo o que ele operou e a liturgia atualiza seja profundamente assimilado e plasme a existência.

(*Rosarium Virginis Mariae*, n. 13)

8 Cristo é o mestre por excelência, o revelador e a revelação. Não se trata somente de aprender as coisas que ele ensinou, mas de "aprender a ele". Mas qual mestra, nisto, é mais especialista que Maria? Se na vertente divina é o Espírito o Mestre interior que nos leva à plena verdade de Cristo (cf. Jo 14,26; 15,26; 16,13), entre os seres humanos, ninguém melhor que ela conhece Cristo, ninguém como a Mãe pode nos introduzir num conhecimento profundo de seu mistério.

O primeiro dos "sinais" realizados por Jesus – transformação da água em vinho nas núpcias de Caná – nos mostra Maria justamente na veste de mestra, quando exorta os servos a cumprir as disposições de Cristo (cf. Jo 2,5). E podemos imaginar que tal função ela desenvolveu pelos discípulos depois da ascensão de Jesus, quando permaneceu com eles para esperar o Espírito Santo e os confortou na primeira missão. O passar com Maria através das cenas do rosário é como colocar-se na "escola" de Maria para ler Cristo, para penetrar seus segredos, para compreender sua mensagem.

Uma escola, a de Maria, é tão mais eficaz, quando se pensa que ela a desenvolve obtendo-nos em abundância os dons do Espírito Santo e, ao mesmo tempo, propondo-nos o exemplo daquela "peregrinação da fé" (*Lumen Gentium*, n. 58), na qual é mestra incomparável. Diante de cada mistério do Filho, ela nos convida, como na sua anunciação, a colocar com humildade as interrogações que abrem para a luz, para concluir sempre com a obediência da fé: "Sou a serva do Senhor, faça-se em mim segundo sua palavra" (Lc 1,38).

(*Rosarium Virginis Mariae*, n. 14)

9 Passando da infância e da vida de Nazaré para a vida pública de Jesus, a contemplação nos leva para aqueles mistérios que

MAIO

podem ser chamados, a título especial, "mistérios da luz". Na realidade, *é todo o mistério de Cristo que é luz*. Ele é "a luz do mundo" (Jo 8,12). Mas esta dimensão emerge particularmente nos anos da vida pública, quando ele anuncia o Evangelho do Reino. Querendo indicar à comunidade cristã cinco momentos significativos – mistérios "luminosos" – desta fase da vida de Cristo, considero que esses possam ser oportunamente identificados: 1) no seu Batismo no Jordão; 2) em sua autorrevelação nas núpcias de Caná; 3) no anúncio do Reino de Deus com o convite à conversão; 4) na sua transfiguração; e, finalmente, 5) na instituição da Eucaristia, expressão sacramental do mistério pascal.

(*Rosarium Virginis Mariae*, n. 21)

10

Cada um destes mistérios (os mistérios da luz) *é revelação do Reino que já chegou na pessoa mesma de Jesus*. É mistério de luz, antes de tudo, o Batismo no Jordão. Aqui, enquanto o Cristo desce, como inocente que se faz "pecado" por nós (cf. 2Cor 5,21), na água do rio, o céu se abre e a voz do Pai o proclama Filho dileto (cf. Mt 3,17 e par.), enquanto o Espírito desce sobre ele para investi-lo da missão que o espera. Mistério de luz é o início dos sinais em Caná (cf. Jo 2,1-12), quando Cristo, mudando a água em vinho, abre para a fé o coração dos discípulos graças à intervenção de Maria, a primeira dos crentes. Mistério de luz é a pregação com a qual Jesus anuncia o acontecimento do Reino de Deus e convida à conversão (cf. Mc 1,15), perdoando os pecados de quem se aproxima dele com humilde confiança (cf. Mc 2,3-12; Lc 7,47-48), início do mistério de misericórdia que ele continuará a exercer até o fim do mundo, especialmente através do sacramento da reconciliação confiado a sua Igreja (cf. Jo 20,22-23). Mistério de luz por excelência é ainda a transfiguração, acontecida, segundo a tradição, no monte Tabor. A glória da divindade brilha no rosto de Cristo, enquanto o Pai o acredita diante dos apóstolos extasiados para que o escutem (cf. Lc 9,35 e par.) e se disponham a viver com ele o momento doloroso da paixão, para chegar com ele à alegria da ressurreição e a uma vida transfigurada pelo Espírito Santo. Mistério de luz é, finalmente, a instituição da Eucaristia, na qual Cristo se faz alimento com seu corpo e seu sangue sob os sinais do pão e do vinho, testemunhando "até o fim" seu amor pela humanidade (Jo 13,1), por cuja salvação se oferecerá em sacrifício.

(*Rosarium Virginis Mariae*, n. 21)

11

Nestes mistérios, menos em Caná, *a presença de Maria permanece como pano de fundo*. Os Evangelhos acenam apenas a alguma presença sua ocasional num momento ou noutro da pregação de Jesus (cf. Mc 3,31-35; Jo 2,12) e nada dizem sobre uma presença eventual no cenáculo no momento da instituição da Eucaristia. Mas a função que exerce em Caná acompanha, de certa forma, todo o caminho de Cristo. A revelação, que no Batismo do Jordão é oferecida diretamente pelo Pai e faz eco pelo Batista, está em Caná em sua boca e se torna a grande admoestação materna que ela dirige à Igreja de todos os tempos: "Fazei aquilo que ele vos disser" (Jo 2,5). Admoestação esta que bem introduz palavras e sinais de Cristo durante a vida pública, constituindo o pano de fundo mariano de todos os "mistérios da luz".

(*Rosarium Virginis Mariae*, n. 21)

12

Segundo os desígnios da Providência, foi-me concedido viver no século difícil que vai ficando no passado, e agora, no ano em que minha vida chega aos oitenta anos de idade (*octogesima adveniens*), é preciso perguntar-se se não é o tempo de repetir com o bíblico Simeão "*Nunc dimittis*". No dia 13 de maio de 1981, o dia do atentado ao Papa, durante a audiência geral na Praça de São Pedro, a Divina Providência me salvou miraculosamente da morte. Aquele que é único Senhor da vida e da morte, ele mesmo me prolongou esta vida, de certo modo ma doou novamente. Desde esse momento, ela ainda mais pertence a ele. Espero que ele me ajude a reconhecer até quando devo continuar este serviço, ao qual me chamou no dia 16 de outubro de 1978. Peço-lhe que queira me chamar quando ele mesmo quiser. "Na vida e na morte pertencemos ao Senhor... somos do Senhor" (cf. Rm 14,8). Espero também que, até quando me for concedido realizar o serviço petrino na Igreja, a misericórdia de Deus queira conceder-me as forças necessárias para este serviço.

(*Testamento*, VIII, n. 2,
Exercícios espirituais no Ano Jubilar,
12-18 de março de 2000)

13

"Santa Mãe do Redentor,
Porta do céu, estrela do mar,
socorre o teu povo que anseia
por ressurgir."

MAIO

Ainda uma vez nos dirigimos a ti,
Mãe de Cristo e da Igreja,
recolhidos aos teus pés na Cova da Iria,
para agradecer-te por quanto tu fizeste
nestes anos difíceis pela Igreja,
por cada um de nós e por toda
a humanidade.
Monstra te esse matrem!
Quantas vezes te invocamos!
E hoje estamos aqui para agradecer-te
porque sempre nos escutaste.
Tu te mostraste Mãe:
Mãe da Igreja,
missionária nos caminhos da terra
para o esperado terceiro milênio cristão;
Mãe dos homens,
pela proteção constante que nos evitou
desgraças e destruições irreparáveis,
e favoreceu o progresso e as conquistas
sociais modernas.
Mãe das nações,
pelas mudanças inesperadas que deram
novamente confiança a povos
há muito tempo oprimidos e humilhados;
Mãe da vida,
pelos múltiplos sinais com os quais

nos tens acompanhado, defendendo-nos
do mal e do poder da morte;
Mãe minha desde sempre,
e especialmente naquele 13 de maio de 1981,
no qual percebi ao meu lado
tua presença que me socorria;
Mãe de cada homem,
que luta pela vida que não morre.
Mãe da humanidade
resgatada pelo sangue de Cristo.
Mãe do amor perfeito,
da esperança e da paz.
Santa Mãe do Redentor.

(*Ato de entrega à Virgem*, nn. 1-2,
Fátima, 13 de maio de 1991)

14

"Salve, por ti surge a alegria; salve, por ti descamba a dor."

Assim começa o hino antigo (*akathistos* da liturgia oriental), objeto de uma festa litúrgica própria. A presença da Virgem, de fato, na economia de Deus, se propaga quando se propaga o mistério da humanidade de Cristo, sacramento vivo da unidade e da salvação do gênero humano. Por onde quer que Cristo irradie sua ação salvífica, lá misteriosamente está presente a Mãe, que o vestiu de carne e o deu ao mundo.

Maria está presente no mistério que se realizou um dia em seu seio, constituindo-a trono de Deus mais fúlgido que um trono de anjos: "Salve, ó trono santíssimo daquele que se senta acima dos querubins"; está presente na efusão de paz e de perdão que Deus por seu meio concede ao mundo: "Salve, clemência de Deus para o homem". Está presente na misericórdia que continua a se derramar copiosa, na graça que nos reveste de luz: "Salve, campo que produzes abundância de misericórdias". Está presente na boca dos apóstolos que anunciam a palavra e no testemunho dos mártires, que por Cristo vão à morte: "Salve, tu voz perene dos apóstolos; salve, indômita ousadia dos mártires". Está presente no itinerário de fé que leva os catecúmenos ao Batismo, nos sacramentos que geram e alimentam a Igreja: "Salve, tu és a fonte dos santos mártires, tu a fonte das águas abundantes, tu vida do sagrado banquete". Está presente na peregrinação da Igreja para a pátria dos céus, ao longo do deserto do mundo. "Salve, por ti levantamos os troféus; salve, por ti caem vencidos os inimigos". Está presente ao lado de cada um de nós, que nela confiamos: "Salve, tu remédio de meu corpo, tu salvação da minha alma!".

Assim canta este hino antigo, composto quando as Igrejas eram ainda unidas. Seja ele prelúdio aos tempos nos quais todas as Igrejas se encontrarão reconciliadas e reunidas, pelo poder de Deus e pela intercessão da Virgem, na única fé e no único louvor.

(*Angelus*, nn. 2-3, 8 de abril de 1984)

15

"Alegra-te, exulta, filha de Sião, porque eu venho para morar no meio de ti" (Zc 2,14). [...]

Quantas vezes, vossa liturgia, caríssimos irmãos e irmãs da Igreja armênia, canta, com acentos comovidos, este mistério estupendo! E quantos, entre vossos santos poetas, souberam atingir vértices de contemplação espiritual, tentando, embora na inadequação da linguagem humana, fazer vibrar um raio da infinita sabedoria divina, que se fez carne por aquela que vós amais chamar a "filantropia divina", o amor entranhado de Deus pelos homens. Mas uma pérola particular, nesta coroa de santos cantores de Deus, queria escutar junto convosco nesta noite, aquele que quis recordar em minha carta encíclica sobre a Mãe do Redentor: Gregório de Narek (*Redemptoris mater*, n. 31).

Ele compreendeu bem como foi misterioso aquele intercâmbio entre céu e terra, que fez de Maria a morada do Altíssimo, diante do qual não resta senão o assombro alegre do louvor: "Tu és louvada, puro esplendor – ele escreve – ... pois o menino que não teve pai, tu, Mãe, o acariciaste como teu filho, e tomando e erguendo entre os braços e em tuas mãos a Essência infinita, tornada homem, o aproximaste amorosamente aos beijos de tua boca. A esta graça, por meio de ti, também nós fomos associados, Mãe de Deus, chamando 'Pai' o nosso Deus". O santo monge Gregório é o poeta da pobreza humana, que quisera revestir-se à semelhança de seu Senhor. No entanto, com não menor vigor, no mistério da Virgem santa, aquela mesma natureza de pecado se reveste aos seus olhos de uma dignidade estupenda: "Porque esta terra humilde – diz –, trazendo o Senhor, encontrou-se semelhante ao céu que traz Deus" (Gregório de Narek, *Panegírico à Virgem*, 7, 3).

(*Homilia na liturgia divina no rito armênio*, n. 1,
21 de novembro de 1987)

16 MAIO

Maria, neste ano a ela dedicado [o Ano mariano 1987-1988], no qual tão oportunamente esta liturgia se insere, [...] está particularmente presente no mistério que celebramos (a entrada de Cristo no templo). Está presente porque seus braços de Mãe apresentam a Deus o Verbo encarnado; e está presente neste momento litúrgico que estamos vivendo, por aquele liame íntimo que a une à Eucaristia. "Maria nos deu o pão do repouso em lugar do pão do trabalho procurado por Eva" como canta santo Efrém, a "cítara do Espírito Santo" (Santo Efrém, *Hino sobre o pão não fermentado*, 6).

E que esplêndido testemunho de amor à virgem Mãe nos foi transmitido pela tradição dos sírios! À vossa sensibilidade, tão participante da luta entre trevas e claridade, tão arrebatada na contemplação da luz celeste, também Maria se apresenta como aquela que foi habitada pela luz divina, capaz de transfigurar e purificar o peso da opacidade humana. "Como num olho – são ainda palavras de Santo Efrém – a luz pôs morada em Maria, tornou lúcida sua mente, brilhante seu pensamento, pura sua compreensão, fazendo brilhar sua virgindade" (Santo Efrém, *Hino sobre a Igreja*, 36). Vossa liturgia (da tradição sírio maronita) continuamente inclinada a captar a luz divina que desce do alto, vê realmente na Mãe de Deus a sarça ardente onde se oculta e se manifesta, ao mesmo tempo, o esplendor divino.

(*Homilia na liturgia divina no rito maronita*, n. 3, 2 de fevereiro de 1988)

17 Na perspectiva da solenidade de Pentecostes, [...] para o qual está caminhando o período pascal, queremos juntos refletir sobre os sete dons do Espírito Santo, que a Tradição da Igreja constantemente propôs com base no texto famoso de Isaías, que se refere ao "Espírito do Senhor" (cf. Is 11,1-2). O primeiro e mais elevado desses dons é a sabedoria, a qual é uma luz que se recebe do alto: é uma participação especial naquele conhecimento misterioso e sumo, que é próprio de Deus. Lemos, de fato, na Sagrada Escritura: "Pedi e me foi concedida a prudência; implorei e veio em mim o espírito da sabedoria. Preferi-a aos reinos e tronos, julguei um nada a riqueza em comparação a ela" (Sb 7,7-8). Esta sabedoria superior é a raiz de um conhecimento novo, um conhecimento permeado de caridade, graças à qual a alma adquire, por assim dizer, familiaridade com as coisas divinas e sente gosto com isto. Santo Tomás fala justamente de certo "sabor" de Deus (*Summa Theologiae*, II-II, q. 45, a. 2 ad 1), e, por isso, o velho sábio não é simplesmente aquele que sabe as coisas de Deus, mas aquele que as experimenta e vive.

(*Regina Coeli*, n. 1, 9 de abril de 1989)

18 O conhecimento sapiencial, além disso, nos dá uma capacidade especial de julgar coisas humanas com o metro de Deus, na luz de Deus. Iluminado por esse dom, o cristão sabe ver por dentro as realidades do mundo: ninguém melhor que ele está em condição de avaliar os valores autênticos da criação, olhando-os com os mesmos olhos de Deus. Desta percepção superior da "linguagem da criação" encontramos um exemplo fascinante no *Cântico das criaturas* de São Francisco de Assis.

Graças a este dom, toda a vida do cristão com suas vicissitudes, suas aspirações, seus projetos, suas realizações, vem ser atingida pelo sopro do Espírito, que a permeia com a luz "que desce do alto", como é atestado por muitas almas privilegiadas

MAIO

também em nossos dias e, diria, hoje mesmo por Santa Clélia Barbieri e pelo seu fúlgido exemplo de mulher rica desta sabedoria, mesmo na juventude. Em todas estas almas se repetem as "grandes coisas" operadas em Maria pelo Espírito. Ela, que a piedade tradicional venera como *sedes sapientiae*, leve cada um de nós a saborear interiormente as coisas celestes.

(*Regina Coeli*, nn. 2-3, 9 de abril de 1989)

19

Nesta reflexão [...] desejo [...] refletir sobre o segundo dom do Espírito Santo: a inteligência. Sabemos bem que a fé é adesão a Deus no claro-escuro do mistério; ela é, porém, também, procura no desejo de conhecer mais e melhor a verdade revelada. Ora, tal impulso interior nos vem do Espírito, que com a fé concede justamente este dom especial de inteligência e quase de intuição da verdade divina. A palavra "inteligência" deriva do latim *intus legere*, que significa "ler dentro", penetrar, compreender a fundo. Mediante este dom, o Espírito Santo, que "perscruta a profundeza de Deus" (1Cor 2,10), comunica ao crente uma centelha de tal capacidade de penetrar, abrindo-lhe o coração à percepção agradável do desígnio amoroso de Deus. Renova-se, então, a experiência dos discípulos de Emaús, os quais, depois de haver reconhecido o Ressuscitado na fração do pão, diziam uns para os outros: "Não estava ardendo o nosso coração quando ele nos falava pelo caminho e nos explicava as Escrituras?" (Lc 24,32).

(*Regina Coeli*, n. 1, 16 de abril de 1989)

20 Essa inteligência sobrenatural é dada não somente ao indivíduo, mas também à comunidade: aos pastores que, como sucessores dos apóstolos, são herdeiros da promessa específica que lhes foi feita por Cristo (Cf. Jo 14,26; 16,13), e aos fiéis que, graças à "unção" do Espírito (cf. 1Jo 2,20.27), possuem um especial "sentido da fé" (*sensus fidei*) que os guia nas escolhas concretas. A luz do espírito, de fato, enquanto aguça a inteligência das coisas divinas, torna também mais límpido e penetrante o olhar sobre as coisas humanas. Graças a ela são mais bem vistos os sinais de Deus que estão inscritos na criação. Descobre-se assim a dimensão não puramente terrena dos acontecimentos, dos quais está tecida a história humana. E se pode chegar até a decifrar profeticamente o tempo presente e o futuro: sinais dos tempos, sinais de Deus!

Caríssimos fiéis, dirijamo-nos ao Espírito Santo com as palavras da liturgia: "Vem, Espírito Santo, manda-nos do céu um raio de tua luz" (Sequência de Pentecostes). Invoquemo-lo por intercessão de Maria Santíssima, a Virgem da escuta, que na luz do Espírito soube perscrutar sem se cansar o sentido profundo dos mistérios nela operados pelo Onipotente (cf. Lc 2,19.51). A contemplação das maravilhas de Deus será também em nós fonte de alegria inesgotável: "A minha alma engrandece o Senhor, e meu espírito exulta em Deus, meu salvador" (Lc 1,46s).

(*Regina Coeli*, nn. 2-3, 16 de abril de 1989)

21

A reflexão [...] sobre os dons do Espírito Santo nos leva hoje a falar sobre outro dom: o da ciência, graças ao qual nos é dado conhecer o verdadeiro valor das criaturas em sua relação com o Criador.

Sabemos que o homem contemporâneo, justamente em virtude do desenvolvimento das ciências, é especialmente exposto à tentação de dar uma interpretação naturalista do mundo: diante da multiforme riqueza das coisas, de sua complexidade, variedade e beleza, ele corre o risco de absolutizá-las e quase divinizá-las a ponto de fazer delas o escopo supremo de sua mesma vida. Isto acontece, sobretudo, quando se trata das riquezas, do prazer, do poder, que exatamente podem ser tirados das coisas materiais. São estes os ídolos principais, diante dos quais o mundo muito frequentemente se prostra.

Para resistir a essa tentação sutil e para remediar as consequências nefastas às quais ela pode levar, o Espírito Santo socorre o homem com o dom da ciência. É esta que o ajuda a avaliar corretamente as coisas em sua dependência essencial do Criador. Graças a ela – como escreve Santo Tomás – o homem não estima as criaturas mais que aquilo que valem e não coloca nelas, mas em Deus, o fim da própria vida (cf. *Summa Theologiae*, II-II, q. 9, a. 4).

(*Regina Coeli*, nn. 1-2, 23 de abril de 1989)

22

Ele consegue descobrir, assim, o sentido ideológico da criação, vendo as coisas como manifestações

MAIO

verdadeiras e reais, mesmo se limitadas, da verdade, da beleza, do amor infinito que é Deus, e, consequentemente, se sente levado a traduzir esta descoberta em louvor, em canto, em oração, em agradecimento. É isto que muitas vezes e de muitíssimos modos nos é sugerido pelo livro dos Salmos. Quem não recorda alguma dessas elevações? "Os céus narram a glória de Deus, e o firmamento anuncia a obra de suas mãos" (Sl 19[18],2; cf. Sl 8,2); "Louvai o Senhor dos céus, louvai-o nas alturas... Louvai-o, sol e lua, louvai-o, vós todas, estrelas brilhantes" (Sl 148,1.3).

Iluminado pelo dom da ciência, o homem descobre, ao mesmo tempo, a distância infinita que separa as coisas do Criador, sua limitação intrínseca, a cilada que elas podem constituir, uma vez que, pecando, se faz mau uso delas. É uma descoberta que o leva a perceber com mágoa sua miséria e o leva a se dirigir com maior ímpeto e confiança para ele que, somente ele, pode satisfazer plenamente a necessidade de infinito que o atormenta.

(*Regina Coeli*, n. 3, 23 de abril de 1989)

23

Continuando a reflexão sobre os dons do Espírito Santo, [...] vamos considerar o dom do conselho. Ele é dado ao cristão para iluminar a consciência nas escolhas morais, que a vida de cada dia lhe impõe.

Uma necessidade muito sentida neste nosso tempo, perturbado por não poucos motivos de crise e por uma incerteza comum a respeito dos verdadeiros valores, é aquilo que está sob o nome de "reconstrução das consciências". Percebe-se, então, a necessidade de neutralizar certos fatores destruidores, que facilmente se insinuam no espírito humano, quando é agitado pelas paixões, e de nele introduzir elementos sadios e positivos. Neste esforço de retomada moral, a Igreja deve ser e está na linha de frente: daqui a invocação que brota do coração de seus membros – de todos nós – para obter, antes de tudo, o socorro de uma luz do alto. O Espírito de Deus vem ao encontro desta súplica mediante o dom do conselho, com o qual enriquece e aperfeiçoa a virtude da prudência e guia a alma desde dentro, iluminando-a sobre o que fazer, especialmente quando se trata de escolhas importantes (por exemplo, de dar resposta à vocação), ou de um caminho a percorrer entre dificuldades e obstáculos. E, na realidade, a experiência confirma quanto são "tímidos os raciocínios dos mortais e incertas as nossas reflexões", como diz o livro da Sabedoria (Sb 9,14).

(*Regina Coeli*, n. 2, 7 de maio de 1989)

MAIO 24

O dom do conselho age como um sopro novo na consciência, sugerindo-lhe aquilo que é lícito, aquilo que é oportuno, aquilo que mais convém à alma (cf. São Boaventura, *Collationes de septem donis Spiritus Sancti*, VII, 5). A consciência se torna, então, como o "olho sadio", do qual fala o Evangelho (Mt 6,22), e adquire uma espécie de nova pupila, graças à qual lhe é possível ver melhor o que fazer numa determinada circunstância, mesmo que fosse a mais intrincada e difícil. Ajudado por este dom, o cristão penetra no verdadeiro sentido dos valores evangélicos, especialmente daqueles expressos no Sermão da Montanha (cf. Mt 5–7). Peçamos, portanto, o dom do conselho! Peçamo-lo para nós e, em especial, para os pastores da Igreja, muito frequentemente chamados, em força de seu dever, a tomar decisões árduas e sofridas. Peçamo-lo por intercessão daquela que, nas ladainhas, é saudada como *Mater boni consilii*, a Senhora do bom conselho.

(*Regina Coeli*, n. 3, 7 de maio de 1989)

25

Veni, Sancte Spiritus!

É esta, caríssimos irmãos e irmãs, a invocação que, no Pentecostes, sobe insistente e confiante de toda a Igreja: Vem, Espírito Santo, vem e "doa aos teus fiéis, que confiam somente em ti, os teus santos dons" (*Sequência na solenidade de Pentecostes*). Entre esses dons do Espírito há um sobre o qual desejo me demorar nesta manhã: o dom da fortaleza. Em nosso tempo, muitos exaltam a força física, chegando a aprovar até as manifestações extremas da violência. Na realidade, o homem faz, todo dia, a experiência da própria fraqueza, especialmente no campo espiritual e moral, cedendo aos impulsos das paixões internas e às pressões que sobre ele exerce o ambiente circunstante.

Justamente para resistir a esses múltiplos impulsos é necessária a virtude da fortaleza, que é uma das quatro virtudes cardiais sobre as quais apoia todo o edifício da vida moral: a fortaleza é a virtude de quem não renuncia a compromissos no cumprimento do próprio dever. Esta virtude encontra pouco espaço numa sociedade na qual é comum a prática tanto do ceder e do acomodar como da violência e da dureza nas relações econômicas, sociais e políticas. A timidez e a agressividade são as duas formas de carência de fortaleza que frequentemente são encontradas no comportamento humano, com o consequente repetir-se do espetáculo entristecedor de quem é fraco e vil com os poderosos, temerário e prepotente com os indefesos.

(*Regina Coeli*, nn. 1-2, 14 de maio de 1989)

26

Talvez nunca como hoje a virtude moral da fortaleza precise ser apoiada pelo dom homônimo do Espírito Santo. O dom da fortaleza é um impulso sobrenatural que dá vigor à alma não somente em momentos dramáticos como o do martírio, mas também nas condições habituais de dificuldades: na luta para permanecer coerentes com os próprios princípios; no suportar as ofensas e os ataques injustos; na perseverança corajosa, mesmo entre incompreensões e hostilidades, no caminho da verdade e da honestidade. Quando experimentamos, como Jesus no Getsêmani, "a fraqueza da carne" (cf. Mt 26,41; Mc 14,38), ou seja, da natureza humana submetida às enfermidades físicas e psíquicas, devemos invocar o dom da fortaleza do Espírito, para permanecer firmes e decididos no caminho do bem. Então, poderemos repetir com São Paulo: "Comprazo-me nas fraquezas, nos insultos, nas dificuldades, nas perseguições e nas angústias por causa de Cristo. Pois, quando estou fraco, então é que sou forte" (2Cor 12,10).

(*Regina Coeli*, n. 3, 14 de maio de 1989)

27

A reflexão sobre os dons do Espírito Santo nos leva [...] a falar de outro dom insigne: a piedade. Com ele, o Espírito cura nosso coração de toda forma de dureza e o abre para a ternura com Deus e com os irmãos.

A ternura, como atitude sinceramente filial para com Deus, se expressa na oração. A experiência da própria pobreza existencial, do vazio que as coisas terrenas deixam na alma, suscita no homem a necessidade de recorrer a Deus para obter graça, ajuda, perdão. O dom da piedade orienta e alimenta essa exigência, enriquecendo-a de sentimentos de confiança profunda para com Deus, sentido como Pai providente e bom. Neste sentido, São Paulo escrevia: "Deus enviou seu Filho [...] para recebermos a dignidade de filhos. E a prova de que sois filhos é que Deus enviou a nossos corações o Espírito de seu Filho, que clama: 'Abbá, Pai'. Portanto, já não és escravo, mas filho..." (Gl 4,4-7; cf. Rm 8,15).

(*Regina Coeli*, n. 1, 28 de maio de 1989)

28

A ternura, como abertura autenticamente fraterna para o próximo, se manifesta na mansidão. Com o dom da piedade, o Espírito infunde no crente uma capacidade nova de amor para os irmãos, tornando seu coração, de alguma forma, participante da mansidão mesma do coração de Cristo. O cristão "piedoso" vê nos outros sempre outros filhos do mesmo Pai, chamados a fazer parte da família de Deus que é a Igreja. Ele, por isso, se sente impelido a tratá-los com o cuidado e a amabilidade próprios de um singelo relacionamento fraterno.

O dom da piedade, além disso, extingue no coração aqueles fogos de tensão e de divisão que são a amargura, a cólera, a impaciência, e alimenta nele sentimentos de compreensão, de tolerância, de perdão. Este dom está, portanto, na raiz daquela nova comunidade humana, que se baseia na civilização do amor.

Invoquemos do Espírito Santo uma efusão renovada deste dom, confiando nossa súplica à intercessão de Maria, modelo sublime de oração fervorosa e de doçura materna. Ela, que a Igreja, nas ladainhas lauretanas, saúda como *Vas insignae devotionis*, nos ensine a adorar Deus "em espírito e verdade" (Jo 4,23) e a abrir-nos com coração manso e acolhedor a todos os que são seus filhos e, portanto, nossos irmãos. Isto lho pedimos com as palavras da Salve Rainha: *O clemens, o pia, o dulcis Virgo Maria!*

(*Regina Coeli*, n. 2, 28 de maio de 1989)

29

Desejo completar convosco a reflexão sobre os dons do Espírito Santo. Entre esses dons, último na ordem de enumeração, está o dom do temor de Deus.

A Sagrada Escritura afirma que "o temor de Deus é o princípio da sabedoria" (Sl 111[110],10; Pr 1,7). Mas trata-se de que temor? Não, certamente, daquele "medo de Deus" que leva a fugir do pensar e do recordar-se dele, como de alguma coisa ou de alguém que perturba e inquieta. Foi este o estado de alma que, segundo a Bíblia, levou nossos pais, depois do pecado, a "se esconderem do Senhor Deus no meio das árvores do jardim" (Gn 3,8); foi

MAIO

este também o sentimento do servo infiel e malvado da parábola evangélica, que escondeu debaixo da terra o talento recebido (cf. Mt 25,18.26). Mas este conceito do temor/medo não é o verdadeiro conceito do temor dom do Espírito. Aqui se trata de coisa muito mais nobre e elevada: é o sentimento sincero e palpitante que o homem experimenta diante da *tremenda majestade* de Deus, especialmente quando reflete sobre as próprias infidelidades e sobre o perigo de ser "encontrado sem peso" (Dn 5,27) no juízo eterno, do qual ninguém pode fugir. O crente se apresenta e se coloca diante de Deus com o "espírito contrito" e com o "coração humilhado" (cf. Sl 51[50],19), sabendo bem que deve esperar a própria salvação "com temor e tremor" (Fl 2,12). Isto, no entanto, não significa temor irracional, mas sentido de responsabilidade e de fidelidade à sua lei.

(*Regina Coeli*, n. 1, 11 de junho de 1989)

30

É todo este conjunto que o Espírito assume e eleva com o dom do temor de Deus. Ele não exclui, certamente, a apreensão que brota da consciência das culpas cometidas e da perspectiva dos castigos divinos; a suaviza com a fé na misericórdia divina e com a certeza da solicitude paterna de Deus que quer a salvação eterna de cada um. Com este dom, no entanto, o Espírito infunde na alma, sobretudo, o temor filial, que é sentimento radicado no amor para com Deus: a alma se preocupa, então, em não causar desprazer a Deus, amado como Pai, em não ofendê-lo em nada, em "permanecer" e crescer na caridade (cf. Jo 15,4-7).

Desse temor santo e justo, conjugado na alma com o amor de Deus, depende toda a prática das virtudes cristãs, e especialmente da humildade, da temperança, da castidade, da mortificação dos sentidos. Recordamos a exortação do apóstolo Paulo aos seus cristãos: "Caríssimos, purifiquemo-nos de toda mancha do corpo e do espírito, completando a nossa santificação, no temor de Deus" (2Cor 7,1). É uma advertência para todos nós que, às vezes, com muita facilidade, transgredimos a lei de Deus, ignorando ou desafiando seus castigos. Invoquemos o Espírito Santo, para que derrame generosamente o dom do temor de Deus nos homens de nosso tempo. Invoquemo-lo por intercessão daquela que, ao anúncio da mensagem celeste, "Ficou perturbada" (Lc 1,29) e, mesmo apreensiva pela inaudita responsabilidade que lhe era confiada, soube pronunciar o *fiat* da fé, da obediência e do amor.

(*Regina Coeli*, nn. 2-3, 11 de junho de 1989)

31

MAIO

Na recordação do Concílio Ecumênico de Constantinopla I (381), professamos [...] a mesma fé naquele que é Senhor da vida, que com o Pai e o Filho recebe a mesma glória e adoração; e, identificando esta venerada Basílica de São Pedro em Roma com o humilde cenáculo jerosolimitano, nós recebemos o mesmo dom! "Recebei o Espírito Santo" (Jo 20,22). Nós recebemos o mesmo dom, isto é, entregamos nós mesmos a Igreja ao mesmo Espírito Santo, ao qual, uma vez para sempre, ela foi confiada já naquela tarde do dia da ressurreição e, depois, na manhã da festa do Pentecostes. E permanecemos nesta entrega ao Espírito Santo, que Cristo então realizou "mostrando-lhes as mãos e o lado" (cf. Jo 20,20), os sinais da paixão, antes de dizer: "Como o Pai me enviou, também eu vos envio" (Jo 20,21). [...]

Permaneçamos, portanto, nesta entrega ao Espírito Santo, e depois de quase dois mil anos nada mais desejemos senão permanecer nele, não separar-nos dele de nenhum modo, não "entristecê-lo" nunca (cf. Ef 4,30):

- porque somente nele Cristo está conosco;
- porque somente com sua ajuda podemos dizer: "Jesus é Senhor" (1Cor 12,3);
- porque somente pelo poder de sua graça podemos gritar: "Abbá, Pai" (Rm 8,15);

- porque somente por seu poder, pelo poder do Espírito Santo, que é Senhor e dá a vida, nós somos a mesma Igreja, a Igreja na qual "há... diversidade de carismas, mas um só é o Espírito; há diversidade de ministérios, mas um só é o Senhor; há diversidade de operações, mas um só é Deus, que opera tudo em todos. E a cada um é dada uma manifestação particular do Espírito para utilidade comum" (1Cor 12,4-7).

Assim, portanto, somos no Espírito Santo e nele desejamos permanecer:

- nele, que é o Espírito que dá a vida e é uma fonte de água que jorra até a vida eterna (cf. Jo 4,14; 7,38-39);
- nele, pelo qual o Pai dá novamente a vida aos homens mortos pelo pecado, a fim de um dia vivificar em Cristo seus corpos mortais (cf. Rm 8,10-11);
- nele, no Espírito Santo, que habita a Igreja e nos corações dos fiéis (cf. 1Cor 3,16; 6,19), e neles ora e dá testemunho de sua adoção filial (cf. Gl 4,6; Rm 8,15-16.26);
- nele, que instrui a Igreja com diversos dons hierárquicos e carismáticos e com a ajuda deles a guia, e a enriquece de frutos (cf. Ef 4,11-12; 1Cor 12,4; Gl 5,22);

MAIO

- nele, que com a força do Evangelho faz rejuvenescer a Igreja e continuamente a renova e a conduz à união perpétua com seu Esposo (cf. *Lumen gentium*, n. 4).

(*Homilia na solenidade de Pentecostes*, n. 3, 7 de junho de 1981)

JUNHO

JUNHO

1

"Realizada a obra que o Pai havia confiado ao Filho na terra (Jo 17,4), *no dia de Pentecostes foi enviado o Espírito Santo para santificar continuamente a Igreja*, e os crentes tivessem, assim, através de Cristo, acesso ao Pai num só Espírito (cf. Ef 2,18). Este é o Espírito de vida, a fonte de água que jorra até a vida eterna (Jo 4,14; 7,38), aquele por meio do qual o Pai dá novamente a vida aos homens, mortos pelo pecado, a até que, um dia, ressuscite em Cristo seus corpos mortais (Rm 8,10-11)" (*Lumen gentium*, n. 4). Assim, o Concílio Vaticano II fala do *nascimento da Igreja* no dia de Pentecostes. Este acontecimento constitui a manifestação definitiva daquilo que havia se realizado no mesmo cenáculo já no domingo da Páscoa. O Cristo ressuscitado veio e "trouxe" com ele para os apóstolos o Espírito Santo. Deu-lhos dizendo: "Recebei o Espírito Santo". O que havia acontecido *então dentro do cenáculo*, "com as portas fechadas", mais tarde, no dia de Pentecostes se manifesta também externamente, diante dos homens. Abrem-se as portas do cenáculo, e os apóstolos se dirigem para os habitantes e os peregrinos que tinham vindo a Jerusalém por ocasião da festa, para dar testemunho de Cristo no poder do Espírito Santo. Assim se cumpre o anúncio: "*Ele* dará testemunho de mim. E *vós*, *também*, dareis testemunho, porque estais comigo desde o começo" (Jo 15,26-27).

(*Dominum et vivificantem*, n. 25)

2 A expressão sacramental mais completa da "partida" de Cristo por meio do mistério da cruz e da ressurreição é a *Eucaristia*. Nela se realiza sacramentalmente, toda vez, sua vinda, sua presença salvífica: no sacrifício e na comunhão. Realiza-se por obra do Espírito Santo, dentro de sua própria missão.

[É o que expressa a "epiclese" antes da consagração: "Santifica estes dons com a efusão do teu Espírito, para que se tornem o corpo e o sangue de Jesus Cristo nosso Senhor", segunda oração eucarística.]

Através da Eucaristia, o Espírito Santo realiza aquele "robustecimento do homem interior", do qual fala a Carta aos Efésios (Ef 3,16). Através da Eucaristia, as pessoas e a comunidade, sob a ação do Paráclito consolador, aprendem a descobrir o sentido divino da vida humana, evocado pelo Concílio: aquele sentido pelo qual Jesus Cristo "revela plenamente o homem ao homem", insinuando certa semelhança entre a união das pessoas divinas e a união dos filhos de Deus na verdade e na caridade" (*Gaudium et spes*, n. 24). Tal união se expressa e se realiza especialmente mediante a Eucaristia, na qual o homem, participando do sacrifício de Cristo, que essa celebração atualiza, aprende também a "encontrar-se... através de um dom... de si" (n. 24), na comunhão com Deus e com os outros homens, seus irmãos.

(*Dominum et vivificantem*, n. 62)

3 Em meio aos problemas, às desilusões e às esperanças, às deserções e aos retornos destes tempos, *a Igreja permanece fiel ao mistério de seu nascimento*. Se é um fato histórico que a Igreja saiu do cenáculo no dia de Pentecostes, em certo sentido se pode dizer que nunca o deixou. Espiritualmente o acontecimento de Pentecostes não pertence somente ao passado: a Igreja está sempre no cenáculo, que leva no coração. A Igreja persevera *na oração*, como *os apóstolos juntos com Maria*, Mãe de Cristo, e àqueles que em Jerusalém constituíam o primeiro germe da comunidade cristã e esperavam, rezando, a vinda do Espírito Santo. A Igreja persevera na oração com Maria. Essa união da Igreja orante com a Mãe de Cristo faz parte do mistério da Igreja desde o início: nós a vemos presente neste mistério, como está presente no de seu Filho. O Concílio no-lo diz: "*A bem-aventurada Virgem*..., sombreada pelo Espírito Santo... deu à luz o Filho, que Deus colocou como primogênito entre muitos irmãos (Rm 8,29), isto é, entre os fiéis, para cuja regeneração e formação ela coopera com amor materno". Ela está "pelas suas graças singulares e funções... intimamente ligada à Igreja: é figura da Igreja". "A Igreja, contemplando a santidade arcana dela e imitando sua caridade... *se torna também ela mãe*" e "à imitação da Mãe de seu Senhor, com virtude do Espírito Santo, conserva a fé virginalmente íntegra, a esperança sólida, a caridade sincera: ela também [a Igreja] é virgem, que guarda... a fé dada ao Esposo" (*Lumen gentium*, n. 64). Compreende-se assim o sentido profundo do motivo pelo qual a Igreja, unida com a Virgem Mãe, se dirige ininterruptamente como Esposa a seu Esposo divino, como atestam as palavras do Apocalipse, citadas pelo Concílio: "O Espírito e a Esposa dizem ao Senhor Jesus: 'Vem!'" (*Lumen gentium*, n. 4).

(*Dominum et vivificantem*, n. 66)

4 JUNHO

Um santo é, na vida e na morte, a tradução do Evangelho para seu país e para seu tempo. Cristo não hesita em chamar seus discípulos para a sucessão e para a perfeição (cf. Mt 5,48). O Sermão da Montanha é uma lição exemplar para a santidade. Não tenham medo dessa palavra, não tenham medo da verdade de uma vida santa! É verdade que a Igreja precisa de suas grandes intuições, estruturas e meios financeiros. A fonte de sua vida, porém, é o Espírito de Deus, que quer se manifestar concretamente no homem. Por isso, cuidem da oração, sobretudo da oração pessoal. Muitas de suas Igrejas são obras estupendas de arte, mas não devem se tornar museus. A fé constante da oração silenciosa de muitos homens diante do tabernáculo faz com que essas Igrejas conservem sua autêntica destinação e dignidade. [...]

E para concluir: vivam com toda coragem a própria vida pessoal, mesmo que lhes pareça insignificante. A grande mestra das coisas pequenas, Teresa de Lisieux, nos demonstrou nos breves anos de sua vida quanto são grandes diante de Deus os deveres pequenos, normais. Queremos recordar também Charles de Foucauld, que reconheceu o grande exemplo da vida escondida de Jesus de Nazaré. Há uma santidade muito evidente de alguns homens; mas há também a santidade desconhecida da vida cotidiana.

(*Homilia na missa na catedral de Santo Estêvão*, n. 6, Viena, 12 de setembro de 1983)

5

O sopro da vida divina, o Espírito Santo, em sua maneira mais simples e comum, se expressa e *se faz sentir na oração*. É belo e salutar pensar que, onde quer que se reze no mundo, lá está o Espírito Santo, sopro vital da oração. É belo e salutar reconhecer que, se a oração é espalhada por todo o mundo, no passado, no presente e no futuro, da mesma forma é espalhada a presença e a ação do Espírito Santo, que "sopra" a oração no coração do homem em toda a gama desmesurada das situações mais diversas e das condições ora favoráveis, ora adversas da vida espiritual e religiosa. Muitas vezes, sob a ação do Espírito, a oração sobe do coração do homem, apesar das proibições e das perseguições, e até as proclamações oficiais sobre o caráter arreligioso, ou mesmo ateu da vida pública. A oração permanece sempre como voz de todos aqueles que aparentemente não têm voz – e nesta voz ressoa sempre aquele "grito forte", atribuído a Cristo pela Carta aos Hebreus (cf. Hb 5,7). A oração é também a revelação daquele *abismo* que é o coração do homem: uma profundidade que é de Deus e que somente Deus pode acalmar, justamente com o Espírito Santo. Lemos em Lucas: "Ora, se vós, que sois maus, sabeis dar coisas boas aos vossos filhos, quanto mais o Pai do céu dará o Espírito Santo aos que lhe pedirem!" (Lc 11,13).

(*Dominum et vivificantem*, n. 65)

6 O Espírito Santo é o dom que vem no coração do homem junto com *a oração*. Nesta, ele se manifesta, antes de tudo e sobretudo, como o dom, que "vem em ajuda de nossa fraqueza". É o pensamento magnífico desenvolvido por São Paulo na Carta aos Romanos, quando escreve: "Não sabemos o que pedir nem como pedir; é o próprio Espírito que intercede em nosso favor, com gemidos inefáveis" (Rm 8,26). Portanto, o Espírito Santo não somente faz com que rezemos, mas nos guia "de dentro" na oração, suprindo nossa insuficiência, remediando nossa incapacidade de orar: ele está presente em nossa oração e lhe dá uma dimensão divina (Orígenes, *De oratione*, 2).

JUNHO

Assim, *"aquele que examina os corações sabe qual é a intenção do Espírito*, pois é de acordo com Deus que ele intercede em favor dos santos" (Rm 8,27). A oração por obra do Espírito Santo se torna a expressão cada vez mais madura do homem novo, que por meio dela participa na vida divina. *Nossa época difícil tem uma necessidade especial da oração.*

(Dominum et vivificantem, n. 65)

7 O Deus da revelação, no qual nós "vivemos, nos movemos e somos", "que criou o mundo e tudo o que ele contém, que é Senhor do céu e da terra" (At 17,28 e 24), que salvou os homens e fez aliança com eles, que é "misericordioso e piedoso, lento para a ira e rico em bondade e fiel" (Ex 34,6), é o Deus do amor.

O amor realmente explica o mistério da vida que une o Pai, o Filho e o Espírito Santo na comunhão trinitária. O amor fundamenta a missão do Cristo na história humana: "Deus amou tanto o mundo, que deu seu Filho único... para que o mundo seja salvo por ele" (Jo 3,16-17). O amor dá sentido e valor à ação do Espírito que santifica os crentes, os une numa só família, faz deles morada de sua glória, os enriquece de dons e de ministérios para utilidade comum, os impele ao testemunho e ao serviço da caridade. Numa palavra, é o amor trinitário que dá razão das maravilhas realizadas por Deus em toda a história da salvação. Um amor que é "comunhão" e "missão"! Contemplemos hoje, admirados, este amor. Acolhamo-lo com disponibilidade alegre e agradecida. Celebremos com entusiasmo. Anunciemo-lo a todos!

O amor trinitário é indubitavelmente um "mistério" profundo que supera nossas capacidades humanas de compreensão. "Ó profundidade da riqueza, da sabedoria e do conhecimento de Deus! Como são insondáveis os seus juízos e impenetráveis os seus caminhos!" (Rm 11,33). Este amor, no entanto, nos foi revelado por condescendência divina, e nós nos tornamos participantes dele por graça. Somos, por isso, chamados a nos tornar testemunhas e mensageiros, a fim de que todos os homens sejam "provocados" por ele e se abram ao dom.

*(Homilia durante a visita
à paróquia de São Remígio, nn. 1-2,
9 de junho de 1990)*

8 JUNHO

O sinal que mais está de acordo com o cristão é, sem dúvida, o da cruz: desde a infância até a morte, o repete frequentemente, em gesto e palavras. Será bom, portanto, [...] refletir sobre este sinal.

O sinal da cruz é simplesmente maravilhoso: com o gesto repetimos sobre nós a cruz e com as palavras invocadoras expressamos o mistério do mesmo Deus, Pai, Filho e Espírito Santo. Na união entre gesto e palavras, o sinal da cruz ganha significado próprio: mostrar inteiramente, para nós e para os outros, o abraço de Deus. Observem bem o sinal da cruz no momento em que vocês se persignam ou quando os outros o fazem. É verdadeiramente como um abraço, e as palavras que pronunciam testemunham que, por meio deste sinal, Deus nos abraça – aquele Deus que nem criatura, nem pensamento, nem vontade, nem amor, pode conter. Ele vem para anunciar na terra seu Filho encarnado, por meio do "sinal" – sinal que se tornou o fundamento de nossa fé –, o Deus vivo abraça o homem vivo. Quando tomamos consciência disto, compreendemos melhor por que a invocação à Santíssima Trindade se reporta ao Filho; o Deus vivo abraça no modo mais pleno o homem, o homem, por meio da cruz, qual expressão suprema de verdade de amor. Isto é, a cruz, na qual morre Jesus Cristo, representa para cada um de nós o sinal, a inesgotável fonte da verdade e do amor da qual se dessedentam o intelecto, a vontade e o coração do homem. Este é, em síntese, o significado do sinal da cruz, independentemente de quem o faz – seja ele criança, adulto ou ancião, padre ou leigo.

(*Homilia na solenidade da Santíssima Trindade*,
8 de junho de 1974)

9 [No] esforço de adoração do mistério entendido em perspectiva ritual e estética, "competiram" cristãos do Ocidente e do Oriente. Como não dar graças ao Senhor, em especial, pela contribuição dada à arte cristã pelas grandes obras arquitetônicas e pictóricas da tradição greco-bizantina e de toda a área geográfica e cultural eslava? No Oriente, a arte sacra conservou um sentido singularmente forte do mistério, levando os artistas a conceber seu esforço na produção do belo não somente como expressão de seu gênio, mas também como *serviço autêntico à fé*. Eles, indo muito além da capacidade técnica, souberam abrir-se com docilidade ao sopro do Espírito de Deus.

Os esplendores das arquiteturas e dos mosaicos no Oriente e no Ocidente cristãos são um patrimônio universal dos crentes, contendo em si mesmos um auspício e – diria – um penhor da desejada plenitude de comunhão na fé e na celebração. Isto supõe e exige, como na célebre pintura da Trindade de Rublëv, *uma Igreja profundamente "eucarística"*, na qual a partilha do mistério de Cristo no pão partido esteja de certo modo imersa na unidade inefável das três Pessoas divinas, fazendo da própria Igreja um "ícone" da Trindade.

(Ecclesia de Eucharistia, n. 50)

10

"Eu te louvo, Pai, Senhor do céu e da terra, porque escondeste essas coisas aos sábios e entendidos e as revelaste aos pequeninos [...]. Ninguém conhece o Filho, a não ser o Pai; e ninguém conhece o Pai, a não ser o Filho e aquele a quem o Filho o quiser revelar" (Lc 10,21-22). Estas palavras do Evangelho de São Lucas, introduzindo-nos no âmago do mistério de Cristo, nos permitem aproximar-nos também do mistério da Eucaristia. Nela o Filho consubstancial ao Pai, aquele que somente o Pai conhece, oferece-lhe em sacrifício a si mesmo pela humanidade e por toda a criação.

Na Eucaristia, Cristo restitui ao Pai tudo aquilo que dele provém. Realiza-se, assim, um *mistério profundo de justiça da criatura para com o criador*. É preciso que o homem reverencie o Criador oferecendo com um ato de agradecimento e de louvor tudo aquilo que dele recebeu. O homem não pode perder o sentido desta dívida, que ele somente, entre todas as outras realidades terrestres, pode reconhecer e saldar como criatura feita à imagem e semelhança de Deus. Ao mesmo tempo, dados seus limites de criatura e o pecado que o marca, o homem não seria capaz de realizar este ato de justiça para com o Criador se Cristo mesmo, Filho consubstancial ao Pai e verdadeiro homem, não tomasse essa iniciativa eucarística.

(*Dono e mistero*, p. 85)

11

A Igreja vive da Eucaristia. Esta verdade não expressa somente uma experiência cotidiana de fé, mas encerra, em síntese, o núcleo do mistério da Igreja. Com alegria esta experimenta em múltiplas formas a realização contínua da promessa: "Eis, eu estou convosco todos os dias, até o fim do mundo" (Mt 28,20); mas na sagrada Eucaristia, pela conversão do pão e do vinho no corpo e no sangue do Senhor, ela se alegra com esta presença com uma intensidade única. Desde quando, com o Pentecostes, a Igreja, povo da Nova Aliança, começou seu caminho de peregrinação para a pátria celeste, o sacramento divino continuou a permear seus dias, preenchendo-os de esperança confiante.

Justamente o Concílio Vaticano II proclamou que o sacrifício eucarístico é "fonte e ápice de toda a vida cristã" (*Lumen gentium*, n. 11). "A santíssima Eucaristia contém todo o bem espiritual da Igreja, a saber, o próprio Cristo, nossa Páscoa e pão vivo, dando vida aos homens, através de sua carne vivificada e vivificante pelo Espírito Santo" (*Presbyterorum ordinis*, n. 5). Por isso, o olhar da Igreja está continuamente voltado para o Senhor, presente no sacramento do altar, no qual ela descobre a manifestação plena de seu amor imenso.

(*Ecclesia de Eucharistia*, n. 1)

12

A Igreja se realiza quando naquela fraterna união e comunhão celebramos o sacrifício da cruz de Cristo, quando anunciamos "a morte do Senhor até que ele venha" (1Cor 11,26) e, em seguida, quando, compenetrados profundamente do mistério de nossa salvação, nos aproximamos comunitariamente da mesa do Senhor, para nos alimentar, sacramentalmente, dos frutos do santo sacrifício propiciatório. Na comunhão eucarística recebemos, portanto, Cristo, o mesmo Cristo; e nossa união com ele, que é dom e graça para cada um, faz que nele estejamos também associados à unidade de seu corpo que é a Igreja.

Somente assim, mediante essa fé e essa disposição de alma, se realiza aquela construção da Igreja que encontra na Eucaristia verdadeiramente sua fonte e seu vértice segundo a conhecida expressão do Concílio Vaticano II (cf. *Lumen gentium*, n. 11; *Sacrosanctum concilium*, n. 10; *Presbyterorum ordinis*, n. 5; *Christus Dominus*, n. 30; *Ad gentes*, n. 9). Esta verdade, que por obra do mesmo Concílio teve novo e vigoroso relevo (cf. *Lumen gentium*, n. 26; *Unitatis redintegratio*, n. 15), deve ser tema frequente de nossas reflexões e de nosso ensinamento. Toda atividade pastoral deve se nutrir dela, e ser também alimento para nós mesmos e para todos os padres que colaboram conosco, e, finalmente, para todas as comunidades a nós confiadas. Assim, em tal praxe deve se revelar, quase a cada passo, aquela relação íntima entre a vitalidade espiritual e apostólica da Igreja e a Eucaristia, entendida em seu significado profundo, e sob todos os pontos de vista.

(*Dominicae cenae*, n. 4)

13 Em 1246, seu distante predecessor (de D. Albert Houssiau, bispo de Liège, em 1996), na sede de Liège, Robert de Thourotte, instituiu em sua diocese a solenidade eucarística conhecida, desde aquele momento, com o nome de Solenidade de Deus, a pedido de Julienne de Cornillon, que havia já composto um ofício do *Corpus Christi*, de Eve de Saint-Martin e de outras liegenses. Alguns anos depois, em 1264, o Papa Urbano IV fez desta solenidade do Corpo de Cristo uma festa de preceito para a Igreja universal, mostrando assim a importância que reveste a veneração do corpo eucarístico do nosso Salvador. [...]

Jesus está presente no meio dos homens do mesmo modo que esteve presente ao longo dos caminhos da Palestina. Depois da ressurreição, em seu corpo glorioso, apareceu às mulheres e a seus discípulos. Levou, portanto, os apóstolos "para fora da cidade, até perto de Betânia. Ali ergueu as mãos e abençoou-os..., afastou-se deles e foi elevado aos céus" (Lc 24,50-51). No entanto, subindo ao Pai, Cristo não se distanciou dos homens. Ele fica sempre no meio de seus irmãos e, como prometeu, os acompanha e os guia pelo seu Espírito. Sua presença é agora de outra ordem. Com efeito, "na última ceia, depois de ter celebrado a Páscoa com seus discípulos, enquanto passava deste mundo para seu Pai, Cristo instituiu este sacramento como memória perpétua de sua paixão..., o maior de todos os milagres; para aqueles que sua ausência encheria de tristeza, deixou este sacramento como conforto incomparável" (Santo Tomás de Aquino, Ofício de *Corpus Christi*, 57,4). Toda vez que na Igreja celebramos a Eucaristia, nós recordamos a morte do Salvador, anunciamos sua ressurreição na espera de sua vinda. Nenhum sacramento é, portanto, mais precioso e maior que o da Eucaristia; recebendo a comunhão, somos incorporados a Cristo. Nossa vida é transformada e assumida pelo Senhor.

(Carta ao bispo de Liège no 750º aniversário
da festa de Corpus Christi, nn. 1-2, 28 de maio de 1996)

JUNHO

14

Fora da celebração eucarística, a Igreja procura venerar a Eucaristia que deve ser "conservada... como o centro espiritual da comunidade religiosa e paroquial" (Paulo VI, *Mysterium fidei*, n. 68). A contemplação prolonga a comunhão e permite encontrar permanentemente Cristo, verdadeiro Deus e verdadeiro homem, deixar-se olhar por ele e fazer experiência de sua presença. Quando o encontramos presente no Santíssimo Sacramento do altar, Cristo se aproxima de nós e se torna íntimo conosco mais do quanto somos com nós mesmos; torna-nos participantes de sua vida divina numa união que transforma e, pelo Espírito, nos abre a porta que leva ao Pai, como ele mesmo disse a Filipe: "Quem me viu, viu o Pai" (Jo 14,9). A contemplação, que é também uma comunhão de desejo, nos associa intimamente a Cristo e associa especialmente aqueles que estão impossibilitados de recebê-lo.

Permanecendo em silêncio diante do Santíssimo Sacramento, é Cristo, total e realmente presente, que descobrimos, adoramos e com o qual estamos em relação. Não é, portanto, através dos sentidos que o percebemos e lhe estamos próximos. Sob as espécies do pão e do vinho, é a fé e o amor que nos levam a reconhecer o Senhor; ele nos comunica plenamente "os benefícios desta redenção que realizou, ele, o

Mestre, o Bom Pastor, o mediador mais agradável ao Pai" (Leão XIII, *Mirae caritatis*). Como recorda o *Livro da fé* dos bispos da Bélgica, a oração de adoração na presença do Santíssimo Sacramento une os fiéis "ao mistério pascal; ela os torna participantes do sacrifício de Cristo, de quem a Eucaristia é o sacramento permanente".

(Carta ao bispo de Liège no 750º aniversário da festa de Corpus Christi, n. 3, 28 de maio de 1996)

15

Senhor Jesus! Apresentamo-nos diante de ti, sabendo que nos chamas e nos amas como somos. "Tu tens palavras de vida eterna; nós cremos e conhecemos que tu és o santo de Deus" (Jo 6,68-69). Tua presença na Eucaristia começou com o sacrifício da última ceia e continua como comunhão e doação de tudo aquilo que és. *Aumenta a nossa fé!*

Por meio de ti e no Espírito Santo que nos comunicas, queremos chegar até o Pai para lhe dizer nosso "sim" unido ao teu. Contigo possamos agora dizer: "Pai nosso". Seguindo-te, "caminho, verdade e vida", desejamos penetrar no aparente "silêncio" e "ausência" de Deus, rasgando as nuvens do Tabor, para ouvir a voz do Pai que diz: "Este é o meu Filho amado, nele está meu pleno agrado: escutai-o!" (Mt 17,5). Com esta fé feita de escuta contemplativa, saberemos iluminar nossas situações pessoais, assim como os diversos setores da vida familiar e social.

Tu és a nossa esperança, a nossa paz, o nosso mediador, irmão e amigo. Nosso coração se enche de alegria e de esperança quando sabemos que estás "sempre vivo para interceder por nós" (Hb 7,25). Nossa esperança se traduz em confiança, alegria pascal e caminho rápido contigo para o Pai.

Queremos ter teus mesmos sentimentos e ver as coisas como tu as vês. Porque tu és o centro, o princípio e o fim de tudo. Sustentados por esta esperança, queremos infundir no mundo essa hierarquia de valores evangélicos, pelos quais Deus e seus dons salvíficos ocupam o primeiro lugar no coração e nas ações da vida concreta.

(Oração durante a adoração noturna,
Madri, 31 de outubro de 1982)

16

"Este é o coração que tanto amou os homens a ponto de não poupar nada até se esgotar e se consumar para testemunhar-lhes seu Amor."

Com emoção, quero dar graças por esta mensagem recebida e transmitida aqui por Santa Margarida-Maria Alacoque. Junto de seu túmulo, peço-lhes que ajudem incessantemente os homens a descobrir o amor do Salvador e a se deixar permear por ele. Damos graças pelo desenvolvimento deste mosteiro, recordando aquilo que São Francisco de Sales já dizia a propósito das filhas da Visitação: "Elas terão o coração de Jesus, seu esposo crucificado por morada e casa neste mundo...". Sei que toda uma plêiade de irmãs esteve aqui, almas entregues ao coração de Jesus.

Damos graças pela experiência mística de Santa Margarida-Maria. A ela foi concedido, com uma luz particular, mas numa existência escondida, conhecer o poder e a beleza do amor de Cristo. Na adoração eucarística, ela contemplou o coração transpassado pela salvação do mundo, ferido pelo pecado dos homens, mas também "fonte de vida" como testemunha a luz que irradia das chagas de seu corpo ressuscitado.

Damos graças pelo grande desenvolvimento da adoração e da comunhão eucarística que tomaram aqui novo impulso, graças ao culto do Sagrado Coração favorecido em especial pela Visitação e pelos padres jesuítas, aprovado depois pelos papas. A devoção especial das primeiras sextas-feiras do mês trouxe muitos frutos, graças às mensagens urgentes recebidas por Margarida-Maria. E não posso me esquecer de que os bispos da Polônia tinham conseguido de Clemente XIII o ofício e a missa do Sagrado Coração quase um século (1765) antes que a festa fosse estendida para a Igreja universal (1856).

(*Discurso no mosteiro da Visitação*,
Paray-le-Monial, 5 de outubro de 1986)

17

O coração de Jesus não é somente o órgão físico de seu corpo, mas também sede de seus sentimentos, e, por isso, expressão particular de toda sua pessoa. A pessoa divina do Filho, que é a Palavra coessencial ao Pai, encontrou para si – e também para nós – uma expressão humana. É uma expressão magnífica e sedutora. O coração do Filho de Deus se expressa através da plenitude da perfeição humana, que incita à confiança e à imitação. A veneração do Coração de Jesus nos permite estabelecer um liame particular com aquilo que na pessoa do Mestre divino há de tão magnificamente humano.

E é esta a razão pela qual essa veneração tem uma influência excepcionalmente purificadora sobre as respectivas almas. Coração de Jesus – fonte de vida e santidade –, exclamamos na ladainha, pedindo que este coração nos ajude a "robustecer o homem interior" (Ef 3,16) em cada um de nós. E, por isso, também o uso de se consagrar ao Sagrado Coração se espalhou tanto – consagrar-se individualmente, consagrar as famílias, e também as comunidades inteiras: paróquias, dioceses, nações. Assim o coração de Jesus não deixa de trabalhar em nossos corações.

*(Carta no 200º aniversário da festa
do Sagrado Coração de Jesus na Polônia,
Cracóvia, 11 de junho de 1965)*

18

"Façamos o homem à nossa imagem e semelhança" (Gn 1,26). Antes de criar o homem, o Criador como que entra em si mesmo para lá buscar o modelo e a inspiração no mistério de seu ser que já aqui se manifesta, de alguma forma, como o "nós" divino. Deste

mistério brota, pela criação, o ser humano: "*Deus criou o homem à sua imagem*; à imagem de Deus o criou; *homem e mulher* ele os criou" (Gn 1,27). [...]

À luz do Novo Testamento, é possível entrever como *o modelo original da família é buscado no mesmo Deus*, no mistério trinitário de sua vida. O "nós" divino constitui o modelo eterno do "nós" humano; daquele "nós", antes de tudo, que é formado pelo homem e pela mulher, criados à imagem e semelhança divina. As palavras do livro do Gênesis contêm aquela verdade sobre o homem à qual corresponde a experiência da mesma humanidade. O homem é criado "desde o princípio" como macho e fêmea: a vida da coletividade humana – das pequenas comunidades, como de toda a sociedade – leva o sinal desta dualidade original. Dela derivam a "masculinidade" e a "feminilidade" de cada indivíduo, assim como dela toda comunidade tira a própria riqueza característica no complemento recíproco das pessoas. A isto parece se referir a passagem do livro do Gênesis: "Homem e mulher os criou" (Gn 1,27). Esta é também a primeira afirmação da igual dignidade do homem e da mulher: ambos, igualmente, são pessoas.

(*Carta às famílias*, n. 6)

19 A família foi sempre considerada a primeira e fundamental expressão da *natureza social* do homem. Em seu núcleo essencial esta visão não mudou nem mesmo hoje. Em nossos dias, porém, prefere-se colocar em relevo aquilo que na família, que constitui a menor e primordial comunidade humana, vem da relação pessoal do homem e da mulher. A família é, de fato, uma comunidade de pessoas, para as quais o modo próprio de existir e de viver juntos é a comunhão: *communio personarum*. Também aqui, salvo a absoluta transcendência do Criador em relação à criatura, emerge a referência exemplar ao "nós" divino. *Somente as pessoas são capazes de existir "em comunhão"*. A família tem início na comunhão conjugal, que o Concílio Vaticano II qualifica como "aliança" *na qual o homem e a mulher "mutuamente se dão e se recebem"* (*Gaudium et spes*, n. 48).

O livro do Gênesis nos abre para esta verdade quando afirma, referindo-se à constituição da família através do matrimônio: "O homem abandonará seu pai e sua mãe e se unirá à sua mulher e os dois serão uma só carne" (Gn 2,24). No Evangelho, Cristo, em polêmica com os fariseus, refere as mesmas palavras e acrescenta: "De modo que eles já não são dois, mas uma só carne. Portanto, o que Deus uniu, o homem

JUNHO

JUNHO

não separe" (Mt 19,6). Ele revela novamente o conteúdo normativo de um fato que existe "desde o princípio" (Mt 19,8) e que conserva sempre em si tal conteúdo.

(*Carta às famílias*, n. 7)

20

Não existe nada que ocupe na vida mais espaço do que o amor humano e não existe nada que seja mais desconhecido e misterioso do que o amor humano. Divergência entre aquele que se encontra na superfície e aquele que é o mistério do amor – eis a fonte do drama. Este é um dos maiores dramas da existência humana. A superfície do amor tem uma corrente própria, rápida, reluzente, inconstante. Caleidoscópio de ondas e de situações fascinantes. Essa corrente se torna frequentemente muito vertiginosa, a ponto de arrastar as pessoas, mulheres e homens. Convencidos de que tocaram o sétimo céu do amor, nem sequer o resvalaram. São felizes por um momento, quando acreditam ter atingido os limites da existência e ter rasgado todos os véus, sem exceção. Sim, de fato: na outra extremidade não sobrou nada, depois do arrebatamento não sobra nada, não há mais nada. Mas não pode, não pode acabar assim! Ouçam, não pode!

O homem é um *continuum*, uma integridade e continuidade – portanto, não pode sobrar um *nada*. [...]

O amor não é uma aventura: é característico de um homem pleno. Tem seu peso específico: o peso de todo seu destino. Não pode durar só um momento: a eternidade do homem passa através do amor. Eis por que se encontra na dimensão de Deus – somente ele é eternidade.

O homem mergulha no tempo. Esquecer, esquecer. Existir somente por um instante, somente agora – e separar-se da eternidade. Ganhar tudo num momento e logo em seguida perder tudo. Ah! Maldição do instante que chega depois e de todos os instantes que o seguem, nos quais procurara o caminho para voltar atrás, para recuperar o que perdeu, o instante que passou.

(La bottega dell'orefice.
In: *Opere letterarie*, pp. 478-480)

21

Pode-se falar de um *direito à ternura*, que deve ser entendido, por um lado, como um direito de aceitar a ternura e, do outro, como o de manifestá-la? Nós falamos intencionalmente de "direito" e não de dever também no segundo caso, muito embora seja claro que às vezes existe também um dever de ternura para com os outros. Assim, têm direito à ternura todos aqueles que têm especialmente necessidade: os fracos, os doentes, os que sofrem, física ou moralmente. Parece que as crianças, para as quais a ternura é um meio natural de manifestar o amor (não somente para eles, por outro lado), tenham a ela um direito especial. E por isso, muito mais essencial aplicar às suas manifestações, sobretudo exteriores, uma só e única medida, a do amor da pessoa. Existe, de fato, o perigo de estimular o egoísmo, com ternura excessiva, perigo tanto maior na medida em que a ternura serve para satisfazer, sobretudo, nossa afetividade, sem levar em conta a necessidade objetiva e do bem do outro. Por isso, o verdadeiro amor humano, o amor da pessoa e o amor entre pessoas, deve reunir em si dois elementos: a ternura e certa firmeza. Diversamente, tornar-se-á enternecimento e fraqueza. Não se pode esquecer que o amor humano é também luta, luta pelo homem e pelo seu bem.

(*Amore e responsabilità*, p. 148)

22

É preciso levar em conta o fato de o amor do homem e da mulher se desenvolver, em grande parte, atingindo a sensualidade e a afetividade que, por sua vez, pedem para serem satisfeitas. Por esta razão, certas formas de ternura podem se distanciar do amor da pessoa e se aproximar do egoísmo dos sentidos e do sentimento. Além disso, manifestações exteriores de ternura podem criar as aparências do amor. O sedutor procura ser terno, como a prostituta que procura estimular os sentidos, e, no entanto, tanto um como outra não têm o verdadeiro amor da pessoa. Prescindindo do "jogo do amor", flerte ou romance, convém colocar a atenção sobre o fato de que em todo amor entre o homem e a mulher, também aquele que se pretende verdadeiro e honesto, o aspecto subjetivo supera o aspecto objetivo. Os diversos elementos de sua estrutura psicológica brotam antes de sua essência moral, que amadurece lentamente e por etapas. A idade e o temperamento constituem um fator importante. Nos jovens, a divergência entre estes dois processos interiores é, em geral, maior que nas pessoas mais anciãs. Nos seres dotados de um temperamento vivo e explosivo, os sanguíneos, por exemplo, o sentimento de amor explode com

JUNHO

força, impetuosamente, enquanto a virtude, para ser formada e cultivada, exige um esforço interior maior.

(*Amore e responsabilità*, p. 149)

23 Sublinhamos ainda uma vez que a ternura é um elemento importante do amor, porque não se pode negar a verdade que o amor é, em grande parte, fundamentado nos sentimentos, aquela matéria que a afetividade natural deve fornecer em seguida, a fim de que o aspecto objetivo do amor esteja organicamente unido a seu aspecto subjetivo. Aqui não se trata tanto daqueles primeiros arroubos da afetividade, que, ligados com a feminilidade ou com a masculinidade, elevam, de certo modo artificialmente, o valor da pessoa amada, quanto de uma participação permanente dos sentimentos, de seu empenho duradouro no amor. São eles que aproximam a mulher e o homem e criam uma atmosfera interior de entendimento e de compreensão recíproca. A ternura, quando tem uma base do gênero, é natural, verdadeira, autêntica. É necessária muita ternura no matrimônio, naquela vida comum na qual, não somente um corpo tem necessidade de outro corpo, mas, sobretudo, um ser humano tem necessidade de outro ser humano. Aqui ela tem uma parte importante que deve ser desenvolvida. Intimamente ligada a um verdadeiro amor da pessoa, desinteressada, ela pode salvar o amor de muitos perigos, devidos ao egoísmo dos sentidos ou à atitude de prazer. A ternura é a arte de "sentir" o homem todo, inteiro, toda sua pessoa, todos os movimentos de sua alma, também os mais escondidos, pensando sempre no seu bem verdadeiro.

(*Amore e responsabilità*, p. 150)

24 Na maternidade da mulher, unida à paternidade do homem, se reflete o mistério eterno do gerar que está no mesmo Deus, no Deus uno e trino (cf. Ef 3,14-15). O gerar humano é comum ao homem e à mulher. E, se a mulher, guiada pelo amor para com o marido, disser: "Eu lhe dei um filho", suas palavras ao mesmo tempo significam: "Este é nosso filho". Todavia, mesmo se os dois juntos são genitores de seu filho, *a maternidade da mulher constitui uma "parte" especial deste comum ser genitores*, e também a parte

JUNHO

mais exigente. O ser genitor – mesmo pertencendo a ambos – realiza-se muito mais na mulher, especialmente no período pré-natal. É a mulher que "paga" diretamente por este gerar comum, que literalmente absorve as energias de seu corpo e de sua alma. É preciso, portanto, que *o homem* esteja plenamente consciente de contrair, neste seu comum ser genitores, uma dívida especial para com a mulher. Nenhum programa de "paridade de direitos" das mulheres e dos homens é válido, se não se tem presente isto num modo absolutamente essencial.

(*Mulieris dignitatem*, n. 18)

25 A maternidade contém em si uma comunhão especial com o mistério da vida, que amadurece no seio da mulher: a mãe admira este mistério, com intuição singular "compreende" aquilo que está acontecendo dentro dela. À luz do "princípio", a mãe aceita e ama o filho que traz no seio como uma pessoa. Este modo único de contato com o novo ser que está se formando cria, por sua vez, uma atitude para com o homem – não somente para com o próprio filho, mas para com o homem em geral –, de modo a caracterizar profundamente toda a personalidade da mulher. Considera-se comumente que *a mulher*, mais que o homem, seja capaz de atenção *para com a pessoa concreta* e que a maternidade desenvolva ainda mais esta disposição. O homem – embora com toda sua participação no ser genitor – se encontra sempre "no exterior" do processo da gravidez e do nascimento da criança, e deve por muitos aspectos *aprender da mãe* sua própria *paternidade*. Isto – pode-se dizer – faz parte do dinamismo humano normal do ser genitores, também quando se trata das etapas posteriores ao nascimento da criança, especialmente no primeiro período. A educação do filho, globalmente entendida, deveria conter em si a dupla contribuição dos genitores: a contribuição materna e paterna. Todavia, a contribuição materna é decisiva para as bases de uma nova personalidade humana.

(*Mulieris dignitatem*, n. 18)

26

Paternidade e maternidade representam em si mesmas uma prova especial do amor, cuja extensão e profundidade original permitem descobrir. É mais uma tarefa confiada a ambos: ao marido e à mulher. Em sua vida, a paternidade e a maternidade constituem uma "novidade" e uma riqueza tão sublimes de modo a não poder aproximar-se dela senão "de joelhos".

A experiência ensina que o amor humano, por sua natureza, orientado para a paternidade e para a maternidade, é atingido, às vezes, por uma *crise* profunda e é, portanto, seriamente ameaçado. Dever-se-á levar em consideração, nesses casos, o recurso aos serviços oferecidos pelos consultores matrimoniais e familiares, através dos quais é possível valer-se, entre outras coisas, da ajuda de psicólogos e psicoterapeutas especificamente preparados. Não se pode, no entanto, esquecer que continuam sempre válidas as palavras do apóstolo: "Dobro os joelhos diante do Pai, do qual toma nome toda paternidade nos céus e na terra". O matrimônio, o Matrimônio sacramento, é uma aliança de pessoas no amor. E o amor pode ser aprofundado e defendido somente pelo Amor, aquele Amor que é "derramado em nossos corações por meio do Espírito Santo que nos foi dado" (Rm 5,5). [...]

O apóstolo, dobrando os joelhos diante do Pai, o implora a fim de que "conceda... ser poderosamente *robustecidos por meio de seu Espírito quanto ao homem interior*" (Ef 3,16). Essa "força do homem interior" é necessária na vida familiar, especialmente em seus momentos críticos, isto é, quando o amor, que no rito litúrgico do consentimento conjugal foi expresso com as palavras: "Prometo ser fiel... todos os dias de minha vida", é chamado a superar uma provação difícil.

(*Carta às famílias*, n. 7)

27

O Evangelho de Mateus delineia e precisa a missão pastoral de Pedro na Igreja: "Feliz és tu, Simão, filho de Jonas, porque não foi carne e sangue quem te revelou isso, mas o meu Pai que está no céu. Por isso, eu te digo: tu és Pedro e sobre esta pedra construirei a minha Igreja, e as forças do inferno não poderão vencê-la. Eu te darei as chaves do Reino dos Céus: tudo o que ligares na terra será ligado nos céus, e tudo o que desligares na terra será desligado nos céus" (Mt 16,17-19). Lucas evidencia que Cristo recomenda a Pedro que confirme os irmãos, mas que, ao mesmo tempo, os faça conhecer sua fraqueza humana e sua necessidade de conversão (cf. Lc 22,31-32). É justamente como se, no pano de fundo da fraqueza humana de Pedro, se manifestasse plenamente que seu ministério especial na Igreja provém totalmente da graça; é como se o Mestre se dedicasse de modo especial à sua conversão para dispô-lo à tarefa que se prepara para confiar-lhe em sua Igreja e fosse muito exigente com ele. A mesma função de Pedro, sempre ligada a uma afirmação realista de sua fraqueza, se encontra no quarto Evangelho: "Simão, filho de João, tu me amas mais do que estes? [...] Apascenta minhas ovelhas" (cf. Jo 21,15-19). É, além disso, significativo que, segundo a Primeira Carta de Paulo aos Coríntios, o Cristo ressuscitado apareça a Cefas e, depois, aos Doze (cf. 1Cor 15,5).

É importante destacar como a fraqueza de Pedro e de Paulo manifeste que a Igreja se fundamenta no poder infinito da graça (cf. Mt 16,17; 2Cor 12,7-10). Pedro, logo depois de sua investidura, é repreendido com rara severidade por Cristo, que lhe diz: "Tu és para mim uma pedra de tropeço" (Mt 16,23). Como não ver na misericórdia da qual Pedro precisa uma relação com o ministério daquela misericórdia que ele experimenta por primeiro?

(*Ut unum sint*, n. 91)

28 — JUNHO

Diz-se – e isto é verdade – que o papa é vigário de Cristo. É verdade e eu o aceito com toda humildade. Aceito-o mais facilmente depois do Vaticano II, porque nos documentos do Concílio esta mesma definição de vigário de Cristo é atribuída a todos os bispos: cada bispo é vigário de Cristo para a sua Igreja. O papa é vigário de Cristo para a Igreja de Roma e por causa da vocação, da característica desta Igreja Romana, é também vigário de Cristo para a Igreja universal. Trata-se, certamente, de uma atribuição, de uma palavra forte: uma palavra que faz tremer. Devo dizer-lhes que prefiro não abusar desta palavra e empregá-la raramente. Prefiro dizer "sucessor de Pedro", sim; mas prefiro ainda mais dizer "bispo de Roma". A outra palavra deve ser reservada para os momentos mais solenes quando a Igreja deve se apresentar em sua identidade cristológica, em sua dimensão cristológica, como corpo de Cristo. Nesta circunstância e neste contexto também a palavra "vigário de Cristo" parece mais justificada.

Mas eu disse tudo isto para poder lhes dizer ainda outra coisa: se é verdade que a palavra "vigário de Cristo" é muito exigente para todo bispo em relação à Igreja, há outra palavra que é ainda mais forte e que se refere a cada um de nós como padre.

JUNHO

Esta palavra nos diz que devemos agir *in persona Christi*. É muito mais forte dizer *in persona Christi*: há, mais ainda, a identificação, a intimidade. Isto se refere a cada um de nós como padre ou como futuro padre: agir *in persona Christi*.

(Discurso aos alunos do Pontifício Seminário Maior Romano, 3 de março de 1984)

29

Na encíclica *Ut unum sint*, reconheci que "é significativo e encorajador que a questão do primado do bispo de Roma atualmente se tornou objeto de estudo, imediato ou em perspectiva, e significativo e encorajador é também que esta questão se apresente como tema essencial não somente nos diálogos teológicos que a Igreja Católica mantém com as outras Igrejas e comunidades eclesiais, mas também geralmente no conjunto do movimento ecumênico" (n. 89).

A Igreja Católica tem consciência de ter conservado, na fidelidade à tradição apostólica e à fé dos Padres, o ministério do sucessor de Pedro, que Deus constituiu "perpétuo e visível princípio e fundamento da unidade" (*Lumen gentium*, n. 23). Esse serviço à unidade, radicado na obra da misericórdia divina, é um dom confiado, dentro mesmo do colégio dos bispos, àquele que sucede ao apóstolo Pedro como bispo de Roma, e o mesmo poder e autoridade próprios deste ministério, sem os quais esta função seria ilusória, devem ser vistos sempre na perspectiva do serviço ao desígnio misericordioso de Deus, que quer que todos sejam "um" em Jesus Cristo.

A este título, o primado é exercido em diversos níveis, que dizem respeito ao serviço à unidade da fé, à vigilância sobre a celebração sacramental e litúrgica, sobre a missão, sobre a disciplina e sobre a vida cristã, na consciência, no entanto, de que tudo isto deve ser realizado sempre na comunhão. Ao mesmo tempo, deve-se sublinhar que o serviço à unidade da fé e da Igreja por parte do ministério petrino é caminho e instrumento de evangelização: a mesma sorte da nova evangelização está ligada ao testemunho de unidade da Igreja, da qual o sucessor de Pedro é garantia e sinal visível.

(*Carta ao Cardeal Joseph Ratzinger*,
30 de novembro de 1996)

JUNHO

30

"O bom pastor dá a vida pelas ovelhas" (Jo 10,11). Enquanto Jesus pronunciava estas palavras, os apóstolos não sabiam que falava de si mesmo. Nem mesmo João, o apóstolo predileto, sabia. Compreendeu-o no Calvário, aos pés da cruz, vendo-o oferecer silenciosamente a vida pelas "suas ovelhas". Quando chegou para ele e para os outros apóstolos o tempo de assumir esta mesma missão, então se recordaram de suas palavras. Perceberam que, somente porque tinha garantido que seria ele mesmo quem agiria por meio deles, estariam em condições de levar a termo a missão. Disto foi bem consciente especialmente Pedro, "testemunha dos sofrimentos de Cristo" (1Pd 5,1), que advertia os anciãos da Igreja: "Apascentai o rebanho de Deus que vos foi confiado" (1Pd 5,2). No decorrer dos séculos, os sucessores dos apóstolos, guiados pelo Espírito Santo, continuaram a reunir o rebanho de Cristo e a guiá-lo para o Reino dos Céus, conscientes de poder assumir tão grande responsabilidade somente "por Cristo, com Cristo e em Cristo". Eu tive esta mesma consciência quando o Senhor me chamou para desempenhar a missão de Pedro nesta amada cidade de Roma e a serviço do mundo inteiro. Desde o início do pontificado, meus pensamentos, minhas orações e minhas ações foram animados por um único desejo: testemunhar que Cristo, o Bom Pastor, está presente e age em sua Igreja. Ele está procurando continuamente cada ovelha perdida, e a conduz ao redil, enfaixa suas feridas; cuida da ovelha fraca e doente e protege a ovelha forte. Eis por que, desde o primeiro dia, nunca deixei de exortar: "Não tenham medo de acolher Cristo e de aceitar seu poder!". Repito hoje com força: "Abram, antes, escancarem as portas para Cristo!". Deixem-se guiar por ele! Confiem em seu amor!

(Homilia no 25º aniversário de pontificado,
16 de outubro de 2003)

JULHO

Julho

1

Não se compreende a história da Igreja, em seu duplo rosto oriental e ocidental, se não partindo das origens. E a origem é Cristo, que toda a Igreja reconhece como Senhor. A origem é o Espírito, que no Pentecostes foi derramado como princípio de vida e de todo dom. Na origem da Igreja estão também os apóstolos, testemunhas do Ressuscitado e pais na fé.

Desta origem viva e comum não poderá deixar de brotar, segundo os tempos da Providência e os de nossa docilidade, uma nova, suspirada, unidade entre os cristãos do Oriente e do Ocidente.

Na espera operante desse acontecimento, a memória corre agradecida para os *séculos da cristandade indivisa*, especialmente para aqueles primeiros séculos em que o anúncio evangélico, partindo de Jerusalém, se irradiou em todas as direções do mundo então conhecido. A mensagem do Mestre começou a fecundar as várias culturas. Era inevitável que este grande processo fizesse emergir diversidades e provocasse tensões. Já na época apostólica, o Concílio de Jerusalém teve de compor em unidade diversas perspectivas dos cristãos de matriz judaica e dos provenientes do paganismo. Aquele acontecimento permaneceu testemunho luminoso de como a verdade deve ser servida sem comprometimentos, cultivando, ao mesmo

JULHO

tempo, a tolerância e a comunhão. Infelizmente, não foi sempre fácil, no decorrer da história, seguir aquele exemplo.

Mas o Espírito de Deus não nos dá trégua, até quando não tivermos restabelecido a plena unidade entre nós. Sua voz nos chega particularmente viva através do testemunho de santos, venerados tanto no Oriente como no Ocidente que, desde os primeiros séculos, se distinguiram como tecedores de comunhão.

(*Angelus*, nn. 1-2, 30 de junho de 1996)

2 Quero, hoje, de modo especial, determe nos *grandes Concílios* que aconteceram justamente no Oriente, nos séculos em que havia plena comunhão entre os patriarcas orientais e Roma. Eles representam um ponto de referência indestrutível para a Igreja universal.

Como se sabe, um papel particularmente significativo foi exercido desde os primeiros quatro Concílios, celebrados entre os anos 325 e 451 em Niceia, Constantinopla, Éfeso e Calcedônia. Além dos acontecimentos históricos nos quais cada um deles se coloca e apesar de algumas dificuldades terminológicas, eles foram *momentos de graça*, através dos quais o Espírito de Deus doou luz abundante sobre os mistérios fundamentais da fé cristã.

E como se poderia subestimar sua importância? Neles estava em questão o fundamento, diria o coração mesmo do Cristianismo. Em Niceia e em Constantinopla precisou-se a fé da Igreja no *mistério da Trindade*, com a afirmação da divindade do Verbo e do Espírito Santo. Em Éfeso e Calcedônia, discutiu-se sobre a *identidade divino-humana* de Cristo. Diante de quem era tentado a exaltar uma dimensão em desvantagem da outra ou de dividi-las com prejuízo da unidade pessoal, foi claramente afirmado que a natureza divina e a natureza humana de Cristo permanecem íntegras e inconfundíveis, indivisas e inseparáveis, na unidade da pessoa divina do Verbo. *Cristo é verdadeiro Deus e verdadeiro homem!*

Chegou-se a esta síntese luminosa, sob a assistência do Espírito Santo, graças à contribuição das Igrejas do Oriente e do Ocidente. Não faltaram, certamente, tensões na celebração daquelas assembleias conciliares. Mas o sentido vivo da fé, corroborado pela graça divina, no final prevaleceu também nos momentos mais críticos.

(*Angelus*, nn. 1-2,
7 de julho de 1996)

3 JULHO — Retomando hoje a reflexão sobre as riquezas do Cristianismo oriental, quero acenar ao papel especial que naquelas tradições desempenha o *monaquismo*. Este nasceu justamente no Oriente, recebendo as linhas primordiais de Santo Antão, São Pacômio, São Basílio. Da experiência deles aproveitou-se o mesmo São Bento, pai do monaquismo ocidental. O monaquismo "foi desde sempre a alma mesma das Igrejas orientais", visto como "síntese emblemática do Cristianismo" e "ponto de referência para todos os batizados, na medida dos dons oferecidos a cada um pelo Senhor" (*Orientale lumen*, n. 9).

Historicamente, este modelo de vida entende realizar a radicalidade das exigências evangélicas e se afirma como um desenvolvimento natural do ideal do martírio, particularmente vivo na Igreja dos primeiros séculos, solicitada pelas perseguições a testemunhar Cristo até o derramamento do sangue. E quem é, na realidade, o monge, senão alguém que doa a Cristo toda sua vida? Ele é, por antonomásia, *o homem de Deus*. Se não dá o sangue, como o mártir, realiza, no entanto, renúncias radicais, sobretudo com a prática da virgindade, da pobreza e da obediência. Esta escolha de mortificação não indica desprezo pelas criaturas, mas atração irresistível para o Criador. É o anseio, que a graça suscita no coração humano, para a *deificação*: a necessidade de subir dos rios à fonte, dos raios à fonte da luz. [...]

O homem saiu das mãos de Deus belo e santo. A ascese monástica visa justamente recuperar a beleza original, prejudicada pelo pecado. Sustentada pela graça, ela faz emergir a perfeição espiritual à qual a natureza humana foi elevada. Na *Vida de Santo Antão* lemos que seu rosto irradiava uma paz tão imperturbável que todos se sentiam atraídos e confortados por ele (cf. Atanásio, n. 14,4-6). Eis o "sinal" que o mundo espera de nós cristãos, em especial de quantos vivem a vocação monástica.

(*Angelus*, nn. 1-2, 28 de julho de 1996)

4 Um grande elemento de unidade entre Cristianismo do Oriente e do Ocidente é constituído pela veneração comum aos *Padres da Igreja*. Com esta expressão são indicados aqueles santos dos primeiros séculos, na maioria deles também pastores, que com a pregação e a reflexão teológica defenderam a fé das heresias e exerceram um papel decisivo no encontro entre

a mensagem evangélica e a cultura de seu tempo. A Igreja os considera testemunhas qualificadas da tradição. Alguns deles são autênticos "gigantes" na história do pensamento cristão e da cultura universal.

O fascínio da época dos Padres é devido também ao *intercâmbio fecundo* que então se realizou entre Oriente e Ocidente.

Tiveram grande influência, em especial, duas escolas, surgidas ambas no Oriente: em *Alexandria*, no Egito, e em *Antioquia*, na Síria. Em uma, a exegese das Escrituras era orientada prevalentemente segundo o método alegórico; na outra, se preferia, ao contrário, o método histórico literal. As duas escolas desenvolveram consequentemente dois *pontos de vista complementares* na reflexão sobre as verdades da fé, em especial sobre o mistério da encarnação. Em Alexandria, onde o gênio de Orígenes deixou um sinal imorredouro, o acento caía sobre a glória do Verbo feito homem; em Antioquia, sublinhava-se a verdadeira humanidade assumida por ele. Ambas as perspectivas são essenciais para entender a identidade de Jesus Cristo, como é professada pela fé eclesial.

Grande parte daquele pensamento chegou ao Ocidente cristão, gerando nas comunidades orientais e latinas um intercâmbio vital. Seria, por isso, difícil, naqueles séculos, fazer uma distinção nítida entre as duas tradições e, ainda mais, seria forçado contrapô-las.

(*Angelus*, nn. 1-2, 4 de agosto de 1996)

5 Continuando a reflexão sobre o Oriente cristão, desejo hoje chamar a atenção sobre o desenvolvimento da *teologia oriental*, que, também nos séculos posteriores à época dos Padres e à divisão dolorosa com a Sé Apostólica, elaborou perspectivas profundas e estimulantes, para a qual toda a Igreja olha com interesse. Se num ponto ou noutro permanecem dissensões, não se deve, no entanto, esquecer que *aquilo que nos une é muito mais que aquilo que nos divide*.

Um desenvolvimento doutrinal importante se realizou entre os séculos VIII e IX depois da crise "iconoclasta", desencadeada por alguns imperadores de Bizâncio, decididos a sufocar radicalmente a veneração pelas imagens sagradas. Resistindo a tão absurda imposição, muitos sofreram: o pensamento vai, em especial, para São João Damasceno e para São Teodoro Estudita. A vitória de sua resistência se demonstrou decisiva não somente para a devoção e para a arte sacra, mas para

JULHO

o próprio aprofundamento do mistério da encarnação. A defesa das imagens se apoiava, de fato, em última análise, no fato de que, em Jesus de Nazaré, Deus se fez verdadeiramente homem. Legitimamente, portanto, o artista se esforça para *reproduzir-lhe o rosto*, valendo-se não somente da força do gênio, mas, sobretudo, da docilidade interior ao Espírito de Deus. As imagens remetem ao mistério que as supera e ajudam a sentir sua presença em nossa vida.

(*Angelus*, n. 1,
11 de agosto de 1996)

6

Nos santos brilha de modo especial a luz de Cristo, que ilumina o rosto da Igreja (cf. *Lumen gentium*, n. 1). A veneração deles é uma ponte que une vitalmente as Igrejas do Oriente e do Ocidente, favorecendo o intercâmbio dos dons espirituais e o caminho para a plena unidade.

No *amor à Virgem santa*, então, dir-se-ia que os cristãos ocidentais e orientais "disputam", reconhecendo em Maria a Mãe do Redentor e da Igreja, a síntese e o vértice das maravilhas realizadas por Deus ao homem. Justamente nestes dias celebramos sua assunção ao céu. No Oriente, onde esta solenidade é também chamada "dormição" de Maria, trata-se da maior festa mariana, para a qual os fiéis se preparam com oito ou mais dias de jejum e de orações.

Com efeito, na assunção de Maria emerge um aspecto da visão cristã que a tradição oriental sublinha justamente: se cada pessoa humana foi feita à imagem e semelhança de Deus, Maria, cheia de graça, é a "semelhantíssima". Nela se realiza plenamente o desígnio de Deus que quer elevar o homem à altura de sua vida trinitária. Maria foi elevada ao vértice da "visão de Deus". E isto não somente porque como verdadeira Mãe deu sua carne ao Verbo de Deus, mas, sobretudo, porque o guarda para sempre em seu coração, como é esplendidamente representado pelo ícone *Znamenie*. O conhecido hino *akathistos* à Mãe de Deus apresenta Maria como "compêndio das verdades de Cristo".

(*Angelus*, n. 1, 18 de agosto de 1996)

7 Em dois mil anos de história, foi pedida aos cristãos, não poucas vezes, a *prova suprema do martírio*. Permanecem vivos na memória, sobretudo, os mártires da primeira era cristã. Mas também nos séculos posteriores são muitos aqueles que, em diversas circunstâncias, derramaram o sangue por Cristo, tanto no Oriente como no Ocidente. A divisão, que infelizmente aconteceu entre as Igrejas, não torna menos precioso seu sacrifício!

Aos mártires se dirige com especial intensidade a veneração do povo de Deus, que neles vê representada ao vivo a paixão de Cristo. Emblemática, neste sentido, é a história dos santos *Boris e Gleb*, que remonta aos albores do Cristianismo eslavo do reino de Kiev. Trata-se de dois filhos do primeiro príncipe cristão, São Vladimir, que na morte do pai foram assassinados por um seu irmão usurpador. A fé do povo imediatamente ligou aquele sangue derramado ao de Jesus Cristo, e Boris e Gleb foram chamados *strastoterpcy*, "aqueles que sofrem a paixão". Um relato do fim do século XI traz esta tocante oração de Boris, antes de morrer: "Glória a ti, pródigo dador de vida, que te dignaste fazer-me participante da paixão dos santos mártires. [...] Tu sabes, Senhor, que eu não oponho resistência [...]. Mas tu, Senhor, olha e julga entre mim e meu irmão; não lhes atribuas este pecado, e recebe em paz a minha alma".

Que oração admirável! É o rosto de uma humanidade que se tornou ícone do rosto sofredor de Cristo.

(*Angelus*, n. 1,
25 de agosto de 1996)

JULHO

8

Os padres do Oriente partem da consciência de que o autêntico empenho espiritual não se reduz a um encontro consigo mesmos, a uma até necessária recuperação de interioridade, mas deve ser um caminho de *escuta dócil do Espírito de Deus*. Na realidade – eles afirmam –, o homem não é profundamente ele mesmo, quando se fecha ao Espírito Santo. Santo Ireneu, bispo de Lion, que por suas origens e sua formação pode ser considerado uma ponte entre Oriente e Ocidente, via o homem constituído de três elementos: o corpo, a alma e o Espírito Santo (cf. Santo Ireneu, *Adversus haereses*, 5,9,1-2). Certamente ele não entendia confundir o homem com Deus, mas lhe interessava sublinhar que o homem atinge sua plenitude somente quando se abre para Deus. Para *Afraate*, o Sírio, que fazia eco ao pensamento de São

Paulo, o Espírito de Deus nos é oferecido intimamente de modo a se tornar quase parte de nosso "eu" (cf. Afraate, o Sírio, *Demonstrationes*, 6,14). No mesmo sentido, um autor espiritual russo, Teófanes, o Recluso, chega a chamar o Espírito Santo "a alma da alma humana" e vê o escopo da vida espiritual numa "progressiva espiritualização da alma e do corpo" (cf. *Cartas sobre a vida espiritual*).

O verdadeiro inimigo dessa ascensão interior é o pecado. É preciso vencê-lo para dar espaço ao Espírito de Deus. Nele não somente cada homem, mas o mesmo cosmos, por assim dizer, se transfigura. Um caminho não fácil: mas a meta é uma grande experiência de liberdade.

(*Angelus*, n. 2,
8 de setembro de 1996)

9 Oriente e Ocidente cristão convergem em considerar que, se Deus se deixa, de algum modo, ser atingido pelo caminho da inteligência, mais ainda vem ao nosso encontro no caminho do amor. *A espiritualidade oriental*, em especial, sublinha que nossos pensamentos e nossas

palavras não poderão nunca "capturar", por assim dizer, o mistério de Deus. Diante dele não pode haver senão *o silêncio que adora*. Por outro lado, porém, Deus mesmo se doou à sua criatura através do Filho feito homem e do Espírito Santo que age no coração. Em Cristo, Deus saiu de seu silêncio, revelando-se como unidade de três pessoas divinas e chamando-nos a uma comunhão íntima consigo.

O Cristianismo, como se vê, antes de ser uma doutrina, é um "acontecimento", ou melhor, *uma pessoa*: é Jesus de Nazaré. Ele é o coração da fé cristã. Para gozar de sua intimidade, fileiras de santos, de monges e de ascetas deixaram tudo. Mas Cristo pode ser encontrado também nos caminhos do mundo. O grande Dostoiévski, em uma carta, recordando a incredulidade e a dúvida que marcaram muitos momentos de sua vida, oferece este testemunho tocante: "Foi naqueles momentos que compus um creio: crer que não há nada mais belo, mais profundo, mais amável, mais razoável e mais perfeito que o Cristo, e que não somente não há nada, mas – digo com um amor ciumento – que não se pode ter nada" (*Carta à senhora Von Visine*, 20 de fevereiro de 1854). Por sua vez, um pensador russo recente, Semen Frank, refletindo sobre o enigma da dor, escreve: "A ideia de um Deus que desceu ao mundo, que sofre voluntariamente e toma parte nos sofrimentos humanos e cósmicos, a ideia de um Deus que sofre, é a única teodiceia possível, a única justificação convincente de Deus" (*Dieu est avec nous*, Paris, 1955, p. 195).

(*Angelus,* nn. 1-2,
15 de setembro de 1996)

10 Uma derivação da cultura humanista levou não poucos homens e mulheres de nosso tempo a se separar de Deus. Mas, com o ocaso das grandes ideologias, apareceu em toda sua clareza dramática que, quando o homem se torna "órfão de Deus", se perde também o sentido de seu existir e, de alguma forma, se torna "órfão" de si mesmo.

Quem é o homem? O Cristianismo, em sua dupla tradição ocidental e oriental, desde sempre levou a sério esta pergunta. Dela nasceu uma antropologia profunda e harmônica, baseada no princípio que a verdade última do ser humano é buscada naquele que o criou.

Para o conhecimento autêntico do homem, *a espiritualidade oriental* oferece uma contribuição específica insistindo sobre a perspectiva do "coração". Os cristãos do Oriente amam distinguir três tipos de conhecimento. O primeiro se limita ao homem em sua estrutura biopsíquica. O segundo fica no âmbito da vida moral. O grau mais elevado, porém, do conhecimento de si se consegue na "contemplação", através da qual, entrando profundamente em si mesmo, o homem se reconhece imagem divina e, purificando-se do pecado, encontra o Deus vivo, até se tornar "divino" ele mesmo, por dom de graça.

É este o *conhecimento do coração*. Aqui, o "coração" indica muito mais que uma faculdade humana, como é, por exemplo, a afetividade. É mais o princípio de unidade da pessoa, como "lugar interior" no qual a pessoa se recolhe toda, para viver no conhecimento e no amor do Senhor. A isto aludem os autores orientais, quando convidam a "descer da cabeça para o coração". Não basta conhecer as coisas, não basta pensá-las, é preciso que elas se tornem "vida".

(*Angelus*, nn. 1-2,
29 de setembro de 1996)

11 O sentido da liturgia é particularmente vivo entre os irmãos orientais. Para eles a liturgia é realmente o "céu na terra" (S. João Paulo II, *Orientale lumen*, n. 11). É a síntese de toda a experiência de fé. É uma experiência envolvente, que toca a pessoa humana em sua totalidade, espiritual e corpórea. Tudo, na ação sagrada, visa expressar "a harmonia divina e o modelo da humanidade transfigurada": as formas do templo, os sons, as cores, as luzes, os perfumes. O mesmo tempo prolongado das celebrações e as invocações repetidas expressam o identificar-se progressivo da pessoa com o mistério celebrado.

Está a serviço do mistério também o cuidado especial que os orientais dedicam à beleza das formas. Segundo a *Crônica de Kiev*, São Vladimir ter-se-ia convertido à fé cristã também pela beleza do culto praticado nas igrejas de Constantinopla. Um ator oriental escreveu que a liturgia "é a porta real através da qual se deve passar", quando se quer entender o espírito do Oriente cristão (cf. P. Evdokimov, *La preghiera della Chiesa orientale*).

Mas a oração no Oriente, como no Ocidente, conhece, além da litúrgica, muitas outras expressões. Com uma predileção especial os autores espirituais sugerem a *oração do coração*, que consiste em saber escutar, num silêncio profundo e acolhedor, a voz do Espírito.

Especialmente estimada é a assim chamada *oração de Jesus*, divulgada também no Ocidente através do texto conhecido como *Os contos de um peregrino russo*. Trata-se da invocação: "Senhor Jesus Cristo, Filho de Deus, tem piedade de mim pecador". Repetida frequentemente, com estas ou semelhantes palavras, esta densa invocação se torna como o respiro da alma.

(*Angelus*, nn. 1-2,
3 de novembro de 1996)

12 Oriente e Ocidente disputam quando colocam a arte a serviço da fé. Mas do Oriente, onde os ícones precisaram ser defendidos com o sangue na crise iconoclasta dos séculos VIII e IX, chega um chamado especial para conservar com certo ciúme a especificidade religiosa dessa arte. Seu fundamento é o mistério da encarnação, no qual Deus quis assumir o rosto do homem. A arte sacra procura, em última análise, expressar alguma coisa do mistério daquele rosto.

Por isso, o Oriente insiste fortemente nas qualidades espirituais que devem caracterizar o artista, ao qual Simeão de Tessalônica, o grande defensor da Tradição, endereça esta significativa exortação: "Ensina com as palavras, escreve com as letras, pinta com as cores, conforme a Tradição; a pintura é verdadeira, como a escrita dos livros; a graça de Deus está presente nela, porque aquilo que nela se representa é santo" (*Diálogo contra as heresias*, 23). Através da contemplação dos ícones, inserida no conjunto da vida litúrgica e eclesial, a comunidade cristã é chamada a crescer em sua experiência de Deus, tornando-se cada vez mais um ícone vivo da comunhão de vida entre as três pessoas divinas.

(*Angelus*, n. 1,
17 de novembro de 1996)

13

O autor da Carta aos Hebreus escreve: "Pela fé, Abraão obedeceu à ordem de partir para uma terra que devia receber como herança, e partiu, sem saber para onde iria" (11,8). É isto: Abraão, chamado pelo apóstolo "nosso pai na fé" (cf. Rm 4,11-16), acreditou em Deus, *confiou nele* que o chamava. Acreditou na promessa. "O Senhor disse a Abraão: 'Sai da tua terra, do meio de teus parentes, da casa de teu pai, e vai para a terra que eu te vou mostrar. Farei de ti uma grande nação e te abençoarei: engrandecerei teu nome, de modo que ele se torne uma bênção... Em ti serão abençoadas todas as famílias da terra'" (Gn 12,1-3). Estamos talvez falando do traçado de uma das muitas migrações típicas de uma época na qual o pastoreio era uma forma fundamental de vida econômica? É provável. Certamente, porém, *não se tratou somente disto*. Na aventura de Abraão, da qual teve início a história da salvação, podemos já perceber outro significado do chamado e da promessa. A terra, para a qual se dirige o homem guiado pela voz de Deus, não pertence exclusivamente à geografia deste mundo. Abraão, o crente que acolhe o convite de Deus, é aquele que se move na direção de uma terra prometida, a qual não é daqui de baixo.

(*Homilia na celebração em recordação de Abraão*, n. 1, 23 de fevereiro de 2000)

14 — JULHO

Lemos na Carta aos Hebreus: "Pela fé, Abraão, posto à prova, ofereceu Isaac em sacrifício; ele, o depositário da promessa, sacrificava seu filho único, do qual havia sido dito: 'É em Isaac que terá começo a tua descendência'" (11,17-18). Este é o apogeu da fé de Abraão. Abraão é posto à prova por aquele Deus no qual tinha colocado toda sua confiança, por aquele Deus do qual havia recebido a promessa que dizia respeito ao seu futuro distante: "Em Isaac terás uma descendência que levará teu nome" (Hb 11,18). É chamado, porém, a oferecer em sacrifício a Deus justamente aquele Isaac, o seu único filho, ao qual estava ligada toda sua esperança, conforme a promessa divina. Como poderá realizar-se a promessa que Deus lhe fizera de uma descendência numerosa, se Isaac, o único filho, deverá ser oferecido em sacrifício?

Mediante a fé, Abraão sai vitorioso desta prova, uma prova dramática que colocava em questão diretamente sua fé. "Ele estava convencido – escreve o autor da Carta aos Hebreus – de que Deus tem poder até de ressuscitar os mortos" (11,19). Naquele instante, humanamente trágico, no qual já estava pronto para desferir o golpe mortal em seu filho, Abraão não deixou de acreditar. Ao contrário, sua fé na promessa de Deus atingiu o vértice. Pensava:

"Deus é capaz de ressuscitar os mortos". Assim pensava este pai provado, humanamente falando, além de toda medida. E sua fé, seu total abandono em Deus, não o decepcionou. Está escrito: "E assim recuperou o filho" (Hb 11,19). Recuperou Isaac, pois acreditou em Deus profunda e incondicionalmente.

(*Homilia na celebração em recordação de Abraão*, n. 2, 23 de fevereiro de 2000)

15

Aqui [na paróquia de Mostacciano], queria fazer-lhes uma confidência pessoal. Encontro-me na paróquia dedicada à Virgem do Carmelo. Devo dizer-lhes que na minha juventude, quando era como vocês, ela me ajudou: não poderia dizer em que medida, mas penso que numa medida imensa. Ajudou-me a encontrar a graça própria de minha idade, de minha vocação. Aproveitando a visita na paróquia dedicada a ela, à Virgem do Monte Carmelo, quero dizer isto, quero testemunhar isto, para que este testemunho seja também profícuo, útil para cada um de vocês jovens. É um aspecto muito particular das riquezas espirituais da Virgem, da Mãe de Cristo, porque sua missão carmelita, a que teve início no monte Carmelo, na Terra Santa, está ligada a uma veste. Esta veste se chama sagrado escapulário. Eu devo muito, nos anos juvenis, a este seu escapulário carmelita. Que a mãe seja sempre solícita, preocupe-se com as roupas de seus filhos, que sejam bem vestidos, é uma coisa bonita.

Quando faltam essas roupas, quando os jovens são mais enérgicos que suas roupas, quando prorrompem numa energia superior àquela que suas roupas podem suportar, a mãe procura consertar as roupas de seus filhos. Talvez também os filhos tenham necessidade de mais de um vestido estupendo.

A Virgem do Carmelo, Mãe do sagrado escapulário, nos fala desse cuidado materno, dessa sua preocupação em nos vestir. Vestir-nos no sentido espiritual; vestir-nos com a graça de Deus, e ajudar-nos a levar sempre essa veste branca.

(Discurso na paróquia de Mostacciano,
dedicada à Virgem do Carmelo,
15 de janeiro de 1989)

16

Neste mês de julho [celebramos] a lembrança da bem-aventurada Virgem Maria do Monte Carmelo, muito querida à piedade do povo cristão em todo o mundo, e ligada de modo especial à vida da grande família religiosa carmelita.

O pensamento vai à montanha sagrada, que no mundo bíblico é sempre considerada símbolo de graça, de bênção e de beleza. Naquela montanha os carmelitas dedicaram à Virgem Mãe de Deus, *flos Carmeli*, que possui a beleza de todas as virtudes, sua primeira igreja, expressando assim a própria vontade de se entregar completamente a ela e de ligar indissoluvelmente o próprio serviço a Maria com aquele "em obediência a Cristo" (cf. *Regra carmelita*, Prólogo).

Os grandes místicos carmelitas entenderam a experiência de Deus na própria vida como um "caminho de perfeição" (Santa Teresa de Jesus), como uma "subida do monte Carmelo" (São João da Cruz). Neste itinerário está presente Maria. Ela – invocada pelos carmelitas como mãe, patrona e irmã – se torna, enquanto Virgem puríssima, modelo do contemplativo, sensível à escuta e à meditação da Palavra de Deus e obediente à vontade do Pai por meio de Cristo no Espírito Santo. Por isso, no Carmelo, e em cada alma profundamente carmelita, floresce uma vida de comunhão intensa e familiaridade com a Virgem santa, como "nova maneira" de viver para Deus e de continuar aqui na terra o amor do Filho Jesus a sua mãe Maria.

(*Angelus*, nn. 1-2, 24 de julho de 1988)

17

A redução da mensagem evangélica à única dimensão sociopolítica tira do pobre aquilo que constitui um direito supremo seu: o de receber da Igreja o dom da verdade completa sobre o homem e sobre a presença do Deus vivo em sua história. A redução do ser humano à única esfera política não constitui, de fato, somente uma ameaça à dimensão do "ter", mas também à do "ser". Como justamente afirma a instrução, somente a integralidade da mensagem da salvação pode garantir também a integralidade da libertação do homem (Instrução *Sobre alguns aspectos da Teologia da Libertação*, XI, 16).

É por esta libertação que a Igreja lutou e luta ao lado dos pobres, fazendo-se advogada de seus direitos pisoteados, suscitadora de obras sociais de todo gênero para sua proteção e defesa, anunciadora da Palavra de

Deus que convida todos à reconciliação e à penitência. Não é por acaso que a exortação apostólica [*Reconciliatio et paenitentia*], que publiquei recentemente à luz das conclusões às quais chegou a VI Assembleia Geral do Sínodo dos Bispos, propõe novamente o tema evangélico fundamental da conversão do coração, na convicção de que a primeira libertação que deve ser procurada pelo homem é a do mal moral que se aninha em seu coração, porque lá está também a causa do "pecado social" e de toda estrutura opressiva.

(*Discurso aos cardeais e aos membros da família pontifícia e da cúria romana*, n. 10, 21 de dezembro de 1984)

18

Povos e indivíduos aspiram à própria libertação: a busca do pleno desenvolvimento é o sinal de seu desejo de superar os múltiplos obstáculos que impedem gozar de uma "vida mais humana". [...] É bom acrescentar que a aspiração à libertação de toda forma de escravidão, relativa ao homem e à sociedade, é alguma coisa *nobre e válida*. A isto visa propriamente o desenvolvimento, ou melhor, a libertação e o desenvolvimento, levando-se em conta a ligação íntima que existe entre estas duas realidades. Um desenvolvimento somente econômico não está em condição de libertar o homem, antes, ao contrário, acaba por subjugá-lo ainda mais. Um desenvolvimento que não compreenda as dimensões *culturais, transcendentes e religiosas* do homem e da sociedade, na medida em que não reconhece a existência de tais dimensões e não orienta para elas as próprias metas e prioridades, contribui *ainda menos* para a verdadeira libertação. O ser humano é totalmente livre somente quando é ele mesmo, na plenitude de seus direitos e deveres; a mesma coisa se deve dizer de toda a sociedade.

O obstáculo principal a superar para uma verdadeira libertação é o pecado e as estruturas por ele induzidas, à medida que se multiplica e se espalha (cf. *Reconciliatio et paenitentia*, n. 16; Congregação para a Doutrina da Fé, *Libertatis conscientia*, nn. 38 e 42). A liberdade, com a qual Cristo nos libertou (Gl 5,1), estimula a nos convertermos em servos de todos.

(*Sollicitudo rei socialis*, n. 46)

19 — JULHO

A doutrina social da Igreja *não* é uma "terceira via" entre *capitalismo liberal* e *coletivismo marxista*; nem também uma alternativa possível para outras soluções menos radicalmente contrapostas: ela constitui uma *categoria em si mesma*. Não é tampouco uma *ideologia*, mas a *formulação cuidadosa* dos resultados de uma reflexão atenta sobre as realidades complexas da existência do homem, na sociedade e no contexto internacional, à luz da fé e da tradição eclesial. Seu escopo principal é *interpretar* essas realidades, examinando sua conformidade ou deformidade com as linhas do ensinamento do Evangelho sobre o homem e sobre sua vocação terrena e ao mesmo tempo transcendente; para *orientar*, portanto, o comportamento cristão. Ela pertence, por isso, não ao campo da *ideologia*, mas da *teologia* e especialmente da teologia moral.

O ensinamento e a difusão da doutrina social fazem parte da missão evangelizadora da Igreja. E, tratando-se de uma doutrina endereçada a guiar a *conduta das pessoas*, deriva disso, consequentemente, "o empenho pela justiça" segundo o papel, a vocação, as condições de cada um. Ao exercício do *ministério da evangelização* no campo social, que é um aspecto da *função profética* da Igreja, pertence a *denúncia* dos males e das injustiças. Mas convém esclarecer que o *anúncio* é cada vez mais importante que a *denúncia*, e esta não pode prescindir daquele, que lhe oferece a verdadeira solidez e a força da motivação mais elevada.

(*Sollicitudo rei socialis*, n. 41)

20

A Igreja, de per si, não está em condição de mudar os aspectos políticos e econômicos do mundo contemporâneo. Porque não possui nenhuma força material adequada, deve sempre buscar em si mesma as forças morais. Deve, portanto, "expressar-se oportuna e inoportunamente" (2Tm 4,2). Deve, mesmo se às vezes não é fácil, descobrir o mal, chamá-lo com seu nome, talvez até esconjurá-lo. Cristo disse aos apóstolos, como prevendo essas situações por vezes dramáticas: *Dabitur vobis in illa hora* (Mt 10,19) (vos será dado!). Apliquemo-lo ao ensinamento social! Obviamente, a Doutrina Social da Igreja não visa em primeiro lugar a descobrir o mal, dizer "não!" ao mundo; ela vem do Evangelho. Estão contidos nela o amor por todo bem verdadeiro; a preocupação fundamental para que ele se desenvolva também entre o mato e os espinhos, que lhe impedem de crescer, mesmo quando às vezes é pisado (Mc 4,3-20).

(*La dottrina sociale della Chiesa*, p. 70)

21

Deveria ser altamente instrutiva uma *constatação desconcertante* do período mais recente: junto com as misérias do subdesenvolvimento, que não podem ser toleradas, nos encontramos diante de uma espécie de *superdesenvolvimento*, igualmente inadmissível, porque, como o primeiro, é contrário ao bem e à felicidade autêntica. Esse superdesenvolvimento, de fato, que consiste na disponibilidade excessiva de todo tipo de bens materiais em favor de algumas camadas sociais, torna facilmente os homens escravos da "posse" e do gozo imediato, sem outro horizonte além da multiplicação ou da substituição contínua das coisas, que já são possuídas, com outras ainda mais perfeitas. É a assim chamada civilização do "consumo" ou consumismo, que comporta muitos "descartes" e "lixos". [...]

Certamente, a diferença entre "ser" e "ter", o perigo inerente a uma mera multiplicação ou substituição de coisas possuídas em relação ao valor do "ser", não deve transformar-se necessariamente numa *antinomia*. Uma das maiores injustiças do mundo contemporâneo consiste justamente nisto: que são relativamente *poucos* aqueles que possuem muito, e *muitos* aqueles que não possuem quase nada. É a injustiça da má distribuição dos bens e dos serviços destinados originalmente a todos. [...]

O mal não consiste no "ter" enquanto tal, mas no possuir de modo desrespeitoso *qualidade e hierarquia ordenada* dos bens que se possui. *Qualidade e hierarquia* que brotam da subordinação dos bens e de sua disponibilidade ao "ser" do homem e à sua verdadeira vocação.

Com isto fica demonstrado que, se o desenvolvimento tem uma *necessária dimensão econômica*, pois deve fornecer ao maior número possível dos habitantes do mundo a disponibilidade dos bens indispensáveis para "ser", no entanto, não se esgota em tal dimensão. Quando é limitada a esta, ele se volta contra aqueles que quereriam se favorecer.

(*Sollicitudo rei socialis*, n. 28)

22

Retornando agora à pergunta inicial, pode-se talvez dizer que, depois da falência do comunismo, o sistema social vencedor seja o capitalismo, e que para ele são endereçados os esforços dos países que procuram reconstruir sua economia e sua sociedade? Acaso, é este o modelo que é preciso propor aos países do terceiro mundo, que buscam o caminho para o verdadeiro progresso econômico e civil?

A resposta é, obviamente, complexa. Se com "capitalismo" se indica um sistema econômico que reconhece o papel fundamental e positivo da empresa, do mercado, da propriedade privada e da consequente responsabilidade pelos bens de produção, da livre criatividade humana no setor da economia, a resposta é certamente positiva, mesmo se talvez fosse mais apropriado falar de "economia de empresa", ou de "economia de mercado", ou simplesmente de "economia livre". Mas se com "capitalismo" se entende um sistema no qual a liberdade do setor da economia não está enquadrada num contexto jurídico sólido que a coloque a serviço da liberdade humana integral e a considere como uma dimensão especial desta liberdade, cujo centro é ético e religioso, então a resposta é decididamente negativa.

JULHO

A solução marxista faliu, mas permanecem no mundo fenômenos de marginalização e de exploração, principalmente no terceiro mundo, como também fenômenos de alienação humana, em especial nos países mais avançados, contra os quais se eleva com firmeza a voz da Igreja. Muitas multidões vivem hoje em condições de grande miséria material e moral. A ruína do sistema comunista em muitos países elimina certamente um obstáculo no enfrentamento adequado e realista desses problemas, mas não é suficiente para resolvê-los. Há, antes, o risco de se difundir uma ideologia radical de tipo capitalista, a qual rejeita até levá-los em consideração, considerando *a priori* condenada ao insucesso toda tentativa de enfrentá-los, e confia cegamente sua solução ao livre desenvolvimento das forças de mercado.

(*Centesimus annus*, n. 42)

23

Chegou talvez o momento de *uma nova e aprofundada reflexão sobre o sentido da economia e de seus fins*. Parece a propósito urgente que seja reconsiderada a concessão mesma do bem-estar, para que não seja dominada por uma sofrida perspectiva utilitarista, deixando um espaço absolutamente marginal e residual a valores como os da solidariedade e do altruísmo.

Quero aqui convidar os cultivadores da ciência econômica e os mesmos operadores do setor, como também os responsáveis políticos, a entender a urgência que a praxe econômica e as políticas correspondentes visem ao bem de cada homem e de todo o homem. Pede-o não somente a ética, mas também uma sã economia. Parece, de fato, confirmado pela experiência, que o sucesso econômico esteja cada vez mais condicionado pelo fato que são valorizadas as pessoas e suas capacidades, promovida a participação, cultivados mais e melhor os conhecimentos e as informações, incrementada a solidariedade.

Trata-se de valores que, longe de serem estranhos à ciência e ao agir econômicos, contribuem para fazer uma ciência e uma praxe integralmente "humanas". Uma economia que não considere a dimensão ética e não se preocupe em servir o bem da pessoa – de cada pessoa e de toda a pessoa – não pode de per si chamar-se nem mesmo "economia", entendida no sentido de uma gestão racional e benéfica da riqueza material.

(*Mensagem no 33º Dia da Paz*, n. 15, 8 de dezembro de 1999)

24 JULHO

Como conhecer a verdade que Cristo nos ensinou, ou melhor, a verdade que é ele mesmo, fazendo dela o princípio de toda a existência e o fundamento da própria liberdade? A experiência de estudo da maioria de vocês levou-os a descobrir que se aprende quando se unem, para uma aplicação séria, uma atitude aberta, um espírito atento, uma mente disposta a acolher aquilo que o professor comunica ou o livro traz.

Isto vale ainda mais em relação àquele mestre de verdades que é Cristo e para aquele livro de vida que é seu Evangelho. O conhecimento de Jesus, de fato, não pode ser reduzido a um nível simplesmente informativo ou erudito, mas deve envolver toda a pessoa, levando-a a ter em si "os mesmos sentimentos que estiveram em Cristo Jesus" (Fl 2,5). "Revestido" assim de Cristo (cf. Rm 13,14; Gl 3,27), cada um de vocês pode experimentar em si e viver a liberdade com a qual Cristo mesmo os presenteou (cf. Gl 5,1).

Mas, para que isto aconteça, é necessário que vocês se coloquem estável e diligentemente no seguimento de Jesus, caminhando com ele como os apóstolos fizeram. Então, o Redentor, Mestre e amigo único, dará também a vocês "a graça e a verdade" (Jo 1,17), permitindo-lhes passar da lei do temor para a do amor, que é própria dos filhos. Longe de Jesus, se é somente criatura diante de Deus, criador inacessível. Ao lado de Jesus somos filhos diante do Pai, que, se quis bem ao homem enquanto vagava pelos caminhos errados, ainda mais o ama agora que percorre o caminho indicado pelo seu Filho.

(*Discurso aos jovens das escolas médias e superiores*, n. 2, Reggio Emilia, 6 de junho de 1988)

25 O encontro com Cristo muda radicalmente a vida de uma pessoa, a leva a uma *metánoia* ou conversão profunda da mente e do coração e estabelece uma comunhão de vida que se torna seguimento. Nos Evangelhos o seguimento é expresso com duas atitudes: a primeira consiste em "caminhar" com Cristo (*akoloutheîn*); a segunda, em "caminhar atrás" dele que serve de guia, seguindo suas pegadas e a direção (*érchesthai opíso*). Nasce, assim, a figura do discípulo que se realiza de maneiras diferentes. Há os que seguem de maneira ainda genérica e frequentemente superficial, como a multidão (cf. Mc 3,7; 5,24; Mt 8,1.10; 14,13; 19,2; 20,29); há os pecadores (cf. Mc 2,14-15); aparecem muitas vezes citadas as mulheres que apoiam com seu serviço concreto a missão de

Jesus (cf. Lc 8,2-3; Mc 15,41); alguns recebem um chamado específico por parte de Cristo e, entre estes, uma posição particular é reservada aos Doze.

A tipologia dos chamados é, por isso, muito variada: pessoas dedicadas à pesca e cobradores de impostos, honestos e pecadores, casados e pessoas sozinhas, pobres e abastados como José de Arimateia (cf. Jo 19,38), homens e mulheres. E há até o zelote Simão (cf. Lc 6,15), isto é, um membro da oposição revolucionária antirromana. Não falta ainda quem recuse o convite, como o jovem rico, que, às palavras exigentes de Cristo, se entristece e vai embora aflito "porque tinha muitos bens" (Mc 10,22).

(*Audiência geral*, n. 1, 6 de setembro de 2000)

26

"Renegue a si mesmo." Renegar a si mesmo significa renunciar ao próprio projeto, frequentemente limitado e mesquinho, para acolher o de Deus: eis o caminho da conversão, indispensável para a existência cristã, que levou o apóstolo Paulo a afirmar: "Não sou mais eu que vivo, mas Cristo vive em mim" (Gl 2,20).

Jesus não pede que se renuncie a viver, mas que se acolha uma novidade e uma plenitude de vida que somente ele pode dar. O homem tem enraizada no profundo de seu ser a tendência a "pensar em si mesmo", a colocar a própria pessoa no centro dos interesses e a se pôr como medida de tudo. Quem vai atrás de Cristo recusa, ao contrário, este dobramento sobre si e não avalia as coisas com base no próprio proveito. Considera a vida vivida em termos de dom e gratuidade, não de conquista e de posse. A vida verdadeira, de fato, se expressa no dom de si, fruto da graça de Cristo: uma existência livre, em comunhão com Deus e com os irmãos (cf. *Gaudium et spes*, n. 24).

Se viver no seguimento do Senhor se torna o valor supremo, então todos os outros valores recebem deste sua justa colocação e importância. Quem aponta unicamente para os bens terrenos resultará perdedor, apesar das aparências de sucesso: a morte o colherá com um acúmulo de coisas, mas com uma vida em falta (cf. Lc 12,13-21). A escolha é, portanto, entre ser e ter, entre uma vida plena e uma existência vazia, entre a verdade e a mentira.

(Mensagem no 16º *Dia Mundial da Juventude*, n. 4,
14 de fevereiro de 2001)

JULHO

27

Caros jovens [...], o Ressuscitado faz a Pedro a pergunta que determinará toda sua existência: "Simão, filho de João, tu me amas?" (Jo 21,16). Jesus não lhe pergunta quais eram seus talentos, seus dons, suas competências. Não pergunta nem sequer àquele que pouco antes o havia traído se, de agora em diante, lhe será fiel, se não cairá mais. Pergunta-lhe a única coisa que vale, a única que pode dar fundamento a um chamado: você me quer bem?

Hoje, o Cristo dirige a mesma pergunta a cada um de vocês: você me quer bem? Não pergunta a vocês se vocês sabem falar às multidões, se sabem dirigir uma organização, se sabem administrar um patrimônio. Pergunta-lhes se vocês lhe querem bem. Todo o resto virá como consequência. De fato, colocar os próprios passos nas pegadas de Jesus não se traduz imediatamente em coisas que devem ser feitas ou ditas, mas, antes de tudo, no fato de amá-lo, de ficar com ele, de acolhê-lo completamente na própria vida.

Hoje vocês respondem com sinceridade a pergunta de Jesus. Alguns poderão dizer com Pedro: "Certamente, Senhor, tu sabes que te amo!" (Jo 21,16). Outros dirão: "Senhor, tu sabes como gostaria de lhe querer bem, ensina-me a amar-te para poder seguir-te". O importante é permanecer em seu caminho, continuar o caminho sem perder de vista a meta, até ao dia em que puderem dizer com todo o coração: "Tu sabes que eu te amo!".

(Homilia na missa para os jovens do 7º Fórum Internacional, n. 3, 17 de agosto de 2000)

28

A meta última do seguimento é a glória. O caminho é o da "imitação de Cristo", vivido no amor e morto por amor na cruz. O discípulo "deve, por assim dizer, entrar em Cristo com seu eu inteiro, deve 'apropriar-se' e assimilar toda a realidade da encarnação e da redenção para encontrar a si mesmo" (*Redemptor hominis*, n. 10). Cristo deve entrar em seu eu para libertá-lo do egoísmo e do orgulho, como diz a respeito Santo Ambrósio: "Que Cristo entre em tua alma, Jesus more em teus pensamentos, para impedir todo espaço para o pecado na tenda sagrada da virtude" (*Comentário ao Salmo 118*, letra "daleth", 26).

A cruz, sinal de amor e de doação total, é, portanto, o emblema do discípulo chamado a se configurar com o Cristo glorioso. Um Padre da Igreja do Oriente, Romano, o Melodioso, que é também poeta inspirado, interpela assim o discípulo: "Tu possuis a cruz como cajado, apoia nela tua juventude. Leva-a em tua oração, leva-a à mesa comum, leva-a em teu leito e por toda parte como teu título de glória... Dize ao teu esposo que agora se uniu a ti: Eu me lanço a teus pés. Dá, em tua grande misericórdia, a paz ao teu universo, às tuas igrejas tua ajuda, aos pastores a solicitude, ao rebanho a concórdia, a fim de que todos, sempre, cantemos a nossa ressurreição" (Hino 52, *Aos novos batizados*, estrofes 19 e 22).

(*Audiência geral*, nn. 4-5, 6 de setembro de 2000)

29 Na experiência cristã, o domingo é, antes de tudo, uma festa pascal, totalmente iluminada pela glória de Cristo ressuscitado. É a celebração da "nova criação". Mas justamente este seu caráter, se compreendido em profundidade, aparece inseparável da mensagem que a Escritura, desde suas primeiras páginas, nos oferece sobre o desígnio de Deus na criação do mundo. Se é verdade, de fato, que o verbo se fez carne na "plenitude do tempo" (Gl 4,4), não é menos verdade que, em força de seu mesmo mistério de Filho eterno do Pai, ele é origem e fim do universo. Afirma-o João, no prólogo de seu Evangelho: "Tudo foi feito por meio dele e sem ele nada foi feito do que existe" (1,3). Sublinha-o igualmente São Paulo escrevendo aos Colossenses: "É nele que foram criadas todas as coisas, no céu e na terra, os seres visíveis e os invisíveis [...]. Tudo foi criado através dele e para ele" (1,16). Esta presença ativa do Filho na obra criadora de Deus revelou-se plenamente no mistério pascal, no qual Cristo, ressurgindo como "primícia dos que morreram" (1Cor 15,20), inaugurou a nova criação e iniciou o processo que ele mesmo levará a termo no momento de seu retorno glorioso, "quando entregar o Reino a Deus Pai [...], para que Deus seja tudo em todos" (1Cor 15,24.28).

(Dies Domini, n. 8)

30

O dever de santificar o domingo, sobretudo com a participação na Eucaristia e com um repouso rico de alegria cristã e de fraternidade, se compreende muito bem quando se consideram as múltiplas dimensões deste dia [...].

JULHO

Este é um dia que está no coração mesmo da vida cristã. Se, desde o início de meu pontificado, não me cansei de repetir: "Não tenham medo! Abram, antes, escancarem as portas para Cristo!" (*Homilia no início solene do pontificado*, n. 5, 22 de outubro de 1978), nesta mesma linha quero hoje convidar todos com força a redescobrir o domingo: *Não tenham medo de dar seu tempo para Cristo!* Sim, abramos para Cristo nosso tempo, para que ele possa iluminá-lo e endereçá-lo. Ele é aquele que conhece o segredo do tempo e o segredo do eterno, e nos entrega "seu dia" como um dom sempre novo de seu amor. A redescoberta deste dia é graça que deve ser implorada, não somente para viver em plenitude as exigências próprias da fé, mas também para dar resposta concreta aos anseios íntimos e verdadeiros que estão em cada ser humano. O tempo dado a Cristo não é nunca tempo perdido, mas sim tempo ganho para a humanização profunda de nossas relações e de nossa vida.

(*Dies Domini*, n. 7)

31 JULHO

O mandamento do Decálogo com o qual Deus impõe a observância do sábado tem, no livro do Êxodo, uma formulação característica: "Lembra-te de santificar o dia do sábado" (Ex 20,8). E mais adiante o texto inspirado dá a motivação reportando-se à obra de Deus: "Porque em seis dias o Senhor fez o céu e a terra, o mar e tudo o que eles contêm; mas no sétimo dia descansou. Por isso, o Senhor abençoou o dia do sábado e o santificou" (v. 11). Antes de impor alguma coisa para *fazer*, o mandamento indica alguma coisa para *recordar*. Convida a despertar a memória daquela grande e fundamental obra de Deus que é a criação, uma memória que deve animar toda a vida religiosa do homem, para confluir, depois, no dia em que o homem é chamado a repousar. O repouso assume, assim, um valor sagrado típico: o fiel é convidado a repousar não somente como Deus repousou, mas a repousar no Senhor, remetendo a ele toda a criação, no louvor, na ação de graças, na intimidade filial e na amizade esponsal.

(*Dies Domini*, n. 16)

AGOSTO

1

AGOSTO

Meu pensamento se dirige, particularmente, àqueles numerosos grupos de jovens que fazem coincidir seu repouso de verão com o aprofundamento de sua relação com Deus, com o aprofundamento de sua vida espiritual. Muitos desses grupos de jovens eu conheço pessoalmente desde o tempo de meu serviço anterior de padre e de bispo na Polônia. [...]

Significativa para os ambientes juvenis nos quais penso neste momento é a busca, especialmente neste período do ano, de um contato mais íntimo com a natureza. As encostas dos montes, os bosques, os lagos, os litorais do mar atraem imensas multidões durante o verão. No entanto, para muitos grupos juvenis aquele repouso, que o homem encontra no seio da natureza, se torna uma ocasião especial de contato mais íntimo com Deus. E o encontram na beleza exuberante da natureza que, para muitas almas e para muitos corações, se tornou, ao longo da história, fonte de inspiração religiosa. Neste duplo encontro encontram a si mesmos, encontram o próprio "eu" mais profundo, o próprio íntimo. A natureza os ajuda a isto. O íntimo humano se torna, no contato com a natureza, quase mais transparente para o homem e mais aberto à reflexão aprofundada e à ação da graça, que espera o recolhimento interior do coração juvenil para agir com maior eficácia.

(*Audiência geral*, n. 2, 25 de julho de 1979)

2 Estando em contato, por muitos anos, com grupos juvenis deste gênero, notei que sua espiritualidade se apoia em duas fontes, que alimentam quase paralelamente as almas juvenis. Uma delas é a Sagrada Escritura, a outra a liturgia. A leitura da Sagrada Escritura, unida à reflexão sistemática sobre seus conteúdos, visando à revisão da própria vida, se torna uma fonte rica para encontrar a si mesmos e renovar o espírito no meio da comunidade. E, ao mesmo tempo, este processo da "liturgia da Palavra", desenvolvida em diversas direções, conduz pelo caminho mais simples à Eucaristia, vivida com a profundidade dos corações juvenis e sempre, ao mesmo tempo, comunitariamente. Ao redor da Eucaristia, essa comunidade e todos os liames que brotam dela tomam nova força e profundidade: liames de camaradagem, de amizade, de amor, aos quais os corações juvenis estão especialmente abertos neste período

da vida. A presença permanente de Cristo, sua proximidade eucarística, oferece a estes liames uma dimensão de particular beleza e nobreza.

(*Audiência geral*, n. 3, 25 de julho de 1979)

3

"Senhor, ensina-nos a rezar!" (Lc 11,1). Quando os apóstolos, nas encostas do monte das Oliveiras, se dirigiram a Jesus com estas palavras, não lhe fizeram uma pergunta qualquer, mas expressaram com confiança espontânea uma das necessidades mais profundas do coração humano. A essa necessidade, na verdade, o mundo contemporâneo não dá muito espaço. Já o mesmo ritmo frenético das atividades cotidianas, junto com a invasão rumorosa e frequentemente frívola dos meios de comunicação, não constitui certamente um elemento favorável ao recolhimento interior exigido pela oração. Há ainda dificuldades mais profundas: no homem moderno foi cada vez mais se atenuando a visão religiosa do mundo e da vida. O processo de secularização parece tê-lo persuadido de que o curso dos acontecimentos tem sua explicação suficiente no jogo das forças imanentes neste mundo, independentemente de intervenções superiores. As conquistas da ciência e da técnica, além disso, alimentaram nele a convicção de poder já hoje, em medida notável, e ainda mais amanhã, dominar as situações, orientando-as segundo os próprios desejos. Nos mesmos ambientes cristãos, ainda, foi se difundindo uma visão (funcional) da oração que corre o risco de comprometer seu caráter transcendente. O verdadeiro encontro com Deus, afirmam alguns, se realiza na abertura para o próximo. A oração não seria, por isso, um subtrair-se à dissipação do mundo para recolher-se no diálogo com Deus; ela se expressaria mais no empenho incondicional de caridade para com os outros. Oração autêntica seriam, por isso, as obras de caridade, e elas somente.

(*Audiência geral*, n. 1, 9 de setembro de 1992)

4

Na realidade, o ser humano que, enquanto criatura, é em si mesmo incompleto e indigente, se volta espontaneamente para aquele que é a fonte de todo dom, para louvá-lo, suplicá-lo e buscar nele a satisfação da ardente nostalgia que queima em seu coração. Santo Agostinho tinha bem compreendido quando escrevia: "Tu nos fizeste para ti, Senhor, e nosso coração não tem paz enquanto não repousar em ti" (*Confissões*, 1,1). Justamente por isso, a experiência da oração como ato fundamental do crente é comum a todas as religiões, também àquelas nas quais a fé num Deus pessoal é muito vaga ou é ofuscada por falsas representações. Em especial, ela é própria da religião cristã, na qual ocupa um lugar central. Jesus exorta a "rezar sempre, sem se cansar" (Lc 18,1). O cristão sabe que a oração lhe é necessária como a respiração e, uma vez degustada a doçura do colóquio íntimo com Deus, não hesita em imergir-se nele com abandono confiante.

(*Audiência geral*, n. 2, 9 de setembro de 1992)

5 A oração cristã, sobre a qual queremos hoje meditar, aprofunda suas raízes no Antigo Testamento. Ela está, de fato, intimamente ligada com a experiência religiosa do povo de Israel, ao qual Deus quis reservar a revelação de seu mistério. Diferentemente das populações pagãs, o israelita piedoso conhece "o rosto" de Deus e a ele pode se dirigir com confiança em nome da aliança estipulada aos pés do monte Sinai. Javé é suplicado

em Israel como criador do universo, senhor dos destinos humanos, operador dos prodígios mais extraordinários, mas a ele, sobretudo, se dirigem como ao Deus da aliança. Em tal consciência se apoia a confiança com a qual é invocado em qualquer circunstância: "Eu te amo, Senhor, minha força – todo bom judeu professava com o salmista. Senhor, meu rochedo, minha fortaleza, meu libertador. Meu Deus, minha rocha, na qual me refugio; meu escudo e baluarte, minha poderosa salvação" (Sl 18[17],2-3).

Confiança, portanto, mas também profunda veneração e respeito. A Deus, realmente, é devida a iniciativa da aliança. Diante dele a atitude de fundo do orante permanece, qual seja, a da escuta. Por acaso, não é justamente com esta exortação que o *Shemá* começa sua profissão de fé cotidiana, com a qual o israelita inicia cada dia? "Escuta, Israel: O Senhor é o nosso Deus, o Senhor é um só" (Dt 6,4). Não é por acaso que a adoração do único Deus constitui o primeiro mandamento da lei (cf. Dt 20,5), da qual flui, como de sua fonte mais elevada, qualquer outro dever moral. O pacto de aliança com o Deus "justo" e "santo" não pode deixar de empenhar o crente numa conduta digna de tão excelso interlocutor.

(*Audiência geral*, nn. 1-2
16 de setembro de 1992)

6

Enquanto encontro com o Deus da Aliança, a oração do fiel hebreu não é, como para os pagãos, um monólogo dirigido a ídolos surdos e mudos, mas um verdadeiro e próprio diálogo com um Deus que se manifestou muitas vezes no passado com palavras e com fatos e que também no presente continua a fazer sentir de muitos modos a própria presença salvífica. É, além disso, uma oração com conotações prevalentemente comunitárias: o indivíduo sente que pode falar com Deus justamente porque pertence ao povo por ele escolhido. Não falta, no entanto, a dimensão individual: basta folhear o "manual" da oração bíblica, o livro dos Salmos, para perceber nele os ecos eloquentes da piedade pessoal do indivíduo israelita.

A esta piedade, de resto, os profetas exortam insistentemente. Diante das recorrentes tentações de formalismo e de exterioridade vazia, como também das situações de desânimo e de desconfiança, a ação dos profetas é constantemente voltada a chamar os israelitas para uma devoção mais interior e espiritual, da qual somente pode brotar uma verdadeira experiência de comunhão com Javé.

Assim, enquanto a oração veterotestamentária atinge seu vértice, se prepara a forma definitiva que ela assumirá com a encarnação da mesma Palavra de Deus.

(*Audiência geral*, nn. 3-4,
16 de setembro de 1992)

7

Com a encarnação do Verbo de Deus, a história da oração conhece uma virada decisiva. Em Jesus Cristo o céu e a terra se tocam, Deus se reconcilia com a humanidade, retoma-se em plenitude o diálogo entre a criatura e seu Criador. Jesus é a proposta definitiva do amor do Pai e, ao mesmo tempo, a resposta plena e irrevogável do homem às expectativas divinas. É por isso ele, Verbo encarnado, o único mediador que apresenta a Deus Pai toda oração sincera que sobe do coração humano. A pergunta, que os primeiros discípulos dirigiram a Jesus, se torna, portanto, também pergunta nossa: "Senhor, ensina-nos a rezar!" (Lc 11,1). [...]

Do evangelista Marcos sabemos que, no momento de iniciar a pregação na Galileia, "de madrugada, quando ainda estava bem escuro, Jesus se levantou e saiu rumo a um lugar deserto. Lá, ele orava" (Mc 1,35). Antes da escolha dos apóstolos

"Jesus foi à montanha para orar. Passou a noite toda em oração a Deus" (Lc 6,12). Antes da promessa do primado a Pedro, Jesus, segundo o relato de Lucas, "estava orando, a sós" (Lc 9,18). Também no momento da transfiguração, quando no monte a sua glória se irradiou antes que no Calvário se adensasse a treva, Jesus orava (cf. Lc 9,28-29). Particularmente reveladora é a oração na qual, durante a última ceia, Jesus dirige ao Pai seus sentimentos de amor, de louvor, de súplica, de abandono confiante (cf. Jo 17). São os mesmos sentimentos que voltam novamente no Getsêmani (cf. Mt 26,39.42) e na cruz (cf. Lc 23,46), do alto da qual ele nos dá o exemplo daquela última, tocante invocação: "Pai, perdoa-os, porque não sabem o que fazem" (Lc 23,34).

(*Audiência geral*, nn. 1-2,
23 de setembro de 1992)

8 Jesus nos ensina a rezar também com sua Palavra. Para sublinhar a necessidade de rezar sempre, sem desistir, ele conta a parábola do juiz iníquo e da viúva (cf. Lc 18,1-5). Recomenda depois: "Vigiai e orai, para não cair em tentação. O espírito está pronto, mas a carne é fraca" (Mt 26,41). E insiste: "Pedi e vos será dado! Procurai e encontrareis! Batei e a porta vos será aberta! Pois todo aquele que pede recebe, quem procura encontra, e a quem bate, a porta será aberta" (Mt 7,7-8).

Aos discípulos, desejosos de uma orientação concreta, Jesus ensina, então, a fórmula sublime do Pai-Nosso (Mt 6,9-13; Lc 11,2-4), que se tornará nos séculos a oração típica da comunidade cristã. Tertuliano já a qualificava como *breviarium totius Evangelii*, "um compêndio de todo o Evangelho" (*De oratione*, 1). Nela Jesus entrega a essência de sua mensagem. Quem recita conscientemente o Pai-Nosso "se compromete" com o Evangelho: não pode, de fato, não aceitar as consequências que para a própria vida derivam da mensagem evangélica, da qual a "oração do Senhor" é a expressão mais autêntica.

(*Audiência geral*, n. 3, 23 de setembro de 1992)

9

Aquele que foi mandado pelo Pai (cf. Lc 4,18; Jo 10,36), manifesta-se aos nossos olhos como pobre de maneira radical durante toda sua vida. "As raposas têm tocas e as aves do céu têm ninhos, mas o Filho do Homem não tem onde repousar a cabeça" (Mt 8,20). O "quantificador" da economia divina – se podemos dizer assim – é totalmente diferente daquele do qual se serve o mundo. É assim, porque Deus é totalmente outro. Deus quer ser "pobre", quer ser "indefeso" e "fraco". A demonstração do poder que acompanhava Jesus em seu ensinamento está completamente privada dos motivos característicos dos arrazoados humanos. A economia política contemporânea se apoderou perfeitamente da técnica de construir o poder deste mundo. O Cristo, ao contrário, podia dizer com toda verdade, não somente diante de Pilatos, mas pode repeti-lo hoje diante de todo poder ou sistema político: "Meu Reino não é deste mundo" (Jo 18,36).

(*Segno di contraddizione*, p. 60)

10 O mundo tinha muita necessidade de um critério de poder radicalmente "outro", de outra manifestação da hierarquia de valores, para que o homem daquela época e o homem de hoje – também o mais crítico e cauteloso – conseguisse crer na verdade do Amor.

AGOSTO

Crer no amor é difícil. "Não creio no amor", diz às vezes uma jovem ou também um jovem desiludido. "Não creio no amor" é inclinado a dizer todo homem oprimido pelo mal, ou então – ainda pior – envolvido no mecanismo do processo do consumo que divide o mundo e os corações dos homens. Jesus, o Cristo, devia, assim, entrar no mundo, atravessá-lo e sair dele, para que toda a sua passagem – *phase, transitus Domini* – confirmasse, do início ao fim, a verdade do amor: "De fato, Deus amou tanto o mundo que sacrificou seu Filho único" (Jo 3,16).

(*Segno di contraddizione*, pp. 60-61)

11

O amor anda de mãos dadas com a pobreza, seu poder é nada mais que a extrema fraqueza do Verbo encarnado no estábulo de Belém e na cruz. Não buscou nada além do bem dos seus. Um teólogo anglicano, Robinson, o chamará: "o Homem para os outros". Não buscou nada além do bem dos outros homens, "a fim de que cada um que crê nele não pereça, mas tenha a vida eterna" (Jo 3,16). O Amor é uma energia e o conteúdo principal da salvação. O homem, mesmo aquele que está muito distante do Evangelho, está disposto a reconhecer o vínculo estreito que existe entre o amor e a salvação. Os campos de concentração permanecerão sempre como símbolos reais do inferno na terra. Neles se expressou o máximo do mal que o homem é capaz de fazer a outro homem. Num desses campos de concentração morreu, em 1941, o Padre Maximiliano Kolbe. Todos os prisioneiros sabiam que tinha morrido por sua livre escolha, oferecendo a própria vida no lugar de outro companheiro de prisão. E com esta revelação especial do amor passou, através daquele inferno na terra, o sopro de uma bondade intrépida e indestrutível, uma espécie de sentido de salvação. Morreu um homem, mas a humanidade se salvou! Tão íntima é a relação entre o amor e a salvação!

(*Segno di contraddizione*, p. 61)

12

Toda a vida de Edith Stein foi caracterizada por uma busca incansável da verdade e iluminada pela graça da cruz de Cristo. Fez seu primeiro encontro com a realidade da cruz na pessoa de uma viúva muito religiosa de um seu companheiro de estudos, que, em vez de colocar em dúvida sua fé por causa da perda trágica de seu marido, tirava força e fé da cruz de Cristo. Escreveu mais tarde a respeito deste episódio: "Foi meu primeiro encontro com a cruz e com a força divina que liberta para aqueles que a encontram [...] houve um momento em que a minha descrença esteve em pedaços, [...] e Cristo começou a brilhar: Cristo no mistério da cruz". Sua vida e seu itinerário de cruz está intimamente ligado ao destino do povo judeu. Numa oração reconhece em Cristo salvador aquilo que ela sabia: "Que é sua cruz que agora é colocada sobre os ombros do povo judeu", e todos aqueles que compreenderam isto "deveriam estar prontos a tomá-la sobre os próprios ombros em nome de todos. Eu queria fazê-lo, ele devia somente me indicar o modo".

Ao mesmo tempo, ela tem a certeza interior de que Deus ouviu sua oração. Quanto mais repetidamente se viam as cruzes suásticas, tanto mais alta se erguia em sua vida a cruz de Jesus Cristo. Quando entrou para o convento das carmelitas em Colônia com o nome de irmã Teresa Benedita da Cruz, para participar ainda mais profundamente do mistério da cruz de Cristo, ela sabia que tinha se casado com o

Senhor no sinal da cruz. No dia de seus primeiros votos pareceu-lhe ser, como disse ela mesma, "como a esposa do Cordeiro". Estava convencida de que seu esposo celeste a haveria de conduzir no profundo mistério da cruz.

(*Homilia na beatificação de Teresa Benedita da Cruz*, n. 5, Colônia, 1º de maio de 1987)

13

Ave Maria, mulher pobre e humilde,
abençoada do Altíssimo!
Virgem da esperança, profecia
dos novos tempos,
nós nos associamos ao teu hino de louvor
para celebrar as misericórdias do Senhor,
para anunciar a vinda do Reino
e a libertação integral do homem.

Ave Maria, humilde serva do Senhor,
gloriosa Mãe de Cristo!
Virgem fiel, santa morada do Verbo,
ensina-nos a perseverar na escuta da Palavra,
a ser dóceis à voz do Espírito,

atentos aos seus apelos na intimidade da nossa
consciência e às suas manifestações
nos acontecimentos da história.

Ave Maria, mulher da dor,
Mãe dos viventes!
Virgem esposa junto da cruz, nova Eva,
sê nossa guia pelos caminhos do mundo,
ensina-nos a viver e a propagar
o amor de Cristo,
ensina-nos a permanecer contigo junto
das numerosas cruzes
nas quais teu Filho ainda é crucificado.

Ave Maria, mulher de fé,
primeira entre os discípulos!
Virgem, Mãe da Igreja, ajuda-nos a dizer
sempre a razão da esperança que nos anima,
tendo confiança na bondade do homem
e no amor do Pai.

Ensina-nos a construir o mundo
a partir do interior:
na profundidade do silêncio e da oração,
da alegria do amor fraterno,
na fecundidade insubstituível da Cruz.

Santa Maria, Mãe dos crentes,
Nossa Senhora de Lourdes,
intercede por nós.
Amém.

(*Oração na conclusão do rosário*,
Lourdes, 14 de agosto de 2004)

14

O Concílio Vaticano II, recordando na constituição dogmática sobre a Igreja o mistério da Assunção, chama a atenção sobre o privilégio da Imaculada Conceição: justamente porque "preservada imune de toda mancha de culpa original" (*Lumen gentium*, n. 59), Maria não podia permanecer como os outros homens no estado de morte até o fim do mundo. A ausência do pecado original e a santidade, perfeita desde o primeiro momento da existência, exigem para a Mãe de Deus a plena glorificação de sua alma e de seu corpo.

Olhando para o mistério da Assunção da Virgem é possível compreender o plano da Providência Divina relativo à humanidade: depois de Cristo, Verbo encarnado, Maria é a criatura humana que realiza por primeiro o ideal escatológico, antecipando a plenitude da felicidade, prometida aos eleitos mediante a ressurreição dos corpos.

Na Assunção da Virgem, podemos ver também a vontade divina de promover a mulher.

Em analogia com quanto havia acontecido na origem do gênero humano e da história da salvação, no projeto de Deus o ideal escatológico devia ser revelado não em um indivíduo, mas num casal. Por isso, na glória celeste, ao lado de Cristo ressuscitado, há uma mulher ressuscitada, Maria: o novo Adão e a nova Eva, primícias da ressurreição geral dos corpos de toda a humanidade.

A condição escatológica de Cristo e a de Maria não estão certamente colocadas no mesmo plano. Maria, nova Eva, recebeu de Cristo, novo Adão, a plenitude de graça e de glória celeste, tendo sido ressuscitada mediante o Espírito Santo pelo poder soberano do Filho.

(*Audiência geral*, nn. 3-4, 9 de julho de 1997)

15

Na esteira da bula *Munificentissimus Deus*, de meu venerado predecessor Pio XII, o Concílio Vaticano II afirma que a Imaculada Virgem, "terminado o curso de sua vida terrena, foi elevada à glória celeste em alma e corpo" (*Lumen gentium*, n. 9).

Os Padres conciliares quiseram reafirmar que Maria, diferentemente dos outros cristãos que morrem em graça de Deus, foi elevada à glória do paraíso também com seu corpo. Trata-se de uma crença milenar expressa também numa longa tradição iconográfica, que representa Maria no momento em que "entra" com seu corpo no céu.

O dogma da Assunção afirma que o corpo de Maria foi glorificado depois da morte. De fato, enquanto para os outros homens a ressurreição dos corpos acontecerá no fim do mundo, para Maria a glorificação de seu corpo foi antecipada por privilégio singular. [...].

A citada bula *Munificentissimus Deus*, fazendo referência à participação da mulher do Protoevangelho na luta contra a serpente e reconhecendo em Maria a nova Eva, apresenta a assunção como consequência da união de Maria à obra redentora de Cristo. Afirma a propósito: "consequentemente, como a ressurreição gloriosa de Cristo foi parte essencial e último troféu dessa vitória, também era preciso que o combate realizado pela Santa Virgem, unida a seu Filho, terminasse com a glorificação de seu corpo virginal...".

(*Audiência geral*, nn. 1 e 4, 2 de julho de 1997)

16

Nossa Senhora disse: "Meu espírito se alegra". Muitos grandes pensadores, criadores dos vários sistemas filosóficos, dissertaram sobre esta grande verdade. Mas a menina de Nazaré se expressou simplesmente: "Meu espírito se alegra em Deus". Eis a grande verdade. Somente em Deus a alma humana pode encontrar seu bem. Sua satisfação.

Não existe a alegria para o homem, senão em Deus. Vocês sabem bem que o homem que vai contra Deus se encontra no pecado, não se encontra na alegria. Pode alguma vez simular a alegria, saber se adaptar à má sorte, mas não pode alegrar-se no fundo da alma. A civilização que renega Deus se condena à profunda tristeza, à falta de sucesso. Podem, tanto o homem como a humanidade, desenvolver-se tecnicamente, também no campo interplanetário, mas todas essas conquistas não poderão nunca substituir aquilo que está dentro do mesmo homem. O espírito humano buscará sempre a última alegria, a tranquilidade, a serenidade, coisas que poderá encontrar somente em Deus.

Nossa Senhora, no dia de sua Assunção, nos indica a verdade sobre a alegria do espírito humano em Deus criador. E, de fato, o que significa "assunção" senão a última alegria, a conclusão de toda a vida terrena? "Meu espírito se alegra em Deus meu salvador", diz Maria a nós homens do século XX, que frequentemente, apesar de todas as conquistas, somos tristes e certas vezes próximos do desespero. Nossa Senhora o diz aos homens desta época que com um louco furor querem se separar de Deus, da fonte da alegria e do bem, em vez de se aproximarem dele, de buscar todos os caminhos que conduzem a ele no homem, na vida social, no trabalho, no lazer.

(Homilia na solenidade da Assunção de Maria, Ludzmiers, 15 de agosto de 1968)

17

É possível que Maria de Nazaré tenha experimentado em sua carne o drama da morte? Refletindo sobre o destino de Maria e sobre sua relação com o divino Filho, parece legítimo responder afirmativamente: desde o momento em que Cristo morreu, seria difícil afirmar o contrário para a Mãe.

É verdade que na revelação a morte é apresentada como castigo do pecado. No entanto, o fato de a Igreja proclamar Maria livre do pecado original por privilégio singular divino, não leva a concluir que ela tenha recebido também a imortalidade corporal. A Mãe não é superior ao Filho, que assumiu a morte, dando-lhe novo significado e transformando-a em instrumento de salvação.

Envolvida na obra redentora e associada à oferta salvadora de Cristo, Maria pode compartilhar o sofrimento e a morte em vista da redenção da humanidade. Também para ela vale o que Severo de Antioquia afirma a propósito de Cristo: "Sem uma morte preliminar, como poderia acontecer a ressurreição?" (Severo de Antioquia, *Antiiulianistica*, Beirute, 1931, 194s). Para ser participante da ressurreição de Cristo, Maria devia compartilhar, antes de tudo, sua morte.

(*Audiência geral*, nn. 2-3, 25 de junho de 1997)

18

O Novo Testamento não fornece nenhuma notícia sobre as circunstâncias da morte de Maria. Este silêncio induz a supor que ela tenha acontecido normalmente, sem qualquer particular digno de menção. Se não tivesse sido assim, como poderia a notícia permanecer escondida aos contemporâneos e não chegar, de alguma forma, até nós?

Quanto às causas da morte de Maria, não parecem fundadas as opiniões que lhe quereriam excluir causas naturais. Mais importante é a pesquisa da atitude espiritual da Virgem no momento de sua partida deste mundo. A este propósito, são Francisco de Sales considera que a morte de Maria tenha acontecido como efeito de um transporte de amor. Ele fala de um morrer "no amor, por causa do amor e por amor", chegando a afirmar que a Mãe de Deus morreu de amor pelo seu Filho Jesus (São Francisco de Sales, *Traité de l'Amour de Dieu*, 7, XIII-XIV).

Qualquer que tenha sido o fato orgânico e biológico que causou, sob o aspecto físico, a cessação da vida do corpo, pode-se dizer que a passagem desta para a outra vida foi para Maria um amadurecimento da graça na glória, tanto que nunca como naquele caso a morte pode ser concebida como uma "dormida".

(*Audiência geral*, n. 4, 25 de junho de 1997)

19

Dizem os psicólogos que a primeira causa que leva jovens e adultos à experiência deletéria da droga é a falta de motivações de vida claras e convincentes. De fato, a falta de pontos de referência, o vazio dos valores, a convicção de que nada tem sentido e que, portanto, não vale a pena viver, o sentimento trágico e desolado de ser viandantes desconhecidos num universo absurdo, pode levar alguns à procura de fugas exasperadas e desesperadas.

Já o escrevia a muito conhecida pensadora francesa Raïssa Maritain, narrando as experiências de sua juventude, no início do século, quando era estudante na Sorbonne de Paris e tinha perdido toda fé: "Tudo se tornava absurdo e inaceitável... A ausência de Deus despovoava o universo". Se devemos renunciar a encontrar um sentido qualquer para a palavra "verdade", para a distinção do bem e do mal, do justo e do injusto, não é mais possível viver humanamente. "Não queria saber sobre essa comédia" – diz a escritora. "Teria aceitado uma vida dolorosa, não uma vida absurda... Ou a justificação do mundo era possível, e ela não podia ser feita sem um conhecimento verdadeiro; ou a vida não valia a pena de um instante de atenção". E concluía com realismo dramático: "Esta angústia metafísica, que penetra nas fontes mesmas do desejo de viver, é capaz de se tornar um desespero total e de desembocar no suicídio" (*I grandi amici*, Vita e Pensiero Milano, 1955, pp. 73-75).

(*Homilia na missa para o Comitê italiano de solidariedade*
9 de agosto de 1980

20

São palavras que fazem pensar: os homens precisam da verdade; têm a necessidade absoluta de saber porque vivem, morrem, sofrem! Pois bem: vocês sabem que a "verdade" é Jesus Cristo! Ele mesmo o afirmou categoricamente: "Eu sou a verdade!" (Jo 14,6); "Eu sou a luz do mundo; quem me segue, não caminha nas trevas" (Jo 8,12). Amem, portanto, a verdade! Levem a verdade ao mundo! Testemunhem a verdade que é Jesus, com toda a doutrina revelada por ele mesmo e ensinada pela Igreja, divinamente assistida e inspirada. É a verdade que salva nossos jovens: a verdade toda, inteira, iluminadora e exigente como é! Não tenham medo da verdade e oponham somente e sempre Jesus Cristo aos muitos mestres do absurdo e da dúvida, que podem talvez fascinar, mas que depois, fatalmente, levam à destruição.

(*Homilia na missa para o Comitê italiano de solidariedade*, 9 de agosto de 1980)

21

O mundo moderno, com efeito, tem uma necessidade extrema de amizade, de compreensão, de amor, de caridade. Levem, portanto, com perseverança e com sensibilidade sua caridade, seu amor, sua ajuda! É a caridade que salva e se faz caminho para a verdade! Cada vez mais se compreende que o jovem, "preso nas espirais envenenadas da droga, tem necessidade essencial de se sentir amado e compreendido para se redimir e retomar o caminho normal de quem aceita a vida na perspectiva da eternidade". Mas, sobretudo, sejam os portadores e as testemunhas do amor e da misericórdia de Deus, o amigo que não trai e que continua a amar e a esperar com esperança confiante. Como são verdadeiras e comovedoras as palavras escritas por Santa Teresa do Menino Jesus em sua última doença: "Sim, estou sentindo: se eu tivesse na consciência todos os pecados que podem ser cometidos, lançar-me-ia igualmente nos braços de Jesus, com o coração partido de arrependimento, porque sei quanto ele ama o filho pródigo que retorna a ele" (*Manuscrito C*). Caríssimos! Eis a tarefa de vocês e seu convite: levem confiança e amor!

(*Homilia na missa para o Comitê italiano de solidariedade*
9 de agosto de 1980)

22 São Francisco está diante de nós também como exemplo de mansidão inalterável e de amor sincero em relação aos seres irracionais, que fazem parte do mundo criado. Nele ecoa aquela harmonia que é ilustrada com as palavras sugestivas das primeiras páginas da Bíblia: "Deus colocou o homem no jardim do Éden para cultivá-lo e o guardar" (Gn 2,15), e "apresentou" os animais "ao homem, para ver como os chamaria" (Gn 2,19).

Em São Francisco se entrevê quase uma antecipação daquela paz, delineada pela Sagrada Escritura, quando "o lobo será hóspede do cordeiro, o leopardo vai se deitar ao lado do cabrito, o bezerro e o leãozinho pastam juntos, uma criança pequena toca os dois" (Is 11,6).

Ele via o mundo criado com os olhos de quem sabe reconhecer nele a obra maravilhosa da mão de Deus. Sua voz, seu olhar, seus cuidados atenciosos, não somente para com os homens, mas também para com os animais e a natureza em geral, são um eco fiel do amor com o qual Deus pronunciou no início o *fiat* que os fez existir. Como não sentir vibrar ao cântico das criaturas alguma coisa da alegria transcendente de Deus criador, do qual foi escrito que "viu tudo quanto havia feito e achou que era muito bom" (Gn 1,31)? Não está talvez aqui a explicação do doce apelido de "irmão" e "irmã", com os quais o Pobrezinho se dirige a todo ser criado?

(*Discurso ao povo*, n. 5, Assis, 12 de março de 1982)

23

Hoje, a questão ecológica assumiu tais dimensões que envolve a responsabilidade de todos. Os vários aspectos dela, que ilustrei, indicam a necessidade de esforços concordes, com o objetivo de estabelecer os respectivos deveres e empenhos dos indivíduos, dos povos, dos Estados e da comunidade internacional. Isto não só caminha junto com as tentativas de construir a verdadeira paz, mas objetivamente os confirma e reforça. Inserindo a questão ecológica no contexto mais vasto da causa da paz na sociedade humana, percebemos melhor o quanto é importante prestar atenção naquilo que a terra e atmosfera nos revelam: no universo existe uma ordem que deve ser respeitada; a pessoa humana, dotada da possibilidade da livre escolha, tem uma grave responsabilidade pela conservação desta ordem, também em vista do bem-estar das gerações futuras. A crise ecológica – repito ainda – é um problema moral.

Também os homens e as mulheres que não têm convicções religiosas particulares, pelo sentido das próprias responsabilidades em relação ao bem comum, reconhecem seu dever de contribuir para o saneamento do ambiente. Com maior razão, aqueles que acreditam em Deus criador e, portanto, estão convencidos de que no mundo existe uma ordem bem definida e finalizada, devem se sentir chamados a se ocupar do problema. Os cristãos, em especial, percebem que suas tarefas dentro do mundo criado, seus deveres em relação à natureza e ao Criador são parte de sua fé. Eles, portanto, estão conscientes do vasto campo de cooperação ecumênica e inter-religiosa que se abre diante deles.

(*Mensagem para o 23º Dia Mundial da Paz*, n. 15,
8 de dezembro de 1989)

24

As riquezas da terra, tanto aquelas que aparecem em sua superfície como as que devemos procurar no seu interior, se tornam riquezas do homem somente a preço do trabalho humano. Esse trabalho é necessário – trabalho multiforme, do intelecto e das mãos – para que o homem possa realizar a magnífica missão que o Criador lhe confiou, missão que o livro do Gênesis expressa com as palavras: "Enchei a terra e submetei-a" (Gn 1,28). A terra é confiada ao homem e, através do trabalho, ele a domina. O trabalho é também a dimensão fundamental da existência do homem na terra. Para ele, o trabalho não tem somente um significado técnico, mas também ético. Pode-se dizer que o homem "submete" a si a terra quando ele mesmo, com seu comportamento, se torna seu senhor, não escravo, e ainda senhor e não escravo do trabalho.

O trabalho deve ajudar o homem a se tornar melhor, espiritualmente mais maduro, mais responsável, para que ele possa realizar sua vocação na terra, tanto como pessoa única como na comunidade com os outros, e, sobretudo, naquela comunidade humana fundamental que é a família. Unindo-se um ao outro, o homem e a mulher, justamente nessa comunidade, cujo caráter foi estabelecido desde os inícios pelo mesmo Criador, dão vida a novos homens. O trabalho deve tornar possível a esta comunidade humana encontrar os meios necessários para se formar e se manter.

(*Homilia na missa para os operários*, n. 2, Czestochowa, 6 de junho de 1979)

25 AGOSTO

A intenção fundamental e primordial de Deus em relação ao homem, que ele "criou... à sua semelhança, à sua imagem" (cf. Gn 1,26-27), não foi retratada nem cancelada, mesmo quando o homem, depois de ter infringido a aliança original com Deus, ouviu as palavras: "Comerás o pão com o suor de teu rosto" (Gn 3,19). Estas palavras se referem ao *cansaço às vezes pesado* que, desde então, acompanha o trabalho humano; porém, não mudam o fato de ele ser o caminho sobre o qual o homem realiza o *"domínio"*, que lhe é próprio, sobre o mundo visível, "submetendo" a terra. Esse cansaço é um fato universalmente conhecido, porque universalmente experimentado. [...] *Sabem-no todos os homens do trabalho* e, uma vez que é verdade que o trabalho é uma vocação universal, sabem-no todos os homens.

No entanto, com todo esse cansaço – e talvez, em certo sentido, por causa dele –, o trabalho é um bem do homem. Se esse bem comporta o sinal de um *bonum arduum*, segundo a terminologia de Santo Tomás (cf. *Summa Theologiae*, I-II, q. 40, a. 1, c.; I-II, q. 34, a. 2, ad 1), isto não exclui que, como tal, ele seja um bem do homem. E é não somente um bem "útil" ou "para ser usufruído", mas um bem "digno", isto é, correspondente à dignidade do homem, um bem que expressa

AGOSTO

essa dignidade e a aumenta. Querendo precisar melhor o significado ético do trabalho, deve-se ter diante dos olhos, antes de tudo, esta verdade. O trabalho é um bem do homem – é um bem de sua humanidade –, porque mediante o trabalho o homem não *somente transforma a natureza* adaptando-a às próprias necessidades, mas também *realiza a si mesmo* como homem e até, em certo sentido, "torna-se mais homem".

(*Laborem exercens*, n. 9)

26

O suor e o cansaço, que o trabalho necessariamente comporta na condição presente da humanidade, oferecem ao cristão e a todo homem, que é chamado a seguir Cristo, a possibilidade de participar no amor da obra que o Cristo veio realizar (cf. Jo 17,4). Essa obra de salvação aconteceu por meio do sofrimento e da morte de cruz. Suportando o cansaço do trabalho em união com Cristo crucificado por nós, o homem colabora, de algum modo, com o Filho de Deus na redenção da humanidade. Ele se mostra verdadeiro discípulo de Jesus, levando, por sua vez, a cruz de cada dia (cf. Lc 9,23) na atividade que é chamado a realizar. [...]

No trabalho humano, o cristão renova uma pequena parte da cruz de Cristo e a aceita no mesmo espírito de redenção, no qual o Cristo aceitou por nós sua cruz. No trabalho, graças à luz que da ressurreição de Cristo penetra em nós, encontramos sempre um *vislumbre* da vida nova, do *novo bem*, quase como um anúncio dos "novos céus e de uma terra nova" (cf. 2Pd 3,13; Ap 21,1), os quais justamente mediante o cansaço do trabalho são participados pelo homem e pelo mundo. Mediante o cansaço – e nunca sem ele. Isto confirma, por um lado, a indispensabilidade da cruz na espiritualidade do trabalho humano; por outro lado, porém, se revela nesta cruz e cansaço um bem novo, que toma iniciativa do mesmo trabalho: do trabalho entendido em profundidade e sob todos os aspectos – e nunca sem ele.

(*Laborem exercens*, n. 27)

27

São Paulo é profundamente consciente de que *Cristo é absolutamente original, que é único e irrepetível*. Se fosse somente um "sábio" como Sócrates, se fosse um "profeta" como Maomé, se fosse um "iluminado" como Buda, sem dúvida não seria aquilo que é. E é o único *mediador entre Deus e os homens*.

É mediador pelo fato de ser Deus homem. Leva em si o mundo íntimo da divindade, todo o mistério trinitário e, ao mesmo tempo, o mistério da vida no tempo e na imortalidade. É um homem verdadeiro. Nele o divino não se confunde com o humano. Permanece alguma coisa de essencialmente divino.

Mas Cristo, contemporaneamente, é tão humano! Graças a isto, *todo o mundo dos homens, toda a história da humanidade encontra nele sua expressão diante de Deus*. E não diante de um Deus distante, inatingível, mas diante de um Deus que está nele: antes, é ele mesmo. Isto não existe em nenhuma outra religião nem, muito menos, numa filosofia qualquer.

(Varcare la soglia della speranza, p. 47)

28

Cristo é irrepetível! Não fala somente, como *Maomé*, promulgando princípios de disciplina religiosa aos quais devem se ater todos os adoradores de Deus. Cristo não é nem mesmo simplesmente um sábio no sentido em que foi Sócrates, cuja livre aceitação da morte em nome da verdade tem, no entanto, traços de semelhança com o sacrifício da cruz.

Menos ainda ele é semelhante a Buda, com sua negação de todo o criado. Buda tem razão quando não vê a possibilidade da salvação do homem na criação, mas está errado quando por esse motivo rejeita a todo o criado qualquer valor para o homem. Cristo não faz isto e não pode fazê-lo, porque é *testemunha eterna do Pai e daquele amor que o Pai tem por sua criatura desde o início*. O Criador, desde o início, vê um múltiplo bem na criação, e o vê especialmente no homem formado à sua imagem e semelhança: vê tal bem, em certo sentido, através do Filho encarnado. Vê-o como uma tarefa para seu Filho e para todas as criaturas racionais. Levando-nos até ao limite da visão divina, poderemos dizer que Deus vê este bem de modo especial através da paixão e morte do Filho. Este bem será confirmado pela ressurreição que, de fato, é o princípio de uma criação nova, do reencontro em Deus de toda a criação, do destino definitivo de todas as criaturas. E esse destino se expressa no fato de Deus ser "tudo em todos" (1Cor 15,28).

Sim, é preciso não se cansar de repeti-lo. Apesar de alguns aspectos convergentes, Cristo não se assemelha nem a Maomé, nem a Sócrates, nem a Buda. *É absolutamente original e irrepetível*.

(Varcare la soglia della speranza, pp. 47-49)

29

No pensamento contemporâneo existe uma grande tensão entre a negação e a afirmação de Deus. Quando falamos do "pensamento contemporâneo", consideramos sua "objetivação" nos sistemas filosóficos e na reflexão metafísica. Agora é preciso dar um passo adiante e perguntar-nos: como a verdade de Deus está inscrita na alma do homem comum, não filósofo? Esta pergunta volta frequentemente nas pesquisas de tipo sociológico. As respostas habitualmente demonstram que esta verdade religiosa fundamental conserva ainda o direito de cidadania e no âmbito das suas persuasões mais íntimas.

É característico que esta verdade religiosa fundamental sobreviva nas condições de uma negação de Deus sistemática e programada. Não esquecerei nunca a impressão que me deixou um soldado russo em 1945. A guerra tinha apenas terminado. Um militar bateu na porta do seminário de Cracóvia. À minha pergunta: "O que você quer?", ele respondeu que desejava entrar para o seminário. Nossa conversa se prolongou por longo tempo. Mesmo não tendo entrado para o seminário (tinha, de resto, ideias muito confusas a respeito da realidade do mesmo seminário), eu pessoalmente tirei de nosso encontro uma grande verdade: como Deus consegue maravilhosamente penetrar na mente humana, mesmo nas condições extremamente desfavoráveis de sua negação sistemática. Meu interlocutor, em sua vida adulta, não havia quase nunca entrado em uma igreja. Na escola, e depois no trabalho, tinha ouvido continuamente afirmar: "Deus não existe!". E apesar de tudo isto, repetia: "Mas eu sabia sempre que Deus existe... e agora queria aprender alguma coisa sobre ele...".

(*Segno di contraddizione*, pp. 23-24)

30

O homem supera a si mesmo, o homem deve superar a si mesmo. O drama do humanismo ateu – assim perspicazmente analisado pelo Padre De Lubac (*Athéisme et sens de l'homme*, Paris, 1969) – consiste em espoliar o homem deste seu caráter transcendental, na destruição de seu significado pessoal definitivo. O homem supera a si mesmo tendendo para

Deus e assim supera também os limites que lhe são impostos pelas criaturas, pelo espaço e pelo tempo, pela sua contingência. A transcendência da pessoa está ligada intimamente com a referência àquele que constitui a base fundamental de todos os nossos juízos sobre o ser, sobre o bem, sobre a verdade e sobre a beleza. Está ligada com a referência àquele que é também totalmente outro, porque infinito.

O homem possui o conceito da infinidade. Emprega-o em seu trabalho científico, por exemplo, na matemática. A infinidade encontra, portanto nele, em sua inteligência, o espaço adequado para aceitar aquele que é infinito, Deus da imensa majestade, aquele a quem a Sagrada Escritura e a Igreja dão testemunho dizendo: "Santo, santo, santo, Deus do universo. Os céus e a terra estão cheios de tua Glória!". Este Deus, em seu silêncio, professa o trapista ou então o camaldulense. A ele se dirige o beduíno no deserto, quando chega a hora da oração. E talvez também o budista concentrado em sua contemplação, que purifica seu pensamento preparando o caminho para o nirvana. Deus em sua transcendência absoluta, Deus que transcende absolutamente toda a criação, tudo aquilo que é visível e compreensível.

(Segno di contraddizione, pp. 24-25)

31 AGOSTO

Deus veio até aqui,
parou a um passo do nada,
muito perto de nossos olhos.
E apareceu aos corações abertos,
e apareceu aos corações simples,
desaparecido na sombra das espigas.
E quando pelos ávidos discípulos
foram debulhadas as espigas,
ele no campo ainda mais imergiu.
– Descubram, queridos, eu lhes peço,
este meu esconderijo.
Onde me escondi, lá permaneço.
Digam, jovens espigas, não sabem
onde ele se escondeu?
Onde procurá-lo – digam-nos, espigas,
onde procurá-lo, em vossa abundância?
Havia Deus, no coração, havia o universo,
mas o universo se escurecia
e se tornava, aos poucos, canto de seu intelecto,
tornava-se a estrela mais baixa.
Ó mestres da Élade, eu lhes narro
um grande milagre:
não importa vigiar sobre o ser
que escapa pelos dedos,
há a beleza real,
oculta sob o Sangue vivo.

AGOSTO

O fragmento de pão mais real do universo
mais cheio de Ser, cheio de Verbo
– o canto que submerge como um mar
– o turbilhão do sol
– o exílio de Deus.

(Canto del Dio nascoto. I.
Rive piene di silenzio, nn. 12-13.
In: *Opere letterarie*, pp. 58-59)

SETEMBRO

SETEMBRO

1

SETEMBRO

Estou muito feliz por este encontro e os saúdo cordialmente, caros participantes no congresso internacional "Movimentos na Igreja".

Como vocês sabem, a Igreja mesma é "um movimento". E, sobretudo, é um mistério: o mistério do "Amor" eterno do Pai, de seu coração paterno, do qual têm início a missão do Filho e a missão do Espírito Santo. A Igreja nascida desta missão se encontra *in statu missionis*. Ela é um "movimento" que penetra nos corações e nas consciências. É um "movimento" que se inscreve na história do homem pessoa e das comunidades humanas.

Os "movimentos" na Igreja devem espelhar em si o mistério daquele "Amor", do qual ela nasceu e nasce continuamente. Os vários "movimentos" devem viver a plenitude da vida transmitida ao homem como dom do Pai em Jesus Cristo por obra do Espírito Santo. Devem realizar em toda plenitude possível a missão sacerdotal, profética e real de Cristo, a qual é participada por todo o povo de Deus.

Os "movimentos" no seio da Igreja, povo de Deus, expressam aquele múltiplo movimento que é a resposta do homem à revelação, ao Evangelho:

- o movimento para o mesmo Deus vivo, que tanto se aproximou do homem;

- o movimento para o próprio íntimo, para a própria consciência e para o próprio coração, que, no encontro com Deus, descobre a profundidade que lhe é própria;
- o movimento para os homens, nossos irmãos e irmãs, que Cristo coloca no caminho de nossa vida;
- o movimento para o mundo, que espera incessantemente em si "a revelação dos filhos de Deus" (Rm 8,19).

A dimensão substancial do movimento em cada uma das direções supramencionadas é o amor: "o amor de Deus foi derramado em nossos corações por meio do Espírito Santo que nos foi dado" (Rm 5,5).

(Homilia na missa do
Congresso "Movimentos na Igreja", nn. 1-3,
Castel Gandolfo, 27 de setembro de 1981)

2

O que se entende hoje por "movimento"? O termo é frequentemente referido a realidades diversas entre si, às vezes, até por configuração canônica. Se, de um lado, ela não pode certamente esgotar nem fixar a riqueza das formas suscitadas pela criatividade vivificadora do Espírito de Cristo, de outro, está, porém, indicando uma realidade eclesial concreta para participação prevalentemente leiga, um itinerário de fé e de testemunho cristão que fundamenta o próprio método pedagógico num carisma preciso doado à pessoa do fundador em circunstâncias e modos determinados.

A originalidade própria do carisma que dá vida a um movimento não pretende, nem poderia, acrescentar alguma coisa à riqueza do *depositum fidei*, guardado pela Igreja com fidelidade apaixonada. Ela, porém, constitui um apoio poderoso, um chamado sugestivo e convincente a viver plenamente, com inteligência e criatividade, a experiência cristã. Nisto está o pressuposto para encontrar respostas adequadas aos desafios e às urgências dos tempos e das circunstâncias históricas sempre diversas.

Nessa luz, os carismas reconhecidos pela Igreja representam caminhos para aprofundar o conhecimento de Cristo e para se doar mais generosamente a ele, enraizando-se, ao mesmo tempo, cada vez mais na comunhão com todo o povo cristão. Eles merecem, por isso, atenção por parte de todo membro da comunidade eclesial, começando pelos pastores, aos quais é confiado o cuidado das igrejas particulares, em comunhão com o vigário de Cristo. Os movimentos podem assim oferecer uma contribuição preciosa à dinâmica vital da única Igreja, fundada sobre Pedro, nas diversas situações locais, sobretudo naquelas regiões onde a *implantatio Ecclesiae* está ainda nos inícios ou submetida a não poucas dificuldades.

(Mensagem no congresso
mundial dos movimentos eclesiais, n. 4,
27 de maio de 1998)

3 Devemos perguntar-nos se ciência e religião contribuirão para a integração da cultura humana mais que para sua fragmentação. É uma opção obrigatória que diz respeito a todos nós. De fato, uma posição de simples neutralidade não é mais aceitável. [...] A Igreja não propõe que a ciência se torne religião ou a religião se torne ciência. Ao contrário, a unidade pressupõe sempre a diversidade e a integridade de seus elementos. No intercâmbio dinâmico cada um desses elementos deveria tender a se tornar cada vez mais ele mesmo e não menos ele mesmo, pois a unidade na qual um dos elementos é absorvido pelo outro é falsa em suas promessas de harmonia e destruidora da integridade de seus componentes. É-nos

pedido que nos fundamentemos na unidade, não que nos transformemos uns nos outros.

Para sermos mais claros, tanto a religião como a ciência devem conservar sua autonomia e sua distinção. A religião não se fundamenta na ciência nem a ciência é uma extensão da religião. Cada uma tem seus princípios, seu modo de proceder, suas diferentes interpretações e as próprias conclusões. O Cristianismo tem em si mesmo a fonte da sua justificação e não pretende fazer apologia apoiando-se primariamente na ciência. A ciência deve dar testemunho para si mesma. Enquanto religião e ciência podem e devem cada uma apoiar a outra como dimensões distintas da comum cultura humana, nenhuma das duas deveria pretender ser o pressuposto necessário para a outra. Hoje, temos uma oportunidade sem precedentes de estabelecer uma relação interativa comum na qual toda disciplina conserva a própria integridade mesmo permanecendo radicalmente aberta às descobertas e intuições da outra.

(*Carta ao diretor do Observatório Vaticano*,
1º de junho de 1988)

4

O que, antes de tudo, vos caracteriza é que vós sois pesquisadores. Aquilo que vos reúne, pesquisadores e técnicos, é a vossa competência a serviço de uma causa totalmente desinteressada: a pesquisa pura, com o único escopo de fazer avançar o conhecimento científico. Vós o fazeis graças aos instrumentos de alta qualidade que estão à vossa inteira disposição, especialmente os aceleradores de partículas e os anéis de estocagem e intersecções; mas aquilo que vos guia é a paixão da descoberta. [...]

Mas me demoro um pouco sobre o que forma a especificidade de vossa pesquisa: ela explora cada vez mais profundamente a *estrutura íntima da matéria*, portanto, aquilo que se pode chamar "o infinitamente pequeno", no limite daquilo que é mensurável no microcosmo, átomos, elétrons, núcleo, prótons, *quarks*... Em suma, são os segredos da matéria, de sua composição e de sua energia fundamental que vós procurais decifrar. Por isso, todos os ambientes científicos, e também todo o mundo cultural que ama refletir sobre esses problemas e, pode-se dizer, todos os homens, estão interessados ou pelo menos solicitados, porque se descobre uma parte de seu mistério.

Digo "uma parte". Porque diante da imensidão e da complexidade das coisas ainda por descobrir neste campo, vós sois, como verdadeiros cientistas, cheios de humildade. Existem componentes elementares e indivisíveis da matéria? Quais são as forças que agem entre elas? É como se estas perguntas recuassem à medida que vós avançais.

E, sobretudo, surgem outras perguntas mais fundamentais ainda para o conhecimento, e que estão nos limites das "ciências exatas", das ciências da natureza, ou melhor, já além, no campo filosófico. Também a vossa ciência permite fazê-las melhor aos filósofos e aos crentes: qual é a origem do cosmos? E por que encontramos a ordem na natureza?

(*Discurso no Centro Europeu para a Pesquisa Nuclear*, nn. 2 e 4-5, Genebra, 15 de junho de 1982)

5 Aquilo que emerge deste último período da história da filosofia é, portanto, a constatação de uma separação progressiva entre a fé e a razão filosófica. É bem verdade que, para uma observação atenta, também na reflexão filosófica daqueles que contribuíram para alargar a distância entre fé e razão se manifestam às vezes germes

preciosos de pensamento, os quais, se aprofundados e desenvolvidos com retidão de mente e de coração, podem fazer descobrir o caminho da verdade. Esses germes de pensamento são encontrados, por exemplo, nas análises aprofundadas sobre a percepção e a experiência, sobre o imaginário e o inconsciente, sobre a personalidade e intersubjetividade, sobre a liberdade e os valores, sobre o tempo e a história. Também o tema da morte pode tornar-se um severo apelo, para todo pensador, a procurar dentro de si o sentido autêntico da própria existência. Isto, no entanto, não exclui que a relação atual entre fé e razão exija um esforço atento de discernimento, porque tanto a razão como a fé se empobreceram e se tornaram fracas uma diante da outra. A razão, privada da contribuição da revelação, percorreu caminhos laterais que correm o risco de fazê-las perder de vista sua meta final. A fé, privada da razão, sublinhou o sentimento e a experiência, correndo o risco de não ser mais uma proposta universal. É ilusório pensar que a fé, diante de uma razão fraca, tenha maior incisividade; ela, ao contrário, cai no grave perigo de ser reduzida a mito ou superstição. Na mesma medida, uma razão que não tenha diante de si uma fé adulta não é provocada a dirigir o olhar sobre a novidade e radicalidade do ser.

(*Fides et ratio*, n. 48)

6 Não é possível compreender o homem partindo unilateralmente do setor da economia, nem é possível defini-lo simplesmente com base na pertença de classe. O homem é compreendido de modo mais exaustivo se é enquadrado na esfera da cultura através da linguagem, da história e das posições que ele assume diante dos acontecimentos fundamentais da existência, como o nascer, o amar, o trabalhar, o morrer. No centro de toda cultura está a atitude que o homem assume diante do mistério maior: o mistério de Deus. As culturas das diversas nações são, no fundo, outros tantos modos de enfrentar a pergunta sobre o sentido da existência pessoal: quando esta pergunta é eliminada, corrompem-se a cultura e a vida moral das nações.

(*Centesimus annus*, n. 24)

7 *Genus humanum arte et ratione vivit* (cf. Santo Tomás, In: *Aristotelis "Post. Analyt."*, 1). Estas palavras de um dos maiores gênios do Cristianismo, que foi ao mesmo tempo um continuador fecundo do pensamento antigo, levam para além do círculo e do significado contemporâneo da cultura ocidental tanto mediterrânea como atlântica. Elas têm um significado que se aplica ao conjunto da humanidade na qual se encontram as diversas tradições que constituem sua herança espiritual e as diversas épocas de sua cultura. O significado essencial da cultura consiste, segundo estas palavras de Santo Tomás de Aquino, no fato de ela ser uma característica da vida humana como tal. O homem vive uma vida verdadeiramente humana graças à cultura. A vida humana é cultura no sentido que o homem se distingue e se diferencia através dela de tudo o que existe com outra origem no mundo visível: o homem não pode prescindir da cultura. A cultura é um modo específico do "existir" e do "ser" do homem. O homem vive sempre segundo uma cultura que lhe é própria e que, por sua vez, cria entre os homens um liame que também lhes é próprio, determinando o caráter inter--humano e social da existência humana, se enraíza ao mesmo tempo a pluralidade das culturas no meio das quais o homem vive. Nessa pluralidade, o homem se desenvolve sem perder, todavia, o contato essencial com a unidade da cultura enquanto dimensão fundamental e essencial de sua existência e de seu ser.

(*Discurso na Unesco*, n. 6, Paris, 2 de junho de 1980)

8. A cultura é aquilo pelo qual o homem enquanto homem se torna mais homem, "é" mais, tem mais acesso ao "ser". Nisto se fundamenta também a distinção capital entre aquilo que o homem é e aquilo que tem, entre o ser e o ter. A cultura situa-se sempre em relação essencial e necessária com aquilo que é o homem, ao passo que sua relação com aquilo que tem, com o seu "ter", é não somente secundária, mas absolutamente relativa. Todo o "ter" do homem não é importante para a cultura, não é um fator criador da cultura, senão na medida em que o homem, com a mediação de seu "ter", pode ao mesmo tempo "ser" mais plenamente como homem em todas as dimensões de sua existência, em tudo aquilo que caracteriza sua humanidade. A experiência das diversas épocas, sem excluir a presente, demonstra que se pensa na cultura e que se fala dela, antes de tudo, em relação à natureza do homem e somente secundária e indiretamente em relação ao mundo de suas produções. Isto não tira nada do fato de que nós julgamos o fenômeno da cultura a partir daquilo que o homem produz, ou de que nós tiramos disso, ao mesmo tempo, conclusões sobre o homem. Esta abordagem – modo típico de processo de conhecimento *a posteriori* – contém em si a possibilidade de remontar, em sentido oposto, às

dependências ôntico-causais. O homem, e somente o homem, é "autor" ou "artífice" da cultura; o homem, e somente o homem, se expressa nela e nela encontra seu próprio equilíbrio.

(*Discurso na Unesco*, n. 7,
Paris, 2 de junho de 1980)

9 Para criar a cultura, é preciso considerar, até as últimas consequências e integralmente, o homem como um valor particular e autônomo, como o sujeito portador da transcendência da pessoa. É preciso afirmar o homem por si mesmo e não por algum outro motivo ou razão: unicamente por si mesmo! Ainda mais, é preciso amar o homem porque é homem, é preciso reivindicar o amor para o homem em razão da dignidade particular que ele possui. O conjunto das afirmações concernentes ao homem pertence à substância mesma da mensagem de Cristo e da missão da Igreja, apesar de tudo aquilo que os espíritos críticos puderam declarar sobre a matéria, e tudo aquilo que puderam fazer as diversas correntes opostas à religião em geral e ao Cristianismo em particular.

No coração da história, nós já fomos mais de uma vez, e ainda, testemunhas de um processo, de um fenômeno muito significativo. Onde foram suprimidas as instituições religiosas, onde as ideias e as obras nascidas da inspiração religiosa e, em especial, da inspiração cristã, foram privadas do seu direito de cidadania, os homens encontram novamente esses mesmos dados fora dos caminhos institucionais, com o confronto que se realiza, na verdade e no esforço interior, entre aquilo que constitui sua humanidade e aquilo que está contido na mensagem cristã.

Senhoras e senhores, queiram me perdoar esta afirmação. Propondo-a, não quis ofender absolutamente ninguém. Peço-lhes compreender que, em nome daquilo que sou, não podia abster-me de dar este testemunho. Ele traz também em si esta verdade – que não pode ser passada em silêncio – sobre a cultura, quando se busca nela tudo aquilo que é humano, aquilo em que o homem se exprime ou mediante o qual quer ser o sujeito da própria existência.

(*Discurso na Unesco*, n. 10, Paris, 2 de junho de 1980)

10

A relação que existe entre a liberdade do homem e a lei de Deus tem sua sede viva no "coração" da pessoa, ou seja, em sua *consciência moral*: "Na intimidade da consciência – escreve o Concílio Vaticano II – o homem descobre uma lei. Ele não a dá a si mesmo. Mas a ela deve obedecer. Chamando-o sempre a amar e fazer o bem e a evitar o mal, no momento oportuno a voz desta lei lhe soa nos ouvidos do coração: faze isto, evita aquilo. De fato, o homem tem uma lei escrita por Deus em seu coração. Obedecer a ela é a própria dignidade do homem que será julgado de acordo com esta lei (cf. Rm 2,14-16)" (*Gaudium et spes*, n. 16). [...]

O mesmo texto da Carta aos Romanos, que nos fez entender a essência da lei natural, indica também o *sentido bíblico da consciência, especialmente em sua ligação específica com a lei*: "Quando os pagãos, embora não tenham a lei, cumprem o que a lei prescreve, guiados pelo bom senso natural, esses que não têm a lei tornam-se lei para si mesmos. Por sua maneira de proceder, mostram que a lei está inscrita em seus corações: disso dão testemunho igualmente sua consciência e os juízos éticos de acusação e defesa que fazem uns dos outros" (Rm 2,14-15).

Segundo as palavras de São Paulo, a consciência em certo sentido, coloca o homem diante da lei tornando ela mesma "testemunha" para o homem testemunha de sua fidelidade em relação à lei, ou seja de sua retidão essencial ou perversidade moral. A consciência é a *única* testemunha: aquilo que acontece no íntimo da pessoa está oculto aos olhos de alguém do exterior. Ela dirige seu testemunho somente para a mesma pessoa. E, por sua vez, somente a pessoa conhece a própria resposta à voz da consciência.

(*Veritatis splendor*, nn. 54 e 57)

11

Não se apreciará nunca adequadamente a importância deste *diálogo íntimo do homem consigo mesmo*. Mas, na realidade, este é o *diálogo do homem com Deus*, autor da lei, primeiro modelo e fim último do homem. "A consciência – escreve São Boaventura – é como o arauto de Deus e o mensageiro, e aquilo que diz não o diz por si mesma, mas o diz como proveniente de Deus, à maneira de um arauto quando proclama o édito do rei. E disto deriva o fato de que a consciência tem a força de obrigar" (In: II *Librum sentent.*, dist. 39, a. 1, q. 3, concl.: Ed. Ad Claras Aquas, II, 907b).

Pode-se dizer, portanto, que a consciência dá o testemunho da retidão ou da perversidade do homem para o mesmo homem, mas ao mesmo tempo, ou melhor, ainda antes, ela é testemunho do mesmo Deus, cuja voz e cujo juízo penetram no íntimo do homem até às raízes de sua alma, chamando-o *fortiter et suaviter* à obediência: "A consciência moral não fecha o homem dentro de uma insuperável e impenetrável solidão, mas o abre para o chamado, para a voz de Deus. Nisto, não em outra coisa, está todo o mistério e a dignidade da consciência moral: isto é, em ser o lugar, o espaço santo no qual Deus fala ao homem" (*Discurso na audiência geral*, 17 de agosto de 1983, n. 2).

(*Veritatis splendor*, n. 58)

12

São Paulo não se limita a reconhecer que a consciência serve de "testemunha", mas revela também o modo com o qual ela exerce semelhante função. Trata-se de "raciocínios", que acusam ou defendem os pagãos em relação aos seus comportamentos (cf. Rm 2,15). O termo "raciocínios" traz à luz o caráter próprio da consciência, o de ser um juízo moral sobre o homem e sobre seus atos: é um juízo de absolvição ou de condenação na medida em que os atos são conformes ou disformes à lei de Deus escrita no coração. E justamente sobre o juízo dos atos e, ao mesmo tempo, de seu autor e do momento de sua realização definitiva, o apóstolo fala no mesmo texto: "é o que se verá no dia em que Deus vai julgar os segredos dos homens por meio de Jesus Cristo, segundo o meu Evangelho" (Rm 2,16).

O juízo da consciência é um *juízo prático*, ou seja, um juízo que intima o que o homem deve fazer ou não fazer, ou então que avalia um ato por ele já realizado. É um juízo que aplica a uma situação concreta a convicção racional que se deve amar e fazer o bem e evitar o mal. Este primeiro princípio da razão prática pertence à lei natural, ou melhor, constitui seu fundamento mesmo, enquanto expressa aquela luz original sobre o bem e sobre o mal, reflexo da sabedoria criadora de Deus, que, como uma centelha indestrutível (*scintilla animae*), brilha no coração de todo homem. Enquanto, porém, a lei natural traz à luz as exigências objetivas e universais do bem moral, a consciência é a aplicação da lei ao caso particular, a qual se torna assim para o homem um ditame interior, um chamado a realizar o bem na concretude da situação. A consciência formula assim a obrigação moral à luz da lei natural: é a obrigação de fazer aquilo que o homem, mediante o ato de sua consciência, conhece como um bem que lhe é entregue *aqui e agora*.

(*Veritatis splendor*, n. 59)

13

"Reconheço a minha iniquidade e o meu pecado está sempre diante de mim" (Sl 51[50],5).

Muitas gerações caminharam pelos traços indicados nas palavras deste salmo. Muitas pessoas foram ajudadas por este maravilhoso escrito da verdade interior da consciência, para penetrar o próprio íntimo. Foram ajudadas a chamar com seu verdadeiro nome o mal, que está no homem e cuja causa é o homem.

O exame de consciência é sempre uma releitura da verdade mais profunda sobre si, que nunca deve ser cancelada. A grandeza do homem está nesta verdade. A dignidade da pessoa exige que o homem saiba chamá-la pelo nome, que não a falsifique.

E quando o homem – junto com o salmista – confessa: "meu pecado está sempre diante de mim" reconhece, ao mesmo tempo, que a força mesma da verdade interior lhe ordena que caminhe adiante, diga: "Contra ti pequei".

O pecado é contra Deus. É contra sua vontade e sua santidade. Não está de acordo com ela e ofende a Deus. E, ao mesmo tempo, é um drama que se desenvolve entre Deus e o homem. O pecado não é indiferente a Deus. Já o primeiro homem se convenceu disto, como atesta a narração do livro do Gênesis. E se convenceram disto sempre as novas gerações dos filhos e das filhas de Adão.

O homem pode tentar tornar-se "indiferente" em relação ao pecado. Pode procurar "neutralizar" o pecado como frequentemente constatamos que acontece no mundo contemporâneo. Todavia, o pecado não se tornará nunca "indiferente" a Deus. Deus é "sensível" ao pecado, até a cruz do próprio Filho, no Gólgota.

(*Angelus*, nn. 1-2, 23 de fevereiro de 1986)

14

A cruz ilumina nossa vida não somente nos momentos de tensão extrema, mas momento por momento. E proclama o valor do trabalho do homem, curvado sob o peso do cansaço.

A *cruz* nos diz que, trabalhando, o homem não é, não pode ser, um simples instrumento, mas permanece uma pessoa. O homem não é feito para o trabalho: é o trabalho que está a serviço do homem...

O homem não trabalha somente para *produzir*, mas para afirmar a própria *dignidade de homem*.

O trabalho, iluminado pelo *mistério da cruz*, ilumina e justifica o trabalho do homem. É assim que ele cria e modela a cultura, a técnica, a indústria de *amanhã*.

Não queremos que o homem ceda às pressões das estruturas materiais.

Não queremos que o homem sucumba ao materialismo da vida atual.

Queremos estar em condição de avaliar, em todas as suas dimensões, a grandeza de nossa dignidade humana.

Para chegar a isto, não há outro meio senão o *mistério da cruz*.

A árvore estende seus ramos, o mistério da cruz se desdobra...

A *vida* morre na cruz para que de sua morte *jorre* a vida.

A cruz é uma lição de amor: não cairá aquele que souber aprendê-la.

Não, não cairá! E se cair, se levanta, custe o que custar, porque na cruz está a força que *pode elevar o homem a qualquer preço*...

Hoje, mais que nunca, *a cruz tem direitos privilegiados*, porque hoje, somente com ela, o homem pode se levantar, custe o que custar...

(O cântico da cruz. In: *Giovanni Paolo II.*
"Tutto a tutti", pp. 115-116)

15

"Quem não toma sua cruz e não me segue, não é digno de mim" (Mt 10,38). Simão Cirineu, no entanto, não quis tomar a cruz junto com Jesus. Não quis ser "digno": não discerne nenhum tipo de dignidade no levar a cruz junto com um homem condenado à morte de cruz. É obrigado pelos soldados da escolta (cf. Mt 27,32). Leva a cruz por obrigação.

Quão facilmente cada um de nós pode reconhecer-se neste Simão! O homem foge da cruz. Não quer ter "uma pequena parte" no sofrimento. Não quer provar as humilhações.

Era necessário o caminho da cruz, a fim de que Jesus de Nazaré pudesse anunciar até o fim o Evangelho do sofrimento. Simão de Cirene, seja solidário com o homem que sofre! Ajude-o! Mude a obrigação externa com a necessidade interior do coração. Compadeça-se.

Pode acontecer que gradualmente se descubra a verdade diante dos olhos de sua alma. Talvez gradualmente você se torne "digno" daquele, junto do qual você leva a cruz.

(*Via-Sacra no Coliseu*, 20 de abril de 1984)

16

Podia Deus, dizemos, justificar-se diante da história do homem, tão carregada de sofrimento, diversamente de colocar no centro dessa história justamente a cruz de Cristo?

Obviamente, uma resposta poderia ser que Deus não precisa se justificar diante do homem. É suficiente que seja onipotente. Nesta perspectiva, tudo aquilo que faz ou que permite deve ser aceito. Esta é a posição do bíblico Jó. Mas Deus, que, além de ser Onipotência é Sabedoria e – repetimo-lo mais uma vez – Amor, deseja, por assim dizer, justificar-se diante da história do homem. Não é o Absoluto que está fora do mundo, e ao qual, portanto é indiferente o sofrimento humano. É o Emanuel, o Deus-Conosco, um Deus que compartilha a sorte do homem e participa de seu destino. Aqui vem à luz outra insuficiência exatamente a falsidade daquela imagem de Deus que o Iluminismo aceitou sem objeções. Em relação ao Evangelho, ele constituiu certamente um passo atrás, não na direção de um conhecimento melhor de Deus e do mundo, mas na direção de sua incompreensão.

(*Varcare la soglia della speranza*, p. 68)

17

Não, absolutamente não! Deus não é alguém que está somente fora do mundo, contente por ser em si mesmo o mais sábio e onipotente. *Sua sabedoria e onipotência se colocam, por livre escolha, a serviço da criatura.* Se na história humana está presente o sofrimento, compreende-se porque sua onipotência se manifestou *com a onipotência da humilhação mediante a cruz*. O escândalo da Cruz permanece chave de interpretação do grande mistério do sofrimento, que pertence tão organicamente à história do homem.

Nisto concordam até os críticos contemporâneos do Cristianismo. Também eles veem que o Cristo crucificado é uma prova da solidariedade de Deus com o homem sofredor. Deus se coloca do lado do homem. E o faz radicalmente: "assumindo a condição de servo... humilhou-se, fazendo-se obediente até a morte, e morte de cruz" (Fl 2,7-8).

(*Varcare lasoglia della speranza*, pp. 68-69)

18

A sagrada liturgia, que a constituição *Sacrosanctum concilium* qualifica como o vértice da vida eclesial, não pode nunca ser reduzida a simples realidade estética, nem pode ser considerada um instrumento com finalidades meramente pedagógicas ou ecumênicas. A celebração dos santos mistérios é, antes de tudo, ação de louvor à majestade soberana de Deus, uno e trino, e expressão querida pelo mesmo Deus. Com ela o homem, pessoal e comunitariamente, se apresenta diante dele para dar-lhe graças, consciente de que seu ser não pode encontrar plenitude sem louvá-lo e sem cumprir sua vontade, na busca constante do Reino que já está presente, mas que virá definitivamente no dia da parúsia do Senhor Jesus. A liturgia e a vida são realidades indissociáveis. Uma liturgia que não tivesse um reflexo na vida tornar-se-ia vazia e certamente não agradável a Deus.

A celebração litúrgica é um ato da virtude de religião que, coerentemente com sua natureza, deve caracterizar-se por um sentido profundo do sagrado. Nela o homem e a comunidade devem estar conscientes de se encontrarem de modo especial diante daquele que é três vezes santo e transcendente. Consequentemente, a atitude exigida não pode senão ser permeada pela reverência e pelo sentido do estupor que brota do saber-se na presença da majestade de Deus. Talvez Deus não quisesse expressar isto quando ordenou a Moisés que tirasse as sandálias diante da sarça ardente? Não nascia talvez desta consciência a atitude de Moisés e de Elias que não ousaram olhar Deus *face a face*?

(Mensagem na assembleia da Congregação para o culto divino e a disciplina dos Sacramentos, nn. 2-3, 21 de setembro de 2001)

19 O primeiro princípio [da constituição *Sacrosanctum concilium*] é a atualização do mistério pascal de Cristo na liturgia da Igreja, porque "é do lado de Cristo dormindo na cruz que nasceu o admirável sacramento de toda a Igreja" (*Sacrosanctum concilium*, n. 5; *Missal Romano, Vigília pascal*, Oração depois da VII leitura). Toda a vida litúrgica gravita em torno do sacrifício eucarístico e dos outros sacramentos, onde bebemos nas fontes vivas da salvação (cf. Is 12,3; cf. *Sacrosanctum concilium*, nn. 5-6, 61, 102, 106-107).

Devemos, por isso, ter suficiente consciência de que pelo "mistério pascal do Cristo fomos sepultados juntos com ele na morte, para ressurgir com ele para a vida nova" (*Missal Romano*, Vigília Pascal, Renovação das promessas do Batismo). Quando os fiéis participam na Eucaristia, eles devem compreender que verdadeiramente "toda vez que celebramos este memorial do sacrifício do Senhor, realiza-se a obra de nossa redenção" (*Missal Romano*, Missa "na ceia do Senhor", Oração sobre as oferendas). E para tal fim os pastores devem formá-los com empenho constante para celebrar, todo domingo, a obra maravilhosa que Cristo realizou no mistério de sua Páscoa, a fim de que, por sua vez, o anunciem ao mundo (cf. *Missal Romano*, Prefácio I dos Domingos "durante o ano"). No coração de todos – pastores e fiéis –, a noite pascal deve encontrar sua importância única no ano litúrgico, a ponto de ser realmente a festa das festas.

Uma vez que a morte de Cristo na cruz e sua ressurreição constituem o conteúdo da vida cotidiana da Igreja (cf. *Redemptor hominis*, n. 7) e o penhor de sua Páscoa eterna (cf. *Dominicae cenae*, n. 4) a liturgia tem como primeira tarefa reconduzir-nos incansavelmente ao caminho pascal aberto por Cristo, no qual se aceita morrer para entrar na vida.

(*Vicesimus quintus annus*, n. 6)

20

O segundo princípio é a presença da Palavra de Deus. A constituição *Sacrosanctum concilium* quis também reconstituir "uma leitura mais abundante, mais variada e mais adequada da Sagrada Escritura" (n. 35). A razão profunda desta restauração é expressa na constituição litúrgica, "a fim de que fique evidente que, na liturgia, rito e palavra estão intimamente ligados" (n. 35), e na constituição dogmática sobre a revelação divina: "A Igreja sempre venerou as divinas Escrituras, da mesma forma como o próprio Corpo do Senhor, já que, principalmente na Sagrada Liturgia, sem cessar toma da mesa tanto da palavra de Deus quando do Corpo de Cristo o pão da vida, e o distribui aos fiéis" (*Dei Verbum*, n. 21). O incremento da vida litúrgica e, consequentemente, o desenvolvimento da vida cristã não poderão ser realizados se não se promover continuamente nos fiéis e, antes de tudo, nos padres um "conhecimento suave e vivo da Sagrada Escritura" (*Sacrosanctum concilium*, n. 24). A Palavra de Deus é agora mais conhecida nas comunidades cristãs, mas uma renovação verdadeira impõe ainda e sempre novas exigências: a fidelidade ao sentido autêntico da Escritura que deve estar sempre presente, especialmente quando ela é traduzida nas diversas línguas; o modo de proclamar a Palavra de Deus para que possa ser percebida como tal; o uso dos meios técnicos adequados; a disposição interior dos ministros da Palavra, a fim de exercer bem sua função na assembleia litúrgica (cf. *Dominicae cenae*, n. 10); a preparação cuidadosa da homilia através do estudo e da meditação; o empenho dos fiéis em participar na mesa da Palavra; o gosto de orar com os salmos; o desejo de descobrir o Cristo – como os discípulos de Emaús – na mesa da Palavra e do pão (cf. *Liturgia das Horas*, Segunda-feira, Semana IV, Oração das Vésperas).

(*Vicesimus quintus annus*, n. 8)

21

O Concílio, enfim, quis ver na liturgia uma epifania da Igreja: ela é a Igreja em oração. Celebrando o culto divino, a Igreja expressa aquilo que é: una, santa, católica e apostólica.

Ela se manifesta una, segundo aquela unidade que lhe vem da Trindade (cf. *Missal Romano*, Prefácio VIII dos Domingos "durante o ano"), sobretudo quando o povo santo de Deus participa "na mesma Eucaristia, numa única oração, junto a um só altar, presidido pelo Bispo, cercado de seu presbitério e ministros" (*Sacrosanctum concilium*, n. 41). Nada deve quebrar, nem mesmo diminuir, na celebração da liturgia, esta unidade da Igreja!

A Igreja expressa a santidade que lhe vem de Cristo (cf. Ef 5,26-27), quando reunida num só corpo pelo Espírito Santo (cf. *Missal Romano*, Prece eucarística II e IV), que santifica e dá a vida (cf. *Missal Romano*, Prece eucarística III; Símbolo Niceno-constantinopolitano), comunica aos fiéis, mediante a Eucaristia e os outros sacramentos, toda graça e toda bênção do Pai (cf. *Missal Romano*, Prece eucarística I).

Na celebração litúrgica a Igreja expressa sua catolicidade, pois nela o Espírito do Senhor reúne os homens de todas as línguas na profissão da mesma fé (cf. *Missal Romano*, Bênção solene no Domingo de Pentecostes) e, do Oriente e do Ocidente, ela apresenta a Deus Pai a oferta de Cristo e oferece a si mesma junto com ele (cf. *Missal Romano*, Prece eucarística III).

Enfim, na liturgia a Igreja manifesta que é apostólica, porque a fé que ela professa está fundamentada no testemunho dos apóstolos; porque, na celebração dos mistérios, presidida pelo bispo, sucessor dos apóstolos, ou por um ministro ordenado na sucessão apostólica, transmite fielmente aquilo que recebeu da Tradição apostólica; porque o culto que presta a Deus a empenha na missão de irradiar o Evangelho no mundo.

Assim é, sobretudo na liturgia, que o mistério da Igreja é anunciado, saboreado e vivido (cf. *Allocutio ad eos qui interfuerunt conventui praesidium et secretariorum Commissionum Nationalium de liturgia*, 1, dia 27 de outubro de 1984, in: *Insegnamenti di Giovanni Paolo II*, VII, 2 [1984] 1049).

(Vicesimus quintus annus, n. 9)

22

Na experiência litúrgica, Cristo Senhor é a luz que ilumina o caminho e revela a transcendência do cosmos, justamente como na Escritura. Os acontecimentos do passado encontram em Cristo significado e plenitude, e o mundo criado se revela por aquilo que é: um conjunto de traços que só na liturgia encontram sua completude, sua plena destinação. É por isso que a liturgia é o céu na terra e nela o Verbo que assumiu a carne permeia a matéria de uma potencialidade salvífica, que se manifesta em plenitude nos sacramentos: nela a criação comunica a cada um a força conferida por Cristo. Assim, o Senhor, imerso no Jordão, transmite às águas uma força que as habilita para ser banho de regeneração batismal (cf. São Gregório Nazianzeno, *Discurso* XXXIX).

Neste quadro, a oração litúrgica no Oriente mostra uma grande capacidade de envolver a pessoa humana em sua totalidade: o mistério é cantado na sublimidade de seus conteúdos, mas também no calor dos sentimentos que suscita no coração da humanidade salva. Na ação sagrada também a corporeidade é convocada para o louvor, e a beleza, que no Oriente é um dos nomes mais caros para expressar a harmonia divina e o modelo da humanidade transfigurada (cf. Clemente de Alexandria, *O Pedagogo*, III, 1, 1), é mostrada por toda parte: nas formas do templo, nos sons, nas cores, nas luzes, nos perfumes. O tempo prolongado das celebrações, a invocação repetida, tudo expressa um progressivo identificar-se de toda a pessoa com o mistério celebrado. E a oração da Igreja já se torna, assim, participação na liturgia celeste, antecipação da bem-aventurança final.

(*Orientale lumen*, n. 11)

23

O Cristianismo não rejeita a matéria, a corporeidade, que é até valorizada em pleno ato litúrgico, no qual o corpo humano mostra sua natureza íntima de templo do Espírito e chega a se unir ao Senhor Jesus, feito também ele corpo para a salvação do mundo. E isto não comporta uma exaltação absoluta de todo o que é físico, porque conhecemos qual a desordem que o pecado introduziu na harmonia do ser humano. A liturgia revela que o corpo, atravessando o mistério da cruz, está a caminho para a transfiguração, para a pneumatização: no monte Tabor, Cristo o mostrou esplendoroso, como é vontade do Pai que volte a ser.

E também a realidade cósmica é convocada para dar graças, porque todo o cosmos é chamado à recapitulação no Cristo Senhor. Expressa-se nesta concepção um ensinamento admirável e equilibrado sobre a dignidade, o respeito e a finalidade da criação e do corpo humano em especial. Ele, rejeitado todo dualismo e todo culto do prazer, fim em si mesmo, torna-se lugar luminoso da graça e, portanto, plenamente humano.

Para quem busca uma relação de significado autêntico consigo mesmo e com o cosmos, tão frequentemente ainda desfigurado pelo egoísmo e pela cobiça, a liturgia revela o caminho para o equilíbrio do homem novo e convida ao respeito pela potencialidade eucarística do mundo criado: ele é destinado a ser assumido na Eucaristia do Senhor, na sua Páscoa presente no sacrifício do altar.

(Orientale lumen, n. 11)

24

Nos ícones, realmente, que marcam e acompanham toda a história do Cristianismo russo das origens até nossos dias, foi concedido descobrir uma série de elementos que, em seu conjunto, constituem aquele estilo particular de arte sacra, que os torna tão preciosos: eles são, de fato, expressão própria da cultura eslavo-bizantina, iniciada pelos santos Cirilo e Metódio; são manifestações da alma religiosa, alimentada pela espiritualidade dos Padres orientais, na qual se vê como transferir à imagem sagrada uma "presença" misteriosa do protótipo transcendente; uma concessão, portanto, da beleza artística, como ocasião e estímulo de elevação moral e de ascensão para a beleza divina, criadora de toda beleza física e humana. A contemplação devota desta imagem aparece assim como um caminho real e concreto de purificação da alma crente e de sua elevação ao Protótipo, porque esta imagem, benta pelo padre e plenamente realizada pelo artista monge, constitui, em certo sentido, em analogia com os sacramentos, um canal da graça divina. O crente russo tira do ícone uma inspiração nobre para a justiça, para a reconciliação e para a paz, segundo o dito famoso de São Sérgio de Radonez: "Contemplando a Santíssima Trindade vencemos a odiosa divisão deste mundo". [...] a arte do Ocidente e do Oriente é expressão da única alma cristã, é, por assim dizer, a "respiração" daqueles "dois pulmões" da cristandade europeia, a ocidental e a oriental, que devem igualmente contribuir, em fraterna e recíproca complementaridade, para a recuperação das raízes cristãs dos povos europeus.

(*Discurso na inauguração
da mostra de ícones russos*, nn. 2-3,
10 de novembro de 1989)

25

A página inicial da Bíblia nos apresenta Deus quase como o modelo exemplar de toda pessoa que produz uma obra: no homem *artífice* se espelha sua imagem de *Criador*. Esta relação é evocada com especial evidência na língua polonesa, graças à proximidade léxica entre as palavras *stwórca* ("criador") e *twvórca* ("artífice").

Qual é a diferença entre "criador" e "artífice"? *Quem cria* dá o mesmo ser, tira alguma coisa do nada – *ex nihilo sui et subiecti*, costuma-se dizer em latim – e isto, em sentido estrito, é modo de proceder somente do Onipotente. O *artífice*, ao contrário, utiliza alguma coisa já existente, à qual dá forma e significado. Este modo de agir é peculiar do homem enquanto imagem de Deus. Depois de ter dito, de fato, que Deus criou o homem e a mulher "à sua imagem" (cf. Gn 1,27), a Bíblia acrescenta que lhes confiou a tarefa de dominar a terra (cf. Gn 1,28). Foi o último dia da criação (cf. Gn 1,28-31). Nos dias anteriores, quase escandindo o ritmo da evolução cósmica, Javé havia criado o universo. No fim criou o homem, o fruto mais nobre de seu projeto, ao qual submeteu o mundo visível, como campo imenso no qual pode expressar sua capacidade inventiva. Deus, portanto, chamou à existência o homem, transmitindo-lhe a tarefa de ser artífice.

SETEMBRO

Na "criação artística" o homem se revela mais que nunca "imagem de Deus", e realiza esta tarefa antes de tudo plasmando a estupenda "matéria" da própria humanidade e depois também exercendo um domínio criativo sobre o universo que o circunda. O artista divino, com amável condescendência, transmite uma centelha de sua sabedoria transcendente ao artista humano, chamando-o a compartilhar seu poder criador.

(*Carta aos artistas*, n. 1)

26

A arte é experiência de universalidade. Não pode ser somente objeto ou meio. É palavra primitiva, no sentido que vem primeiro e está no fundo de toda outra palavra. É palavra da origem, que perscruta, além da imediatidade da experiência, o sentido primeiro e último da vida. É conhecimento traduzido em linhas, imagens e sons, símbolos que o conceito sabe reconhecer como projeções sobre o enigma da vida, além dos limites que o conceito não pode superar; aberturas, portanto, sobre o profundo, sobre o alto, sobre o inexprimível da existência, caminhos que mantêm o homem livre para o mistério e traduzem sua ansiedade que não tem outras palavras para se expressar. A arte é, portanto, religiosa, porque leva o homem a ter consciência daquela inquietude que está no fundo de seu ser e que nem a ciência, com a formalidade objetiva de suas leis, nem a teórica, com a programação que salva do risco do erro, conseguirão nunca satisfazer.

Talvez seja próprio da arte dar resposta ao drama vivido por Santo Agostinho, quando, sentindo que podia generalizar a própria experiência pessoal, chega a afirmar que "nosso coração está inquieto, ó Senhor, enquanto não repousar em ti" (Santo Agostinho, *Confissões*, I, 1). A arte não abre para o inconsciente, mas para o mais consciente; leva o homem a si mesmo e o faz ser mais homem. Por isso, ela é também educação, lição e escola da mais elevada humanidade.

(*Discurso aos artistas do Teatro La Fenice*, n. 3,
Veneza, 16 de junho de 1985)

27

A seu modo, a arte, em si, já testemunha um impulso misterioso que parte do coração de um para o rosto do outro. Mais ainda que a descrição de uma paisagem natural – que também constitui um belo sujeito para a arte –, ela é descoberta e expressão dos lados escondidos da outra pessoa, de sua alegria profunda ou de seu tormento secreto, de sua força ou de sua fraqueza, de suas esperanças, de sua busca de compreensão e de amor. Sim, em suas formas mais autênticas, a arte é a expressão mesma do homem e, em certo sentido, de toda a humanidade. Ela brota da fonte do coração, quando ainda não está dispersa em muitos riachos. A arte é a linguagem do homem, aquele ser que tem a capacidade de se admirar mais que de se perder na multiplicidade das coisas, antes de se deixar absorver por inumeráveis atividades que lhe dão a ilusão de viver intensamente. É neste instante de unidade que o olhar do artista se dirige preferencialmente ao rosto do outro. Aquele rosto é para ele o espelho da alma e através dele de toda a realidade. As coisas das quais se serve em sua obra foram todas tocadas pela mão do homem e se referem a ele. Elas são o fruto de sua atividade e, reciprocamente, essa atividade o plasmou. Sim, a arte é uma expressão privilegiada da simpatia concedida pelo homem ao seu semelhante, do amor levado para aquilo que de mais profundo está no homem. Um mundo sem arte corre o risco de ser um mundo fechado ao amor. E nos momentos mais privilegiados da obra de um artista se intui que, se a natureza já é um reflexo da beleza divina, o rosto do homem é o ícone mais belo do Deus vivo. Mas o semblante do homem é igualmente belo como quando deixa transparecer a presença daquele do qual recebe a vida.

(*Homilia na missa dos artistas*, n. 6,
Bruxelas, 19 de maio de 1985)

28

Tanto o indivíduo como a coletividade precisam da arte para interpretar o mundo e a vida, para lançar luz sobre a situação da época, para compreender a altura e a profundidade da existência. Precisam da arte para se dirigir àquilo que ultrapassa a esfera do puramente útil e que, portanto, promove o homem. Precisam da literatura e da poesia: de sua palavra às vezes mórbida e delicada, mas também profeticamente irada, que frequentemente amadurece melhor na solidão e no sofrimento. Segundo um pensamento profundo de Beethoven, o artista é, de certo modo, chamado a um serviço sacerdotal.

Também a Igreja precisa da arte, não tanto para confiar-lhe tarefas e, portanto, pedir-lhe um serviço, quanto para adquirir um conhecimento maior e mais profundo da "condição humana", do esplendor e da miséria do homem. Precisa da arte para saber melhor o que se encontra no homem: naquele homem ao qual deve anunciar o Evangelho.

Mas, particularmente, a Igreja precisa da arte para sua liturgia, que em sua plenitude quer ser uma obra de arte inspirada pela fé, incluindo todas as forças criativas tiradas da arquitetura, da arte figurativa, da música e da poesia. Entendida em sua dimensão escatológica, a liturgia quer participar no esplendor e na ressonância da Jerusalém eterna, da qual a Bíblia fala numa linguagem artística em seu último livro [...]. Albert Einstein diz que ao lado do berço da verdadeira arte e da verdadeira ciência se encontra o mistério. No profundo deste mistério se encontram a religião e a Igreja, que se ligam assim à arte e à ciência.

(*Discurso aos representantes do mundo da ciência e da arte*, nn. 10-11, Viena, 12 de setembro de 1983)

29

Para transmitir a mensagem que lhe foi confiada por Cristo, a Igreja precisa da arte. Ela deve, de fato, tornar perceptível e, até, o quanto possível, fascinante o mundo do espírito, do invisível, de Deus. Deve, portanto, transferir em fórmulas significativas aquilo que é em si mesmo inefável. Ora, a arte tem uma capacidade toda sua de captar um ou outro aspecto da mensagem, traduzindo-o em cores, formas, sons e auxiliando a intuição de quem olha ou escuta. E isto sem privar a mensagem mesma de seu valor transcendente e de seu halo de mistério.

A Igreja precisa, especialmente, de quem saiba realizar tudo isto no plano literário e figurativo, trabalhando com as possibilidades infinitas da imagem e de seus valores simbólicos. Cristo mesmo utilizou amplamente as imagens em sua pregação, em plena coerência com a escolha de se tornar ele mesmo, na encarnação, ícone do Deus invisível.

A Igreja precisa, também, dos músicos. Quantas composições sacras foram elaboradas no decorrer dos séculos por pessoas profundamente embebidas do sentido do mistério! Inumeráveis crentes alimentaram sua fé nas melodias brotadas do coração de outros crentes e tornadas parte da liturgia ou, pelo menos, ajuda validíssima para seu desenvolvimento decoroso. [...]

A Igreja precisa dos arquitetos, porque necessita de espaços para reunir o povo cristão e para celebrar os mistérios da salvação. Depois das terríveis destruições da última guerra mundial e da expansão das metrópoles, uma nova geração de arquitetos se comprometeu com as instâncias do culto cristão, confirmando a capacidade de inspiração que o tema religioso possui também em relação aos critérios arquitetônicos de nosso tempo.

(*Carta aos artistas*, n. 12)

30 A Igreja, portanto, precisa da arte. Pode-se dizer também que a arte precisa da Igreja? A pergunta pode parecer provocadora. Na realidade, se entendida no justo sentido, tem uma motivação legítima e profunda. O artista está sempre à procura do sentido recôndito das coisas, seu tormento é conseguir expressar o mundo do indizível. Como não ver, então, como grande fonte de inspiração para ele aquela espécie de pátria da alma que é a religião? Não é talvez no âmbito religioso que se fazem as perguntas pessoais mais importantes e se buscam as respostas existenciais definitivas?

De fato, o sujeito religioso está entre os mais tratados pelos artistas de qualquer época. A Igreja sempre fez apelo às suas capacidades criativas para interpretar a mensagem evangélica e sua aplicação concreta na vida da comunidade cristã. Esta colaboração foi fonte de recíproco enriquecimento espiritual. Em suma, tirou vantagem disto a compreensão do homem, de sua imagem autêntica, de sua verdade. Emergiu também o liame peculiar existente entre a arte e a revelação cristã. Isto não quer dizer que o gênio humano não tenha encontrado sugestões estimulantes também em outros contextos religiosos. Basta recordar a arte antiga, especialmente a grega e a romana, e aquela ainda florescente das antiquíssimas civilizações do Oriente. Permanece verdade, no entanto, que o Cristianismo, em virtude do dogma central da encarnação do Verbo de Deus, oferece ao artista um horizonte particularmente rico de motivos de inspiração. Que empobrecimento seria para a arte o abandono do filão inesgotável do Evangelho!

(*Carta aos artistas*, n. 13)

Outubro

OUTUBRO

1

Teresa do Menino Jesus fez brilhar em nosso tempo o fascínio do Evangelho; teve a missão de fazer conhecer e amar a Igreja, corpo místico de Cristo; ajudou a curar as almas dos rigores e dos medos da doutrina jansenista, inclinada a sublinhar mais a justiça de Deus que sua misericórdia divina. Contemplou e adorou na misericórdia de Deus todas as perfeições divinas, porque "até a justiça de Deus (e talvez mais que qualquer outra perfeição) me parece revestida de amor" (*Manuscrito* A, 83v). [...]

O núcleo de sua mensagem, de fato, é o mistério mesmo de Deus amor, de Deus Trindade, infinitamente perfeito em si mesmo. Se a genuína experiência espiritual cristã deve coincidir com as verdades reveladas, nas quais Deus comunica a si mesmo e o mistério de sua vontade (cf. *Dei Verbum*, n. 2), é preciso afirmar que Teresa fez experiência da revelação divina, chegando a contemplar as realidades fundamentais de nossa fé unidas no mistério da vida trinitária. No vértice, como fonte e termo, o amor misericordioso das três pessoas divinas, como ela o expressa, especialmente em seu *ato de oferta ao Amor misericordioso*. Na base, do lado do sujeito, a experiência de ser filho adotivo do Pai em Jesus; este é o sentido mais autêntico da infância espiritual, isto é, a experiência da filiação divina sob a moção do Espírito

Santo. Na base, ainda e diante de nós, o próximo, os outros, para cuja salvação devemos colaborar com e em Jesus, com seu mesmo amor misericordioso.

Mediante a infância espiritual, experimenta-se que tudo vem de Deus, a ele retorna e nele habita, para a salvação de todos, num mistério de amor misericordioso. Esta é a mensagem doutrinal ensinada e vivida por esta santa.

(*Divini amoris scientia*, n. 8)

2 De Teresa de Lisieux, pode-se dizer com convicção que o Espírito de Deus permitiu ao seu coração revelar diretamente, aos homens de nosso tempo, o mistério fundamental, a realidade do Evangelho: o fato de ter recebido realmente "um espírito de filhos adotivos" que nos faz clamar: "Abbá, Pai!". O "pequeno caminho" é o caminho da "santa infância". Neste caminho há uma coisa única, o gênio de Santa Teresa de Lisieux. Há ao mesmo tempo a confirmação e a renovação da verdade mais fundamental e universal. Que verdade na mensagem evangélica é realmente mais fundamental e mais universal que esta: Deus é nosso Pai e nós somos seus filhos?

Esta verdade, a mais universal que pode existir, esta realidade foi "lida" novamente com a fé, a esperança e o amor de Teresa de Lisieux. Ela foi, em certo sentido, redescoberta com a experiência de seu coração e com a forma tomada de toda sua vida que durou somente vinte e quatro anos.

Quando ela morreu no Carmelo, vítima da tuberculose da qual levava os bacilos já há muito tempo, era quase uma menina. Ela deixou a lembrança da infância: da santa infância. E toda a sua espiritualidade confirmou, ainda uma vez, a verdade daquelas palavras do apóstolo: "E vós não recebestes um espírito de escravos para recair no medo, mas recebestes um espírito de filhos adotivos...". Sim, Teresa foi filha. Foi a filha "confidente" até o heroísmo e, consequentemente, "livre" até o heroísmo.

(*Homilia na missa*, n. 2, Lisieux, 2 de junho de 1980)

3 O Santo de Assis foi também, por assim dizer, um campeão da *reconciliação entre os homens*. Sua atividade intensa de pregador itinerante o levou de região em região e de povoado em povoado através de quase toda a Itália.

Seu anúncio típico de "Paz e bem", pelo qual foi definido como um "novo evangelista" (Tommaso da Celano, *Vita*, I, 89; II, 107), ressoava por todas as classes sociais, frequentemente em luta entre si, como convite a procurar a composição dos dissídios mediante o encontro e não o desencontro, a doçura da compreensão fraterna e não a inveja ou a violência que divide.

E no *Cântico das criaturas* ele confessa jubiloso: "Louvado sejas, meu Senhor, por aqueles que perdoam por teu amor" (São Francisco de Assis, *Cântico das criaturas*, 10). É este um princípio fundamental do Cristianismo, que não significa passividade ou resignação estéril, mas convida a enfrentar toda situação com serenidade interior, e também com determinação, e com superioridade magnânima, que implica, porém, um claro juízo de valor e de disjunção de responsabilidades. São bastante claros os reflexos de semelhante atitude no plano da vida civil das nações. Onde os direitos humanos são pisoteados, sob qualquer céu, os cristãos não podem adotar as mesmas armas do desprezo gratuito ou da violência sanguinária. Eles, de fato, têm outras riquezas interiores e uma dignidade que ninguém pode corroer. Mas isto não significa nem comiseração inútil nem aquiescência cúmplice. O cristão não pode nunca aceitar que a dignidade do homem seja de alguma forma mutilada, e, por isso, sempre e incansavelmente elevará a voz para sugerir e favorecer uma reconciliação mútua, que salvaguarde e promova a paz e o bem de toda a sociedade. E o fará com sumo respeito pelo homem, um respeito que se pode bem dizer franciscano e, por isso, evangélico.

(*Discurso ao povo*, n. 4,
Assis, 12 de março de 1982)

4 Numerosas fontes históricas descrevem *o desejo de contemplação* que acompanhou toda a existência de Francisco. Lê-se na *Lenda maior* de São Boaventura que ele "deixava a multidão com seu barulho e buscava a solidão, com seu segredo e sua paz: lá, dedicando-se mais livremente a Deus, purificava a alma de qualquer mínimo grão de poeira" (FF 1222). [...]

É significativo, a respeito, o fato de Francisco, mesmo tão firme na opção radical de pobreza, não ter rejeitado o presente de La Verna, oferecido, como se sabe, pelo Conde Orlando de Chiusi, a fim de que pudesse passar longas quaresmas em dedicação total à oração e à penitência. A conformação natural característica e a aspereza forte do lugar faziam com que, como afirmam os *Fioretti*, fosse "muito bem adequado a quem quisesse fazer penitência, em lugar afastado das pessoas, ou a quem desejasse vida solitária" (FF 1897). [...]

O santuário austero e magnífico, no qual nos encontramos, permanece ainda hoje um dos sinais quase intocáveis da *alma contemplativa de Francisco* e da "lição" que ele deixou, a respeito, para todo o franciscanismo. Ele recorda aos numerosos peregrinos e visitantes também de nossos tempos, segundo a feliz expressão da *Lenda menor*, como "o amor veraz de Cristo" transformou "o amante na imagem perfeita do amado" (FF 1377).

A consideração de Cristo crucificado foi para Francisco tão intensa e impregnada de amor a ponto de levá-lo gradualmente à *identificação com ele*. Na pobreza, na humildade e nos sofrimentos do Crucificado, ele descobriu a sabedoria divina, revelada aos homens no Evangelho, uma sabedoria que ultrapassa e vence todo saber mundano.

(*Discurso às comunidades religiosas
franciscanas*, nn. 1-2
La Verna, 17 de setembro de 1993

5 Deus criou o homem à sua imagem e semelhança (cf. Gn 1,26s): chamando-o à existência *por amor*, chamou-o ao mesmo tempo *para o amor*.

Deus é amor (1Jo 4,8) e vive em si mesmo um mistério de comunhão pessoal de amor. Criando-a à sua imagem e conservando-a continuamente no ser, Deus inscreve na humanidade do homem e da mulher a vocação, e, portanto, a capacidade e a responsabilidade do amor e da comunhão (cf. *Gaudium et spes*, n. 12). O amor é, portanto, a vocação fundamental e nativa de todo ser humano.

Enquanto espírito encarnado, isto é, alma que se expressa no corpo e corpo formado por um espírito imortal, o homem é chamado ao amor nessa sua totalidade unificada. O amor abraça também o corpo humano e o corpo se torna partícipe do amor espiritual.

A revelação cristã conhece dois modos específicos de realizar a vocação da pessoa humana, em sua inteireza, ao amor: o matrimônio e a virgindade. Tanto um como outra, na forma que lhes é própria, são uma concretização da verdade mais profunda do homem, de seu "ser à imagem de Deus".

(*Familiaris consortio*, n. 11)

OUTUBRO

6

Consequentemente, a sexualidade, mediante a qual o homem e a mulher se doam um ao outro, com os atos próprios e exclusivos dos esposos, não é absolutamente alguma coisa puramente biológica, mas diz respeito ao núcleo íntimo da pessoa humana como tal. Ela se realiza de modo verdadeiramente humano, somente se for parte integral do amor com o qual o homem e a mulher se empenham totalmente um para o outro até a morte. A entrega física total seria mentira se não fosse sinal e fruto da entrega pessoal e total, na qual toda a pessoa, também em sua dimensão temporal, está presente: se a pessoa se reservasse alguma coisa ou a possibilidade de decidir de outra forma para o futuro, já por isto ela não se entregaria totalmente.

Essa totalidade, exigida pelo amor conjugal, corresponde também às exigências de uma fecundidade responsável, a qual, voltada como é para gerar um ser humano, supera, por sua natureza, a ordem puramente biológica e se apropria de um conjunto de valores pessoais, para cujo crescimento harmonioso é necessária a duradoura e concorde contribuição de ambos os genitores.

(*Familiaris consortio*, n. 11)

7 O "lugar" único, que torna possível esta entrega segundo sua inteira verdade, é o matrimônio, ou seja, o pacto de amor conjugal ou escolha consciente e livre, com a qual o homem e a mulher acolhem a íntima comunidade de vida e de amor, querida pelo mesmo Deus (cf. *Gaudium et spes*, n. 48), que somente nesta luz manifesta seu significado verdadeiro. A instituição matrimonial não é uma ingerência indevida da sociedade ou da autoridade, nem a imposição intrínseca de uma forma, mas exigência interior da aliança de amor conjugal que se afirma publicamente como único e exclusivo para que seja vivida assim a plena fidelidade ao desígnio de Deus criador. Esta fidelidade, longe de mortificar a liberdade da pessoa, coloca-a em segurança de todo subjetivismo e relativismo, e a faz partícipe da Sabedoria Criadora.

(*Familiaris consortio*, n. 11)

8 O sacramento do Matrimônio está enraizado profundamente na revelação de Deus e na vocação do homem. Reportemo-nos àquele início, àquelas palavras do Gênesis: "Ele os

criou homem e mulher", que servem de fundamento para a vocação daqueles "dois" para a unidade "nos corpos", vocação ligada à imemorável bênção do Criador que preanunciava o nascimento do homem novo.

Mas não é tudo. O Matrimônio tem a estrutura de uma aliança, aquela mesma aliança com a qual Deus se confiou ao homem esperando em troca uma confiança análoga na fé. Essa aliança tem seu vértice em Jesus Cristo. Para explicá-la, São Paulo se serve da analogia com o Matrimônio segundo o Antigo Testamento: o amor fiel do homem e da mulher unidos por toda a vida. Unidos por uma fé recíproca. Baseando-se nesta mesma analogia, os profetas advertiam e repreendiam Israel pelas suas infidelidades a Javé – Deus da Aliança. O matrimônio está real e profundamente enraizado na revelação. E na vocação do homem.

("*Non abbiate paura!*", p. 150)

9 Volto, ainda uma vez, à constituição *Gaudium et spes*. Se o que nela lemos sobre o homem é verdade – eu penso que é verdade –, então o matrimônio tem sentido somente enquanto verdadeira aliança de pessoas, aliança indissolúvel. Uma vez que o homem, "única criatura que Deus quis por si mesma", não pode "encontrar-se plenamente senão através de um dom sincero de si mesmo", então o matrimônio corresponde à vocação do homem concebida em sua integridade. E aqui entendo "integridade" tanto em seu significado personalista quanto em seu significado ético, que são de resto inseparáveis. O sacramento do Matrimônio é estabelecido sobre este conceito da vocação do homem, pessoa responsável.

(*"Non abbiate paura!"*, pp. 150-151)

10

Ao afirmar que o homem é a única criatura na terra querida por Deus por si mesma, o Concílio acrescenta logo depois que ele não pode "encontrar-se plenamente senão através de um dom sincero de si mesmo" (*Gaudium et spes*, n. 24). Poderia parecer uma contradição, mas não o é absolutamente. É, mais ainda, o grande e maravilhoso paradoxo da existência humana: uma existência chamada a servir a verdade no amor. O amor faz com que o homem se realize através do dom sincero de si mesmo: amar significa dar e receber aquilo que não se pode nem comprar nem vender, mas só, livre e reciprocamente, dar generosamente.

O dom da pessoa exige por sua natureza ser duradouro e irrevogável. A indissolubilidade do Matrimônio brota primariamente da essência desse dom: dom da pessoa para a pessoa. Nesse dar-se recíproco é manifestado o caráter esponsal do amor. No consenso matrimonial os novos esposos se chamam com o próprio nome: "Eu... te recebo... como minha esposa (como meu esposo) e prometo ser fiel... por todos os dias de minha vida". Um dom semelhante obriga muito mais forte e profundamente que tudo aquilo que pode ser "adquirido" de qualquer modo e a qualquer preço.

(*Carta às famílias*, n. 11)

11

É bom que os jovens sejam humildes diante de seu amor. Assim é mais claro que esse amor é para eles um verdadeiro dom e que eles serão um para o outro um dom recíproco; é muito melhor assim que vê-los seguros de si mesmos e presunçosos. O matrimônio – como o sacerdócio – exige uma magnanimidade humilde e uma confiança mútua que pressupõe uma fonte mais profunda que não o único sentimento humano.

O sacramento com o qual o homem e a mulher, que são na realidade seus dispensadores, se juram "amor, fidelidade e honestidade até a morte", vai de encontro a esta magnanimidade humilde que é o fundamento da verdadeira dignidade e vocação dos esposos. O sacramento do Matrimônio, como todo sacramento, é um sinal da ação do Cristo, um sinal da graça no qual é preciso confiar, uma vez que é mais poderoso que as fraquezas escondidas no coração do homem, e que ameaçam o amor, a fidelidade, a honestidade da vida conjugal.

(*"Non abbiate paura!"*, pp. 151-152)

12

Frequentemente eu passava por aqui.
Fazia este caminho
voltando do trabalho
(de manhã, no entanto, tomava um atalho).
Antes, porém, não olhava
para esta loja.
Mas, desde que
nosso amor se acabou,

OUTUBRO

mais de uma vez parei para olhar
os anéis de ouro
– os símbolos do amor humano
e da fidelidade conjugal.
Recordava como, algum tempo antes, este
símbolo me falava
quando o amor era inegável,
quando era um hino cantado
com todas as cordas do coração.
Depois, as cordas aos poucos ficavam mudas
e ninguém mais sabia afiná-las.
Eu acreditava que o culpado fosse Estêvão –
não conseguia encontrar culpa dentro de mim.
A vida se transformava cada vez mais
na coexistência pesada de dois
que ocupavam cada vez menos lugar
um no outro.
Agora, resta somente o conjunto dos deveres,
um conjunto convencional e mutável,
cada vez mais espoliado
do sabor puro do entusiasmo.
E tão pouco nos une, tão pouco.

(La bottega dell'orefice.
In: *Opere letterarie*, pp. 472-473)

13

OUTUBRO

Então me vieram à mente os anéis
que ainda levamos no dedo,
eu e ele.
Assim, uma vez, voltando do trabalho,
e passando perto do ourives,
disse para mim mesma – se poderia vender,
porque não, meu anel
(Estêvão nem perceberia,
Eu quase não existia mais para ele.
Talvez me traísse – não sei,
porque também eu não me ocupava
mais de sua vida.
Tinha se tornado indiferente para mim.
Talvez, depois do trabalho, fosse jogar cartas,
das bebidas voltava muito tarde,
sem uma palavra, e se dizia lá alguma coisa,
eu respondia com o silêncio).

Naquela vez, então, decidi entrar.
O ourives olhou o anel, avaliou-o
longamente na palma da mão e me fitou
nos olhos. Depois, decifrou a data escrita
dentro do anel.
Olhou-me novamente nos olhos e o colocou
na balança...

OUTUBRO

depois disse: "Este anel não tem peso,
o ponteiro está sempre no zero
e não posso encontrar nele sequer
um miligrama de ouro.
Seu marido deve estar vivo – neste caso,
nenhum dos dois anéis tem peso sozinho
– somente os dois juntos têm peso.
Minha balança de ourives
tem esta particularidade
que não pesa o metal em si,
mas todo o ser humano e seu destino".
Retomei envergonhada o anel
e sem uma palavra fugi da loja
– imagino que ele me seguiu com o olhar.
Desde então, voltava para casa
por outros caminhos.
E somente hoje, novamente...
mas a porta estava abaixada.

(La bottega dell'orefice.

In: *Opere letterarie*, pp. 473-474)

14 Nos desígnios de Deus Criador e Redentor, a família descobre não somente sua "identidade", aquilo que ela "é", mas também sua "missão", aquilo que ela pode e deve "fazer". As tarefas que a família é chamada por Deus a realizar na história brotam de seu mesmo ser e representam seu desenvolvimento dinâmico e existencial. Toda família descobre e encontra em si mesma o apelo inquestionável, que define ao mesmo tempo sua dignidade e sua responsabilidade: família, "torna-te" aquilo que "és"!

Remontar ao "princípio" do gesto criador de Deus é então uma necessidade para a família, se quiser se conhecer e se realizar segundo a verdade interior não somente de seu ser, mas também de seu agir histórico. E visto que, segundo o desígnio divino, é constituída de "íntima comunidade de vida e de amor" (*Gaudium et spes*, n. 48), a família tem a missão de se tornar cada vez mais aquilo que é, ou seja, comunidade de vida e de amor, numa tensão que, como para toda realidade criada e redimida, encontrará sua composição no Reino de Deus. Depois, numa perspectiva que chega às raízes mesmas da realidade, deve-se dizer que a essência e os deveres da família são ultimamente definidos pelo amor. Por isso, a família recebe a *missão de guardar, revelar e comunicar o amor*, como reflexo vivo e participação real do amor de Deus pela humanidade e do amor de Cristo Senhor pela Igreja, sua esposa.

(*Familiaris consortio*, n. 17)

OUTUBRO 15

Recebemos "um espírito de filhos adotivos por meio do qual clamamos 'Abbá, Pai!' [...]. E, se somos filhos, somos também herdeiros: herdeiros de Deus e coerdeiros de Cristo, se, de fato, sofremos com ele, para sermos também glorificados com ele" (Rm 8,15.17).

A doutrina de Teresa de Jesus está em sintonia perfeita com esta teologia da oração que São Paulo propõe, o apóstolo com o qual se identificava tão profundamente. Seguindo o Mestre da oração em consonância perfeita com os Padres da Igreja, quis ensinar os segredos da oração, comentando a oração do Pai-Nosso.

Na primeira palavra, "Pai", a santa descobre a plenitude que Jesus Cristo, mestre e modelo de oração, nos entrega (cf. Santa Teresa, *Caminho*, 26,10; 27,1.2). Na oração filial do cristão se encontra a possibilidade de estabelecer um diálogo com a Trindade que mora na alma de quem vive em graça, como a santa muitas vezes experimentou (cf. Jo 14,23; cf. Santa Teresa, *Castelo interior*, VII, 1,6); "encontrareis sempre, entre o Pai e o Filho, o Espírito Santo. Ele inflame vossa vontade e... vo-la prenda com seu amor vivíssimo" (Santa Teresa, *Caminho*, 27,7). É esta a dignidade filial dos cristãos: poder invocar

OUTUBRO

Deus como Pai, deixar-se conduzir pelo Espírito, para ser plenamente filhos de Deus.

Por meio da oração, Teresa procurou e encontrou Cristo. Procurou-o nas palavras do Evangelho, que desde sua juventude "feriam profundamente seu coração" (Santa Teresa, *Vida*, 3,5); encontrou-o "tendo-o presente dentro de si" (cf. 4,7); aprendeu a dirigir a ele, com amor, o olhar nas imagens do Senhor de quem era muito devota (cf. 7,2; 22,4); com a Bíblia dos pobres – as imagens – e a Bíblia do coração – a meditação da Palavra –, pôde reviver interiormente as cenas do Evangelho e se aproximar do Senhor com grandíssima intimidade.

(Homilia na missa pelo 4º centenário
da morte de Santa Teresa de Jesus, nn. 5-6,
Ávila, 1º de novembro de 1982)

16

Quando, no dia 16 de outubro de 1978, o conclave dos cardeais escolheu S. João Paulo II, o primaz da Polônia, Card. Stefan Wyszynski, me disse: "A tarefa do novo papa será introduzir a Igreja no terceiro milênio". Não sei se repito exatamente a frase, mas pelo menos esse era o sentido daquilo que então senti. Disse-o o homem que passou para a história como primaz do milênio. Um grande primaz. Fui testemunha de sua missão, de sua total entrega. De suas lutas, de sua vitória. "A vitória, quando acontecer, será uma vitória mediante Maria" – o primaz do milênio costumava repetir estas palavras de seu predecessor, o Card. August Hlond.

Assim fui, de alguma maneira, preparado para a tarefa que no dia 16 de outubro de 1978 se apresentou diante de mim. No momento em que escrevo estas palavras, o *Ano jubilar de 2000* já é uma realidade. Na noite do dia 24 de dezembro foi aberta a porta simbólica do Grande Jubileu na Basílica de São Pedro, em seguida a de São João de Latrão, depois a de Santa Maria Maior – no dia primeiro do ano –, e no dia 19 de janeiro a porta da Basílica de São Paulo "fora dos Muros". Este último acontecimento, por motivo de seu caráter ecumênico, ficou impresso na memória de modo especial.

(*Testamento*, VIII, n. 1,
Exercícios espirituais do ano jubilar,
12-18 de março de 2000)

17

O novo sucessor de Pedro na sede de Roma eleva hoje uma fervorosa, humilde, confiante oração: "Ó Cristo!

Faze que eu possa me tornar e ser servidor de teu único poder! Servidor de teu doce poder! Servidor de teu poder que não conhece o ocaso! Faze que eu possa ser um servo! Antes, servo de teus servos".

Irmãos e irmãs! Não tenham medo de acolher Cristo e de aceitar seu poder.

Ajudem o papa e todos aqueles que querem servir Cristo e, com o poder de Cristo, servir o homem e toda a humanidade!

Não tenham medo! Abram, antes, escancarem as portas para Cristo!

Para seu poder salvador abram as fronteiras dos Estados, os sistemas econômicos como os políticos, os vastos campos de cultura, de civilização, de desenvolvimento. Não tenham medo! Cristo sabe "o que está dentro do homem". Somente ele sabe.

Hoje, frequentemente, o homem não sabe o que leva dentro de si, no íntimo de sua alma, de seu coração. Não raro está incerto do sentido de sua vida nesta terra. É invadido pela dúvida que se transforma em desespero. Permitam, portanto – eu lhes peço, lhes imploro com humildade e com confiança –, permitam a Cristo que fale ao homem. Somente ele tem palavras de vida, sim! De vida eterna.

(*Homilia no início do pontificado*, nn. 4-5, 22 de outubro de 1978)

OUTUBRO

18

O senhor [o jornalista Vittorio Messori] faz uma pergunta sobre a oração, pergunta ao Papa *como ele reza*. E eu lhe agradeço. Talvez convenha começar de quanto São Paulo escreve na Carta aos Romanos. O apóstolo entra diretamente *in medias res* quando diz: "o Espírito vem em socorro de nossa fraqueza. Pois não sabemos o que pedir nem como pedir; é o próprio Espírito que intercede em nosso favor, com gemidos inefáveis" (8,26). *O que é a oração?* Comumente se pensa que é um colóquio. Num colóquio há sempre um "eu" e um "tu". Neste caso, um Tu, com o T maiúsculo. A experiência da oração ensina que, se o eu parece de início o elemento mais importante, percebemos depois que na realidade as coisas são diferentes. *Mais importante é o Tu, porque é de Deus que tem início nossa oração*. São Paulo, na Carta aos Romanos, ensina justamente isto. Segundo o apóstolo, a oração espelha toda a realidade criada; é, em certo sentido, uma função cósmica.

(*Varcare la soglia della speranza*, p. 15)

19

OUTUBRO

O homem é sacerdote de toda a criação, fala em nome dela, mas enquanto é guiado pelo Espírito. Dever-se-ia meditar longamente esta passagem da Carta aos Romanos, para entrar profundamente naquilo que é a oração. Lemos: "Toda a criação espera ansiosamente a revelação dos filhos de Deus; pois a criação foi sujeita ao que é vão e ilusório, não por seu querer, mas por dependência daquele que a sujeitou. Também a própria criação espera ser libertada da escravidão da corrupção, em vista da liberdade que é a glória dos filhos de Deus. Com efeito, sabemos que toda a criação, até o presente, está gemendo como que em dores de parto, e não somente ela, mas também nós, que temos as primícias do Espírito, gememos em nosso íntimo, esperando a condição filial, a redenção de nosso corpo. Pois é na esperança que fomos salvos" (8,19-24). E aqui encontramos as palavras já trazidas do apóstolo: "O Espírito vem em socorro de nossa fraqueza. Pois não sabemos o que pedir nem como pedir; é o próprio Espírito que intercede em nosso favor, com gemidos inefáveis" (8,26).

(*Varcare la soglia della speranza*, pp. 15-16)

20 OUTUBRO

Na oração, portanto, o verdadeiro protagonista é Deus. Protagonista é Cristo, que constantemente liberta a criatura da escravidão da corrupção e a conduz para a liberdade, para a glória dos filhos de Deus. *Protagonista é o Espírito Santo*, que "vem em socorro de nossa fraqueza". Nós começamos a rezar com a impressão de que é uma iniciativa nossa. No entanto, é sempre uma iniciativa de Deus em nós. Justamente assim, como escreve São Paulo. *Esta iniciativa nos restitui à nossa verdadeira humanidade, nos restitui à nossa dignidade particular.* Sim, nos introduz na dignidade superior dos filhos de Deus, filhos de Deus que são a espera de toda a criação. Rezar se pode e se deve de vários modos, assim como nos ensina a Bíblia com riqueza de exemplos. *O livro dos Salmos é insubstituível.* É preciso rezar com "gemidos inefáveis", para entrar no *ritmo das súplicas do mesmo Espírito*. É preciso implorar para obter perdão, inserindo-se no grito profundo de Cristo Redentor (cf. Hb 5,7). Através de tudo isto é preciso proclamar a glória. *A oração é sempre um "opus gloriae"* (obra, trabalho de glória). O homem é sacerdote da criação. Cristo confirmou para ele essa dignidade e vocação. A criação realiza sua *opus gloriae* pelo fato de ser aquilo que é e pelo empenho em se tornar aquilo que deve ser.

(Varcare la soglia della speranza, pp. 16-17)

21 OUTUBRO

À pergunta: *por que a missão?*, nós respondemos com a fé e com experiência da Igreja que se abrir ao amor de Cristo é a verdadeira libertação. Nele, somente nele, somos libertados de toda alienação e desânimo, da escravidão do poder do pecado e da morte. Cristo é verdadeiramente "nossa paz" (Ef 2,14), e "o amor de Cristo nos impele" (2Cor 5,14), dando sentido e alegria à nossa vida. *A missão é um problema de fé*, é o indicador exato de nossa fé em Cristo e em seu amor por nós. A tentação hoje é de reduzir o Cristianismo a uma sabedoria meramente humana, como ciência do bem viver. Num mundo fortemente secularizado, aconteceu uma "secularização gradual da salvação", pela qual se luta, sim, pelo homem, mas por um homem dividido ao meio, reduzido à única dimensão horizontal. Nós, ao contrário, sabemos que Jesus veio para trazer a salvação integral, que atinge todo o homem e todos os homens, abrindo-lhes aos admiráveis horizontes da filiação divina.

(*Redemptoris missio*, n. 11)

OUTUBRO

22

Por que a missão? Porque a nós, como a São Paulo, "foi dada esta graça: anunciar aos pagãos as riquezas insondáveis de Cristo" (Ef 3,8). A novidade de vida nele é a "Boa-Nova" para o homem de todos os tempos: a ela todos os homens são chamados e destinados.

Todos, de fato, a procuram, mesmo se às vezes de modo confuso, e têm o direito de conhecer o valor desse dom e de ter acesso a ele. A Igreja e, nela, todo cristão não podem esconder nem conservar para si esta novidade e riqueza, recebida da bondade divina para ser comunicada a todos os homens. Eis por que a missão, além do mandato formal do Senhor, deriva da exigência profunda da vida de Deus em nós. Aqueles que são incorporados na Igreja Católica devem se sentir privilegiados, e por isso estão mais empenhados em testemunhar a fé e a vida cristã como serviço aos irmãos e necessária resposta a Deus, lembrados de que "a condição sem igual em que estão se deve não a seus próprios méritos, mas a uma graça peculiar de Cristo. Se a ela não corresponderem por pensamentos, palavras e obras, longe de se salvarem, serão julgados com maior severidade" (*Lumen gentium*, n. 14).

(*Redemptoris missio*, n. 11)

23

As várias formas do "mandato missionário" contêm pontos em comum e acentos característicos; dois elementos, porém, são encontrados em todas as versões. Antes de tudo, a dimensão universal da tarefa confiada aos apóstolos: "Todas as nações" (Mt 28,19); "em todo o mundo a todas as criaturas" (Mc 16,15); "Todas as gentes" (Lc 24,47); "Até os confins da terra" (At 1,8). Em segundo lugar, a garantia que lhes foi dada pelo Senhor de que nesta tarefa não ficarão sós, mas receberão a força e os meios para desenvolver a própria missão. Está nisto a presença e a força do Espírito e a assistência de Jesus: "Eles partiram e foram anunciar a Boa-Nova por toda parte. O Senhor os ajudava" (Mc 16,20). Quanto às diferenças de acento no mandato, Marcos apresenta a missão como proclamação, ou *kérigma*: "Proclamai o Evangelho" (Mc 16,15). Escopo do evangelista é levar os leitores a repetir a confissão de Pedro: "Tu és o Cristo" (Mc 8,29) e a dizer, como o centurião romano diante de Jesus morto na cruz: "Verdadeiramente este homem era Filho de Deus" (Mc 15,39). Em Mateus, o acento missionário é colocado na fundação da Igreja e em seu ensinamento (cf. Mt 16,18; 28,19); nele, portanto, o mandato evidencia que a proclamação do Evangelho deve ser completada por uma catequese específica de ordem eclesial e sacramental.

(*Redemptoris missio*, n. 23)

24

Em Lucas, a missão é apresentada como testemunho (Lc 24,48; At 1,8) que foca, sobretudo, na ressurreição (At 1,22). O missionário é convidado a crer na força transformadora do Evangelho e a anunciar aquilo que Lucas ilustra bem, isto é, a conversão ao amor e à misericórdia de Deus, a experiência de uma libertação integral até a raiz de todo mal, o pecado.

João é o único que fala explicitamente de "mandato", palavra que equivale a "missão" ligando diretamente a missão que Jesus confia a seus discípulos com a que ele mesmo recebeu do Pai: "Como o Pai me enviou, assim eu vos envio" (Jo 20,21). Jesus disse dirigindo-se ao Pai: "Como tu me enviaste ao mundo, também eu os enviei ao mundo" (Jo 17,18). Todo o sentido missionário do Evangelho de João se encontra expresso na "oração sacerdotal": a vida eterna é que "conheçam a ti, o Deus único e verdadeiro, e a Jesus Cristo, aquele que enviaste"

(Jo 17,3). Escopo último da missão é fazer participar da comunhão que existe entre o Pai e o Filho: os discípulos devem viver a unidade entre eles, permanecendo no Pai e no Filho, para que o mundo conheça e creia (cf. Jo 17,21).

(*Redemptoris missio*, n. 23)

25

No acontecimento do Pentecostes vemos os apóstolos dar testemunho das maravilhas de Deus diante de pessoas provenientes de toda parte da terra. Desde o momento de seu nascimento, a Igreja foi missionária. Os primeiros sacerdotes, os apóstolos, foram logo orientados pelo Espírito para o horizonte sem limites do mundo. Como não reconhecer nisto uma indicação muito clara sobre o caráter missionário de todo ministério sacerdotal?

Acontece frequentemente que a qualificação de missionário é redutivamente limitada a quem se dedica à evangelização em regiões distantes. Mesmo tributando a maior honra a esta forma generosa de doação de si, que manifesta até onde pode chegar o amor total dado a Cristo, é preciso afirmar que toda a comunidade cristã é missionária, em virtude do universal e indiviso desígnio divino da salvação. O anseio missionário, por isso, deve ser sentido e participado por todos os cristãos e, em especial, por todos os padres.

(*Regina Coeli*, n. 1, 3 de junho de 1990)

26

Se todos os membros da Igreja são consagrados para a missão, todos são corresponsáveis por levar Cristo ao mundo mediante o próprio empenho pessoal. A participação neste direito/dever é chamada "cooperação missionária" e se enraíza, necessariamente, na santidade da vida: somente quando se está enxertado em Cristo, como os ramos na videira, se produz muito fruto. O cristão, que vive a própria fé e observa o mandamento do amor, alarga os limites de sua operosidade até abraçar todos os homens mediante aquela *cooperação espiritual*, feita de oração, de sacrifício e de testemunho, que permitiu proclamar copadroeira das missões Santa Teresa do Menino Jesus, que, no entanto, nunca foi enviada para a missão.

A *oração* deve acompanhar o caminho e a obra dos missionários, para que o anúncio da Palavra se torne frutuoso pela graça divina. *O sacrifício*, aceito com fé e sofrido com Cristo, tem valor salvífico. Se o sacrifício dos missionários deve ser compartilhado e apoiado pelo dos fiéis, então todo sofredor no espírito e no corpo pode se tornar missionário, se souber oferecer com Jesus ao Pai os próprios sofrimentos. *O testemunho da vida cristã* é uma pregação silenciosa, mas eficaz, da Palavra de Deus. Os homens de hoje, que parecem indiferentes à procura do Absoluto, na realidade sentem sua necessidade e são atraídos e atingidos pelos santos que o revelam com a própria vida.

(Mensagem para o Dia Missionário Mundial, n. 2, 19 de maio de 1991)

27

O missionário é impelido pelo "zelo pelas almas", que se inspira na caridade mesma de Cristo, feita de atenção, ternura, compaixão, acolhida, disponibilidade, interesse pelos problemas do povo. O amor de Jesus é muito profundo: Ele, que "sabia o que existe em cada homem" (Jo 2,25), amava todos, oferecendo-lhes a redenção, e sofria quando esta era recusada.

OUTUBRO

O missionário é o homem da caridade: para poder anunciar a cada irmão que é amado por Deus e que pode ele mesmo amar, deve testemunhar a caridade para com todos, gastando a vida pelo próximo.

O missionário é o "irmão universal", traz em si o espírito da Igreja, sua abertura e interesse por todos os povos e por todos os homens, especialmente os pequenos e os pobres. Como tal, ultrapassa as fronteiras e as divisões de raça, casta ou ideologia: é sinal do amor de Deus no mundo, que é amor sem nenhuma exclusão nem preferência. Finalmente, como Cristo, ele deve amar a Igreja: "Cristo amou a Igreja e entregou a si mesmo por ela" (Ef 5,25). Este amor, levado até a dar a vida, é para ele um ponto de referência. Somente um amor profundo pela Igreja pode sustentar o zelo do missionário; sua preocupação cotidiana – como diz São Paulo – é "a preocupação por todas as Igrejas" (2Cor 11,28). Para todo missionário "a fidelidade a Cristo não pode estar separada da fidelidade à sua Igreja" (*Presbyterorum ordinis*, n. 14).

(*Redemptoris missio*, n. 89)

28 Enquanto nesta terra passa do nascimento para a morte, o homem está consciente de ser um peregrino do absoluto. Aqui na Índia esta consciência é muito profunda. Vossos antigos sábios expressaram o atormentado anseio da alma pelo Absoluto. Há de fato uma aspiração para o infinito que remonta à noite dos tempos, uma consciência constante da presença divina e manifestações sem fim de sentimentos religiosos através das festas e das tradições populares. E na mesma busca do Absoluto, já há uma experiência do divino. Entre todos aqueles que no decorrer dos séculos procuraram Deus, recordamos o famoso Agostinho de Hipona, que, tendo-o encontrado, exclamou: "Onde, portanto, te encontrei, para te conhecer, senão em ti, acima de mim?" (*Confissões*, 10,26). Na Índia, esta procura de Deus e esta experiência dele foram acompanhadas por grande simplicidade, ascetismo e renúncia. [...]

Enquanto o homem se esforça por conhecer Deus, por ver seu rosto e experimentar sua presença, Deus se dirige ao homem para lhe revelar sua vida. O Concílio Vaticano II se detém longamente sobre a importância da intervenção de Deus no mundo. Isso explica que "com a revelação divina Deus quer manifestar e comunicar a si mesmo e os decretos eternos de sua vontade a respeito da salvação dos homens" (*Dei Verbum*, n. 6). Ao mesmo tempo, este Deus misericordioso e amoroso que comunica a si mesmo através da revelação permanece ainda para o homem um mistério impenetrável. E o homem, o peregrino do Absoluto, continua por toda a vida a procurar o rosto de Deus. Mas, no fim da peregrinação de fé, o homem chega à "casa do Pai", e estar nessa "casa" significa ver Deus "face a face" (1Cor 13,12).

(*Homilia na missa*, nn. 3 e 5,
Delhi, 1º de fevereiro de 1986)

29

A *Magna Charta* da evangelização continua sendo a exortação *Evangelii nuntiandi*, do Papa Paulo VI, com o complemento da encíclica *Redemptoris missio*, que escrevi em 1990 para defender e promover o conceito de "evangelização missionária" (*Evangelii nuntiandi*, n. 2), ou a missão *Ad gentes*, que aos olhos de alguns parecia ter perdido interesse e até validade.

A noção de evangelização, de Paulo VI, reafirma fielmente o ensinamento de Cristo, a tradição da Igreja e a visão do Concílio Vaticano II. É uma concepção completa que evita as armadilhas da ênfase excessiva sobre um aspecto particular desta realidade complexa, em detrimento dos outros. Na visão do Papa Paulo VI, a evangelização inclui aquelas atividades que dispõem as pessoas a ouvir a mensagem cristã, a proclamação da mesma mensagem, e a catequese que revela as riquezas da verdade e da graça contidas no *kérigma*. A evangelização, além disso, é dirigida não só aos indivíduos, mas também às culturas, que precisam ser regeneradas pelo contato com o Evangelho. O desenvolvimento humano e a libertação são partes integrantes dessa missão evangelizadora, mas não são idênticas a ela, e não são o fim da evangelização. Paulo VI foi claro sobre o fato de que a evangelização não pode ser reduzida a um mero projeto temporal de melhoramento humano. Deve sempre incluir uma clara e não ambígua proclamação de Jesus Cristo como Senhor e Salvador que traz aquela "vida em abundância" (Jo 10,10), que não é outra coisa senão a vida eterna em Deus.

*(Discurso na Federação
das Conferências Episcopais da Ásia, n. 4,
Manilha, 15 de janeiro de 1995)*

OUTUBRO

30
Mesmo que haja muitas e importantes diferenças entre nós [chefes das religiões], há também um fundo comum, em que se pode trabalhar juntos na solução deste desafio dramático de nossa época: paz verdadeira ou guerra catastrófica?

Sim, há a dimensão da oração, que, mesmo na real diversidade das religiões, procura expressar uma comunicação com um poder que está acima de todas as nossas forças humanas. A paz depende fundamentalmente deste poder que chamamos Deus, e que, como nós cristãos cremos, revelou a si mesmo em Cristo. Este é o significado deste dia de oração.

Pela primeira vez na história nos reunimos de toda parte, Igrejas cristãs e comunidades eclesiais e religiões mundiais, neste lugar sagrado dedicado a São Francisco, para testemunhar diante do mundo, cada um segundo a própria convicção, a qualidade transcendente da paz. A forma e o conteúdo de nossas orações são muito diferentes, como vimos, e não é possível reduzi-los a um gênero de denominador comum.

Sim, mas nessa mesma diferença descobrimos novamente que, talvez, no que diz respeito ao problema da paz e sua relação com o empenho religioso, haja alguma coisa que nos una.

(Discurso aos representantes das Igrejas cristãs, das comunidades eclesiais e das religiões mundiais, nn. 2-4, Assis, 27 de outubro de 1986)

31

[João da Cruz] não propõe somente o desapego do mundo. Propõe o desapego do mundo para unir-se a Cristo que está fora do mundo: e não se trata do nirvana, mas de um Deus pessoal. A união com ele não se realiza somente no caminho da purificação, mas mediante o amor.

A mística carmelita começa no ponto em que cessam as reflexões de Buda e suas indicações para a vida espiritual. Na purificação ativa e passiva da alma humana, naquelas noites específicas dos sentidos e do espírito, São João da Cruz vê, antes de tudo, a preparação necessária a fim de que a alma possa ser invadida pela chama viva do amor. E este é também o título de sua obra principal, *Chama viva de amor*.

Assim, apesar dos aspectos convergentes, há uma divergência essencial. A mística cristã de todo tempo – a partir da época dos Padres da Igreja do

OUTUBRO

Oriente e do Ocidente, através dos grandes teólogos da escolástica, como Santo Tomás de Aquino, e os místicos do norte europeu, até aqueles carmelitas – não nasce de uma "iluminação" puramente negativa, que torna o homem consciente do mal que está no apego ao mundo através dos sentidos, do intelecto e do espírito, mas da Revelação do Deus vivo. Este Deus se abre à união com o homem e suscita no homem a capacidade de se unir a ele, especialmente por meio das virtudes teologais: a fé, a esperança e, sobretudo, o amor.

(*Varcare la soglia della speranza*, p. 97)

NOVEMBRO

NOVEMBRO

1

NOVEMBRO

Hoje a Igreja celebra a festa de Todos os Santos. A Esposa do Senhor vestiu o hábito da alegria. E assim quer comparecer diante de seu Deus, para ser inundada da exultação da Jerusalém celeste. É o hábito das núpcias, aquele que admite ao banquete preparado para ela pelo Esposo. É o hábito da santidade. Hoje este hábito resplende de mil luzes diversas: são os traços infinitos de uma luz única, que uma multidão de homens e mulheres "de toda nação, raça, povo e língua" (Ap 7,9) faz cintilar sem descanso. [...]

A esses santos, a esses irmãos que construíram para nós um mundo melhor, sobe hoje nossa oração: vós, pobres desde dentro do coração, ricos somente da fé num Deus que não decepciona, porque venceu o mundo; vós, aflitos, que com vossas lágrimas enchestes o imenso rio da dor humana; vós, mansos, que escolhestes o caminho lento e fatigoso do direito, em vez do da violência e da injustiça; vós, famintos e sedentos de justiça, que lutastes pela honestidade e pela lealdade; vós, homens de perdão, que amastes vossos inimigos e fizestes bem àqueles que vos odiavam; vós, puros de coração, que sempre olhastes as coisas com o olho transparente e limpo da simplicidade; vós, construtores da paz, que pagastes pessoalmente para que o sonho de um mundo de irmãos se tornasse realidade;

vós, perseguidos pela justiça, que destes um rosto à esperança dos últimos e dos deserdados; vós, santos e santas de Deus, irmãos e irmãs nossos, que ensinastes que a santidade não é remota e inacessível, patrimônio de poucos, mas é plenitude do homem novo que está dentro de cada um de nós; vós todos, santos, pedi, pedi ao Cordeiro assentado no trono, pedi-lhe por esta história que tem sede de santos, por esta história viva da esperança que ainda lhe sejam dadas verdadeiras testemunhas; pedi-lhe e repeti com a esposa: "*Marana tha*, Vem, Senhor Jesus" (Ap 22,20).

(*Angelus*, nn. 1 e 3, 1º de novembro de 1986)

2 A Páscoa, a Páscoa de Cristo, constitui este momento particular em que se decide o problema da fé e da incredulidade: aceitar ou, então, rejeitar o Reino que Deus constrói no mundo sobre a pedra angular, que é Cristo. As palavras de João querem talvez indicar que a fé significa recusa do mundo? O apóstolo fala da vitória e não da recusa. A vitória acontece no "mundo" que procura se impor ao homem como única dimensão e fim de sua existência, como, de certo modo, "um absoluto" que não

existe. O fato de o mundo não ser absoluto, nem a dimensão definitiva do homem, prova-o sobretudo a realidade da morte. Não pode ser absoluto aquilo que é mortal, destrutível, transitório. Cristo, por meio de sua vitória sobre a morte, revelou o absoluto que é Deus. A ressurreição é a teofania definitiva. "Tudo o que nasceu de Deus vence o mundo."

*(Homilia na celebração
de encerramento do consistório,
n. 4, 7 de abril de 1991)*

3 É preciso [...] redescobrir, em todo seu valor programático, o capítulo V da constituição dogmática sobre a Igreja *Lumen gentium*, dedicado à "vocação universal à santidade". Se os Padres conciliares deram a este tema tanto destaque, não foi para dar uma espécie de toque espiritual à eclesiologia, mas sim para fazer dela emergir uma dinâmica intrínseca e qualificadora. A redescoberta da Igreja como "mistério", ou seja, como povo "reunido pela unidade do Pai, do Filho e do Espírito Santo" (São Cipriano, *De Orat. Dom.*, 23; cf. *Lumen gentium*, n. 4), não podia deixar de implicar um reencontro com a sua "santidade", entendida no sentido fundamental da pertença àquele que é por antonomásia o santo, o "três vezes santo" (cf. Is 6,3). Professar a Igreja como santa significa mostrar seu rosto de Esposa de Cristo, pela qual ele se doou, justamente com o fim de santificá-la (cf. Ef 5,25-26). Esse dom de santidade, por assim dizer, objetiva, é oferecido a cada batizado.

Mas o dom se traduz, por sua vez, numa tarefa, que deve governar toda a existência cristã: "Esta é a vontade de Deus, a vossa santificação" (1Ts 4,3). É um empenho que não diz respeito somente a alguns cristãos: "Todos os fiéis de qualquer estado ou grau são chamados à plenitude da vida cristã e à perfeição da caridade" (*Lumen gentium*, n. 40).

(*Novo millennio ineunte*, n. 30)

4

Na realidade, colocar a programação pastoral no signo da santidade é uma opção cheia de consequências. Significa expressar a convicção de que, se o Batismo é um verdadeiro ingresso na santidade de Deus através da inserção em Cristo e a habitação do seu Espírito, seria um contrassenso contentar-se com uma vida medíocre, vivida sob o signo de uma ética minimalista e de uma religiosidade superficial. Perguntar a um catecúmeno: "Você quer receber o Batismo?" significa ao mesmo tempo perguntar-lhe: "Você quer se tornar santo?". Significa colocar no caminho o radicalismo do Sermão da Montanha: "Sede perfeitos como é perfeito vosso Pai que está no céu" (Mt 5,48).

Como o próprio Concílio explicou, este ideal de perfeição não é equivocado como se implicasse uma espécie de vida extraordinária, praticável somente por alguns "gênios" da santidade. Os caminhos da santidade são múltiplos e adequados à vocação de cada um. Agradeço ao Senhor que me concedeu beatificar e canonizar, nestes anos, muitos cristãos, e entre eles muitos leigos que se santificaram nas condições mais simples da vida. É hora de propor a todos com convicção esta *"medida elevada" da vida cristã ordinária*: toda a vida da comunidade eclesial e das famílias cristãs deve levar para esta direção. É, porém, também evidente que os percursos da santidade são pessoais e exigem uma verdadeira e própria *pedagogia da santidade*, que seja capaz de se adequar aos ritmos de cada pessoa.

(*Novo millennio ineunte*, n. 31)

5 NOVEMBRO

O que é a velhice? Às vezes se fala dela como do outono da vida – já dizia Cícero (cf. *Cato maior, seu De senectute*, 19, 70) –, seguindo a analogia sugerida pelas estações e pelo suceder-se das fases da natureza. Basta olhar a variação da paisagem ao longo do ano, nas montanhas e nas planícies, nos campos, nos vales, nos bosques, nas árvores e nas plantas. Há uma estreita semelhança entre os biorritmos do homem e os ciclos da natureza, de que ele é parte.

Ao mesmo tempo, porém, o homem se distingue de qualquer outra realidade que o circunda, porque é pessoa. Plasmado à imagem e semelhança de Deus, ele é sujeito consciente e responsável. Também na sua dimensão espiritual, no entanto, ele vive o suceder-se de diversas fases, todas igualmente fugazes. Santo Efrem, o Sírio, gostava de comparar a vida aos dedos de uma mão, tanto para colocar em evidência que seu comprimento não vai além do de um palmo como para indicar que, como cada um dos dedos, cada fase da vida tem sua característica, e "os dedos representam os cinco degraus nos quais o homem avança" (Sr *"Tutto è vanità e afflizione di spirito"*, pp. 5-6).

Se, portanto, a infância e a juventude são período em que o ser humano está em formação vive projetado para o futuro e, tomando consciênci das próprias potencialidades, monta projetos para a idade adulta, a velhice não deixa de ter seus bens, porque – como observa São Jerônimo –, atenuando o ímpeto das paixões, ela "acrescenta a sabedoria, dá conselhos mais maduros" ("Auget sapientiam, dat maturiora consilia", *Commentaria in Amos*, 2, Prol.].

(*Carta aos anciãos*, n. 5)

6

É natural que, com o passar dos anos, se torne familiar o pensamento do "ocaso". [...] Se a vida é uma peregrinação para a pátria celeste, a velhice é o tempo em que mais naturalmente se olha para o limiar da eternidade.

E, no entanto, também nós anciãos temos dificuldade em nos resignarmos à perspectiva desta passagem. Ela, de fato, representa, na condição humana marcada pelo pecado, uma dimensão de obscuridade que necessariamente nos entristece e nos mete medo. E como poderia ser diversamente? O homem foi feito para a vida, enquanto a morte – como a Escritura nos explica desde as primeiras páginas (cf. Gn 2–3) – não estava no projeto original de Deus, mas aconteceu depois do pecado, fruto da "inveja do diabo" (Sb 2,24). Compreende-se, portanto, porque, diante desta realidade tenebrosa, o homem reaja e se revolte. É significativo, a tal propósito, que Jesus mesmo, "provado em tudo como nós, exceto no pecado" (Hb 4,15), tivesse medo diante da morte: "Pai, se possível, afasta de mim este cálice" (Mt 26,39). E como esquecer suas lágrimas diante do túmulo do amigo Lázaro, embora ele se preparasse para ressuscitá-lo (cf. Jo 11,35)? Embora a morte seja racionalmente compreensível do ponto de vista biológico, não é possível vivê-la com "naturalidade". Ela contrasta com o instinto mais profundo do homem.

(*Carta aos anciãos*, n. 14)

7 Enquanto lhes auguro, caros irmãos e irmãs anciãos, viver serenamente os anos que o Senhor dispôs para cada um, vem-me espontâneo participar-lhes absolutamente os sentimentos que me animam neste resto de minha vida, depois de mais de vinte anos de ministério no trono de Pedro, e na espera do terceiro milênio já às portas. Apesar das limitações que chegam com

a idade, conservo o gosto pela vida. E por isso agradeço ao Senhor. É bom poder gastar-se até o fim pela causa do Reino de Deus.

Ao mesmo tempo, encontro grande paz em pensar no momento em que o Senhor vai me chamar: de vida em vida! Por isso, vem-me frequentemente aos lábios, sem qualquer sombra de tristeza, uma oração que o padre recita depois da celebração eucarística: *In hora mortis meae voca me, et iube me venire ad te* – "Na hora da morte, chama-me, e ordena que eu vá a ti". É a oração da esperança cristã, que nada tira da alegria da hora presente, enquanto entrega o futuro aos cuidados da bondade divina.

(Carta aos anciãos, n. 17)

8

Dentro de cada sofrimento experimentado pelo homem e, igualmente, na base de todo o mundo dos sofrimentos, aparece inevitavelmente *a interrogação: por quê?* É uma interrogação sobre a causa, a razão, e ao mesmo tempo uma interrogação sobre o propósito (por quê?) e, finalmente, sobre o sentido. Ela não só acompanha o sofrimento humano, mas parece até

NOVEMBRO

determinar seu conteúdo, isto para quem o sofrimento é propriamente sofrimento humano.

Obviamente a dor, especialmente a física, está amplamente espalhada no mundo dos animais. Porém, só o homem, sofrendo, sabe que sofre e se pergunta o porquê disto; e sofre num modo humanamente ainda mais profundo, quando não encontra resposta satisfatória. *Esta é uma pergunta difícil*, assim como o é outra muito afim, isto é, a pergunta sobre o mal. Por que o mal? Por que o mal no mundo? Quando colocamos a interrogação neste modo, fazemos sempre, pelo menos em certa medida, uma pergunta também sobre o sofrimento.

(*Salvifici doloris*, n. 9)

9 Ambas as interrogações são difíceis, quando o homem as faz ao homem, os homens aos homens, como também quando o homem as apresenta a Deus. O homem, de fato, não faz esta pergunta ao mundo, embora muitas vezes o sofrimento venha dele, mas sim a Deus, como Criador e Senhor do mundo. É bem conhecido que quando se perscruta o terreno desta interrogação, se

chega não somente a múltiplas frustrações e conflitos nas relações do homem com Deus, mas acontece também de se chegar à *negação mesma de Deus*. Se, de fato, a existência do mundo abre quase o olhar da alma humana para a existência de Deus, para sua sabedoria, força e magnificência, então, o mal e o sofrimento parecem ofuscar esta imagem dele, às vezes radicalmente, tanto mais na dramaticidade cotidiana de tantos sofrimentos sem culpa e de tantas culpas sem pena adequada. Por isso, esta circunstância – talvez ainda mais que qualquer outra – indica quanto é importante *a interrogação sobre o sentido do sofrimento* e com que perspicácia é preciso tratar tanto a interrogação em si mesma como toda resposta possível que lhe possa ser dada.

(*Salvifici doloris*, n. 9)

10

Para poder perceber a verdadeira resposta ao "porquê" do sofrimento, devemos voltar nosso olhar para a revelação do amor divino, fonte última do sentido de tudo o que existe. O amor é também a fonte mais rica do sentido do sofrimento, que permanece sempre um mistério: somos conscientes da insuficiência e inadequação de nossas explicações. Cristo nos faz entrar no mistério e nos faz descobrir o "porquê" do sofrimento, enquanto somos capazes de compreender a sublimidade do amor divino.

Para encontrar o sentido profundo do sofrimento, seguindo a Palavra revelada de Deus, é necessário abrir-se amplamente ao sujeito humano em sua múltipla potencialidade. É preciso, sobretudo, acolher a luz da revelação não somente porque ela expressa a ordem transcendente da justiça, mas porque ilumina esta ordem com o amor, qual fonte definitiva de tudo aquilo que existe. O Amor é também a fonte mais plena da resposta à interrogação sobre o sentido do sofrimento. Esta resposta foi dada por Deus ao homem na cruz de Jesus Cristo.

(*Salvifici doloris*, n. 13)

11

"Eu sou o Senhor, teu Deus, que se fez sair do país do Egito... não terás outro Deus além de mim" (*Decálogo*, cf. Ex 20,2-3).

Deus escolheu um lugar no deserto: o monte Sinai – e escolheu um povo ao qual se manifestou como libertador da escravidão do Egito – e elegeu um homem, ao qual confiou seus mandamentos: Moisés.

Dez palavras simples. O decálogo. A primeira delas soa justamente assim: "Não terás outro Deus além de mim". [...]

"*Não terás outro Deus além de mim.*" Esta é a primeira palavra do decálogo, *o primeiro mandamento, do qual dependem todos os outros mandamentos*. Toda a lei divina – escrita uma vez em tábuas de pedra e igualmente transcrita eternamente no coração dos homens. Assim, também aqueles que não conhecem o Decálogo, conhecem seu conteúdo essencial. Deus proclama a lei moral não somente com as palavras da Aliança – da Antiga Aliança do monte Sinai e do Evangelho de Cristo –, *proclama-a com a mesma verdade íntima daquele ser racional, que é o homem*.

Esta lei moral de Deus é dada ao homem e contemporaneamente é dada para o homem: para seu bem. Não é assim? Não é para o homem cada um desses mandamentos do monte Sinai: "Não matarás. Não cometerás adultério. Não dirás falso testemunho. Honra pai e mãe" (cf. Ex 20,13-14.16.12)? Cristo abraça tudo isto com o único mandamento do amor, que é duplo: "Amarás o Senhor teu Deus sobre todas as coisas. Amarás o homem, teu próximo, como a ti mesmo" (cf. Mt 22,37).

NOVEMBRO

Assim, o *Decálogo* – herança da Antiga Aliança de Deus com Israel – *foi confirmado no Evangelho* como o fundamento moral da Nova Aliança no sangue de Cristo.

(*Homilia na missa*, nn. 1 e 3,
Koszalin, 1º de junho de 1991)

12

Os tempos em que vivemos, a humanidade contemporânea, a cultura europeia e o progresso, têm já atrás de si aquela procura de Deus às apalpadelas – que, porém, era sempre uma procura e, de algum modo, levava a ele. Todos herdaram o tesouro. Em *Cristo* receberam ainda mais que o Decálogo. No entanto, quem mais que Cristo – crucificado e ressuscitado – *confirma a força daquela palavra do Decálogo*: "Não terás outro Deus além de mim?".

E somente pela força deste primeiro mandamento se pode pensar num humanismo autêntico. Somente então "o sábado pode ser para o homem" e toda a moralidade humanista se verifica e se realiza.

"A criatura... sem o Criador desaparece" – afirma o Concílio (*Gaudium et spes*, n. 36). *Sem Deus permanecem as ruínas da moral humana*. Todo bem verdadeiro para o homem – e isto é a essência mesma da moral – só é possível quando sobre ele vigia o único que "somente é bom" (como Cristo disse uma vez a um jovem; cf. Mc 10,18). [...]

Eu lhes peço, não se esqueçam nunca:

"Eu sou o Senhor, teu Deus, que te fez sair do país do Egito, da condição de escravidão: não terás outros deuses além de mim" (Ex 20,2-3)!

Não dirás o nome de Deus em vão.

Lembra-te de santificar as festas.

Honra pai e mãe.

Não matarás.

Não cometerás adultério.

Não roubarás.

Não dirás falso testemunho.

Não desejarás a mulher de outros.

Não desejarás a roupa de outros.

Eis o decálogo: as dez palavras. *Destas dez simples palavras depende o futuro do homem e das sociedades*. O futuro da nação, do Estado, da Europa, do mundo.

"Tuas palavras, Senhor, são verdade. Consagra-nos na verdade" (cf. Jo 17,17).

(Homilia na missa, nn. 5-6,
Koszalin, 1º de junho de 1991)

13 NOVEMBRO

Padres da Igreja são justamente chamados aqueles santos que, com a força da fé, a profundidade e a riqueza de seus ensinamentos, no decorrer dos primeiros séculos, a regeneraram e a incrementaram grandemente (cf. Gl 4,19; Vincenzo di Lérins, *Commonitorium*, I, 3).

Na verdade, "Padres" da Igreja, porque deles, mediante o Evangelho, ela recebeu a vida (cf. 1Cor 4,15). E também seus construtores, porque deles – sobre o fundamento único colocado pelos apóstolos, que é o Cristo (cf. 1Cor 3,11) – a Igreja de Deus foi edificada em suas estruturas.

Da vida recebida dos seus Padres a Igreja vive ainda hoje; e sobre as estruturas colocadas pelos seus primeiros construtores ainda hoje é edificada, na alegria e na dor de seu caminho e de seu trabalho cotidiano.

Padres, portanto, foram, e Padres ficarão para sempre: eles mesmos, de fato, são uma estrutura estável da Igreja, e para a Igreja de todos os séculos exercem uma função perene. Assim, todo anúncio e magistério posteriores, se querem ser autênticos, devem comparar-se com seu anúncio e seu magistério; todo carisma e todo ministério devem beber da fonte vital de sua paternidade; e toda pedra nova, acrescentada ao edifício santo que todo dia cresce e se amplia (cf. Ef 2,21), deve ser colocado nas estruturas já postas por eles, e com elas fundir-se e conectar-se.

Guiada por essas certezas, a Igreja não se cansa de retornar aos seus escritos – cheios de sabedoria e incapazes de envelhecer – e de renovar continuamente sua lembrança. É, portanto, com grande alegria que ao longo do ano litúrgico novamente encontramos os nossos Padres: e toda vez por eles somos confirmados na fé e encorajados na esperança.

(*Patres ecclesiae*, n. 1, 2 de janeiro de 1980)

14

Não pareça abstrato começar por aquilo que ele [Basílio Magno] ensinou a respeito da Santa Trindade: é certo, ao contrário, que não pode haver início melhor, pelo menos se quisermos adequar-nos ao seu mesmo pensamento.

Por outro lado, o que pode impor-se mais ou ser mais normativo para a vida que o mistério da vida de Deus? Pode haver ponto de referência mais significativo e vital que este para o homem?

Para o homem novo, que se conformou a este mistério na estrutura íntima de seu ser e de seu existir; e para todo homem, saiba ou não: uma vez que não há ninguém que não tenha sido criado para o Cristo, o Verbo eterno, e não há ninguém que não seja chamado, pelo Espírito e no Espírito, a glorificar o Pai.

É o mistério primordial, a Trindade Santa: pois não é outra coisa senão o mistério do mesmo Deus, do único Deus vivo e verdadeiro.

Desse mistério, Basílio proclama com firmeza a realidade: a tríade dos nomes divinos, diz ele, indica certamente três hipóstases distintas (cf. São Basílio, *Adv. Eunomium*, I). Mas com não menor firmeza confessa sua absoluta inacessibilidade.

Como era lúcida nele, grande teólogo, a consciência da enfermidade e a inadequação de todo teologizar!

Ninguém, dizia, é capaz de fazê-lo de modo digno, e a grandeza do mistério supera todo discurso, de tal forma que nem mesmo as línguas dos anjos podem atingi-lo (cf. São Basílio, *Homilia de fide*).

Realidade abissal e imperscrutável, portanto, o Deus vivo! Mas, contudo, Basílio sabe que "deve falar dele", antes e mais que de qualquer outra coisa. E assim, crendo, fala (cf. 2Cor 4,13): por força incoercível de amor, por obediência à ordem de Deus, e para a edificação da Igreja, que "não se sacia nunca de ouvir tais coisas" (São Basílio, *Homilia de fide*).

Mas talvez seja mais exato dizer que Basílio, como verdadeiro "teólogo", mais que falar deste mistério, canta-o.

(*Patres ecclesiae*, n. 3,
2 de janeiro de 1980)

15 Lendo em profundidade as páginas bíblicas de ambos os Testamentos, na esteira da concorde tradição patrística, Ambrósio convida a captar, além do sentido literal, tanto um sentido moral, que ilumina o comportamento, como um sentido alegórico místico, que permite descobrir nas imagens e, nos episódios narrados, o mistério de Cristo e da Igreja. Assim, em especial, muitos personagens do Antigo Testamento aparecem como "tipos" e antecipações da figura de Cristo. Ler as Escrituras é ler Cristo. Por isso, Ambrósio recomenda vivamente a leitura integral da Escritura: "Beba, portanto, de ambos os cálices, do Antigo e do Novo Testamento, porque de ambos bebe Cristo. Beba Cristo, que é a videira; beba

Cristo, que é a fonte da vida; beba Cristo, que é o rio cuja corrente fecunda a cidade de Deus; beba Cristo que é a paz".

Ambrósio sabe que o conhecimento das Escrituras não é fácil. No Antigo Testamento há páginas escuras que recebem plena luz somente no Novo. Cristo é sua chave, o revelador: grande é a escuridão das Escrituras proféticas! Mas se tu batesses com a mão de teu espírito na porta das Escrituras, e se examinasses escrupulosamente aquilo que lá está escondido, aos poucos começarias a entender o sentido das palavras, e te seria aberto não por outros, mas pelo Verbo de Deus [...] porque somente o Senhor Jesus em seu Evangelho tirou o véu dos enigmas proféticos e dos mistérios da lei; somente ele nos forneceu a chave do saber e nos deu a possibilidade de abrir".

A Escritura é um "mar, que encerra em si sentidos profundos e abismos de enigmas proféticos: nesse mar foram lançados muitíssimos rios". Dado este seu caráter de palavra viva e ao mesmo tempo complexa, a Escritura não pode ser lida superficialmente.

(*Operosam diem*, nn. 14-15,
1º de dezembro de 1996)

16

NOVEMBRO

Olhando para a Igreja corpo de Cristo e vivificada pelo Espírito Santo que é o espírito de Cristo, Agostinho desenvolveu de muitas formas uma noção sobre a qual se dedicou com particular agrado também o recente Concílio: a Igreja comunhão. Fala dela em três modos diversos e convergentes: a comunhão dos sacramentos ou realidade institucional fundada por Cristo sobre o fundamento dos apóstolos, da qual discute longamente na controvérsia donatista defendendo sua unidade, a universalidade, a apostolicidade e a santidade, e demonstrando que tem por centro a "sé de Pedro", "na qual esteve sempre em vigor o primado da cátedra apostólica"; a comunhão dos santos ou realidade espiritual que une todos os justos desde Abel até a consumação dos séculos; a comunhão dos beatos ou realidade escatológica que reúne todos aqueles que conseguiram a salvação, isto é, a Igreja "sem mancha e sem ruga" (Ef 5,27).

Outro tema caro à eclesiologia agostiniana foi o da Igreja Mãe e mestra. Sobre este tema Agostinho escreveu páginas profundas e comovedoras, porque ele tocava de perto sua experiência de convertido e sua doutrina de teólogo. Nos caminhos de retorno à fé ele encontrou a Igreja não mais oposta a Cristo como o tinham feito acreditar, mas manifestação de

Cristo, "mãe verdadeira dos cristãos, e garantia da verdade revelada".

A Igreja é mãe que gera os cristãos: "Dois nos geraram para a morte, dois nos geraram para a vida. Os genitores que nos geraram para a morte são Adão e Eva, os genitores que nos geraram para a vida são Cristo e a Igreja". A Igreja é mãe que sofre por aqueles que se afastam da justiça, sobretudo por aqueles que dilaceram sua unidade; é a pomba que geme e clama para que todos voltem ou aportem debaixo de suas asas; é a manifestação da paternidade universal de Deus através da caridade que "para uns é carinhosa, para outros severa; para ninguém é inimiga, para todos é mãe".

(*Augustinum Hipponensem*, n. 3, 28 de agosto de 1986)

17

Muitas são as razões favoráveis à proclamação de Santo Tomás Morus como patrono dos governantes e dos políticos. Entre elas, a necessidade que o mundo político e administrativo percebe de modelos dignos de crédito, que mostrem o caminho da verdade num momento histórico em que se multiplicam desafios árduos e responsabilidades graves. Hoje, realmente fenômenos econômicos fortemente inovadores estão modificando as estruturas sociais; por outro lado, as conquistas científicas no setor das biotecnologias urgem a exigência de defender a vida humana em todas as suas expressões, enquanto as promessas de uma nova sociedade, propostas com sucesso a uma opinião pública transtornada, exigem com urgência escolhas políticas claras em favor da família, dos jovens, dos anciãos e dos marginalizados.

Neste contexto, é bom voltar ao exemplo de Santo Tomás Morus, que se distinguiu pela fidelidade constante à autoridade e às instituições legítimas, justamente porque nelas entendia servir não ao poder, mas ao ideal supremo da justiça. Sua vida nos ensina que o governo é, antes de tudo, exercício de virtude. Forte por este rigoroso fundamento moral, o estadista inglês colocou a própria atividade pública a serviço da pessoa, especialmente se fraca ou pobre; administrou as controvérsias sociais com refinado sentido de equidade; protegeu a família e a defendeu com empenho intrépido; promoveu a educação integral da juventude. O desapego profundo das honras e das riquezas, a humildade serena e jovial, o conhecimento equilibrado da natureza humana e da vaidade do sucesso, a segurança do julgamento enraizada na fé, deram-lhe aquela fortaleza interior

NOVEMBRO

confiante que o sustentou nas adversidades e diante da morte. Sua santidade refulgiu no martírio, mas foi preparada por toda uma vida de trabalho na dedicação a Deus e ao próximo.

(*E sancti Thomae Mori*, n. 4, 31 de outubro de 2000)

18

Apesar dos quatrocentos anos que nos separam de seu nascimento, sua mensagem e exemplo conservam uma atualidade universal que distingue o verdadeiro seguidor de Cristo. Fez-se "escravo dos escravos negros para sempre", por eles consagrou suas melhores energias, pela defesa de seus direitos como pessoas e como filhos de Deus consumou sua existência, e numa prova heroica de amor ao irmão entregou sua vida.

Mas São Pedro Claver não limitou o horizonte de sua obra aos escravos, estendeu-o com vitalidade prodigiosa a todos os grupos étnicos ou religiosos que sofriam a marginalização. Quantos prisioneiros, estrangeiros, pobres e oprimidos, escravos que trabalhavam nas construções, nas minas e nas fazendas, receberam sua visita, seu conforto e sua consolação.

Num ambiente duro e difícil no qual o direito do ser humano era violentado sem escrúpulos, São Pedro Claver elevou corajosamente a voz contra os dominadores dizendo-lhes que aqueles seres oprimidos eram iguais em sua dignidade aos seus opressores, em sua alma e em sua vocação transcendente.

Com um sentido pedagógico profundo, com o tato de um sociólogo integral, transmitiu ao marginalizado a consciência de sua dignidade, fez-lhe apreciar o valor de sua pessoa e do destino ao qual Deus, Pai de todos, o chamava. Assim, destruiu as barreiras do desespero; assim semeou a esperança; assim se empenhou para transformar uma realidade injusta, sem pregar os caminhos da violência física ou do ódio; assim foi criando um laço de união entre duas raças e duas culturas.

Em nosso mundo de hoje, que proclama com insistência o respeito dos direitos humanos e que tem necessidade da observância real deles nos diversos âmbitos, o exemplo de São Pedro Claver oferece um ponto de referência luminoso, como defensor eminente daqueles direitos e pelos meios empregados em sua defesa.

*(Mensagem aos colombianos
no 4º centenário do nascimento de São Pedro Claver,
26 de junho de 1980)*

NOVEMBRO

19

A terrível "controvérsia sobre as imagens", que dilacerou o império bizantino sob os imperadores isauricos Leão III e Constantino V, entre os anos 730 e 780 e, novamente, sob Leão V, de 814 a 843, se explica principalmente com a questão teológica, que no início foi o fundamento.

Sem ignorar o perigo de um ressurgir sempre possível das práticas idolátricas pagãs, a Igreja admitia que o Senhor, a bem-aventurada Virgem Maria, os mártires e os santos fossem representados em formas pictóricas ou plásticas para apoiar a oração e a devoção dos fiéis. Estava claro a todos, segundo a fórmula de São Basílio, recordada pelo Concílio Niceno II, que "a honra prestada ao ícone é dirigido ao protótipo" (São Basílio Magno, *De Spiritu Sanctu*, XVIII, 45, 19). No Ocidente, o Papa São Gregório Magno havia insistido sobre o caráter didático das pinturas nas Igrejas, úteis para que os iletrados "olhando-as possam, pelo menos, ler nas paredes aquilo que não são capazes de ler nos livros". Sublinhava que esta contemplação devia levar à adoração da "única e onipotente Trindade" (São Gregório Magno, *Epistulae ad episcopum Serenum Massilliensem*). É neste contexto que se desenvolveu especialmente em Roma, no século VIII, o culto da imagens dos santos, dando lugar a uma produção artística admirável.

(*Duodecimum saeculum*, n. 8,
4 de dezembro de 1987)

20 Há algumas décadas, nota-se uma recuperação do interesse pela teologia e pela espiritualidade dos ícones orientais; é um sinal de uma necessidade crescente da linguagem espiritual da arte autenticamente cristã. [...] O crente de hoje, como o de ontem, deve ser ajudado na oração e na vida espiritual com a visão de obras que procuram expressar o mistério sem ocultá-lo por nenhum motivo. É esta a razão pela qual, hoje como no passado, a fé é a inspiradora necessária da arte da Igreja.

A arte pela arte, que não remete senão ao seu autor, sem estabelecer uma relação com o mundo divino, não encontra lugar na concepção cristã do ícone. Qualquer que seja o estilo que adota, todo tipo de arte sacra deve expressar a fé e a esperança da Igreja. A tradição do ícone mostra que o artista deve ter consciência de realizar uma missão a serviço da Igreja.

NOVEMBRO

A arte cristã autêntica é aquela que, mediante a percepção sensível, permite intuir que o Senhor está presente em sua Igreja, que os acontecimentos da história da salvação dão sentido e orientação a nossa vida, e que a glória que nos é prometida já transforma nossa existência. A arte sacra deve visar oferecer-nos uma síntese visual de todas as dimensões de nossa fé. A arte da Igreja deve ter por objetivo falar a linguagem da encarnação e expressar com os elementos da matéria aquele que "se dignou habitar na matéria e realizar nossa salvação através da matéria", segundo a bela fórmula de São João Damasceno (*Sermo de imaginibus*, I, 16).

(*Duodecimum saeculum*, n. 11, 4 de dezembro de 1987)

21

Esperança e confiança poderiam parecer assuntos que vão além do escopos das Nações Unidas. Na realidade não é assim, pois as ações políticas das nações, tema principal das preocupações de vossa organização, trazem sempre à pauta também a dimensão transcendental e espiritual da experiência humana, e não poderiam ignorá-la sem trazer prejuízo à causa do homem e da liberdade humana. [..

Senhoras e senhores! Estou diante de vós, como o meu predecessor, o Papa Paulo VI, exatamente há trinta anos, não como alguém que tem poder temporal – são suas palavras – nem como um líder religioso que invoca privilégios especiais para sua comunidade. Estou aqui, diante de vós, como uma testemunha: uma testemunha da dignidade do homem, uma testemunha de esperança, uma testemunha da convicção de que o destino de cada nação está nas mãos de uma Providência misericordiosa.

Devemos vencer *nosso medo do futuro. Mas não poderemos vencê-lo totalmente, senão todos juntos*. A "resposta" àquele medo não é a coerção, nem a repressão ou a imposição de um "modelo" único social para o mundo inteiro. A resposta ao medo que ofusca a existência humana no final do século XX é o esforço comum para *construir a civilização do amor*, fundamentada nos valores universais da paz, da solidariedade, da justiça e da liberdade. E a "alma" da civilização do amor é a cultura da liberdade: a liberdade dos indivíduos e das nações, vivida numa solidariedade e responsabilidade oblativas. Não devemos ter medo do futuro. Não devemos ter medo do homem.

(*Discurso na ONU*, nn. 17-18,
Nova York, 5 de outubro de 1995)

NOVEMBRO

22

Esta festa (de Cristo Rei do universo) foi oportunamente colocada no último domingo do ano litúrgico, para evidenciar que Jesus Cristo é o Senhor do tempo e que nele encontra realização todo o desígnio da criação e da redenção.

A figura do Rei Messias toma forma na consciência do povo de Israel, através da *Antiga Aliança*. É Deus mesmo que, especialmente através dos profetas, revela aos israelitas sua vontade de reuni-los como faz um pastor com seu rebanho, para que vivam livres e em paz na terra prometida. Para esse fim, ele enviará seu Consagrado – o "Cristo", na língua grega – para resgatar o povo do pecado e para introduzi-lo no Reino.

Jesus Nazareno *leva à realização no mistério pascal* esta missão. Ele não vem reinar como os reis deste mundo, mas estabelecer, por assim dizer, no coração do *homem*, da *história* e do *cosmos* a força divina do amor.

(*Angelus*, n. 1, 24 de novembro de 2002)

23

Quando tiver passado a figura deste mundo, aqueles que acolheram Deus em sua vida e se abriram sinceramente a seu amor, pelo menos no momento da morte, poderão gozar daquela plenitude de comunhão com Deus, que constitui a meta da existência humana.

Como ensina o *Catecismo da Igreja Católica*, "esta vida perfeita com a Santíssima Trindade, esta comunhão de vida e de amor com ela, com a Virgem Maria, os anjos e todos os bem-aventurados, é denominada 'o céu'. O céu é o fim último e a realização das aspirações mais profundas do homem, o estado de felicidade suprema e definitiva" (n. 1024). Queremos hoje procurar entender o sentido bíblico do "céu", para poder compreender melhor a realidade à qual esta expressão remete.

Na linguagem bíblica, o "céu", quando está unido à "terra", indica uma parte do universo. A propósito da criação, a Escritura diz: "No começo Deus criou o céu e a terra" (Gn 1,1).

No plano metafórico, o céu é entendido como habitação de Deus, que nisto se distingue dos homens (cf. Sl 104[103],2s; 115[113b],16; Is 66,1). Ele, do alto dos céus vê e julga (cf. Sl 113[112],4-9), e desce quando é invocado (cf. Sl 18[17],7.10; 144[143],5). No entanto, a metáfora bíblica deixa entender que Deus nem se identifica com o céu nem pode ser encerrado no céu (cf. 1Rs 8,27); e isso é verdadeiro, apesar de que, em algumas passagens do Primeiro Livro dos Macabeus, "o Céu" é simplesmente um nome de Deus (1Mc 3,18.19.50.60; 4,24.55).

Na representação do céu, como morada transcendente do Deus vivo, se acrescenta a de lugar ao qual também os crentes podem ter acesso, por graça, como no Antigo Testamento emerge das vicissitudes de Enoc (cf. Gn 5,24) e de Elias (cf. 2Rs 2,11). O céu se torna, assim, figura da vida em Deus. Neste sentido, Jesus fala de "recompensa nos céus" (Mt 5,12) e exorta a "acumular tesouros no céu" (Mt 6,20; cf. 19,21).

(*Audiência geral*, nn. 1-2, 21 de julho de 1999)

24

O Novo Testamento aprofunda a ideia de céu também em relação ao mistério de Cristo. Para indicar que o sacrifício do Redentor assume valor perfeito e definitivo, a Carta aos Hebreus afirma que Jesus "atravessou os céus" (Hb 4,14) e "não entrou num santuário feito por mão humana, imitação do verdadeiro, mas no próprio céu" (Hb 9,24). Os crentes, portanto, enquanto amados de modo especial pelo Pai, são ressuscitados com Cristo e são tornados cidadãos do céu. Vale a pena ouvir o que a propósito o apóstolo Paulo nos comunica num texto de grande intensidade: "Deus, rico em misericórdia, pelo imenso amor com que nos amou, quando ainda estávamos mortos por causa dos nossos pecados, deu-nos a vida com Cristo: É por graça que fostes salvos! E ele nos ressuscitou com Cristo e com ele nos fez sentar nos céus, em virtude de nossa união com Cristo Jesus! Assim, por sua bondade para conosco no Cristo Jesus, Deus quis mostrar, nos séculos futuros, a incomparável riqueza de sua graça" (Ef 2,4-7). A paternidade de Deus, rico de misericórdia, é experimentada pelas criaturas através do amor do Filho de Deus crucificado e ressuscitado, o qual, como Senhor, se senta nos céus à direita do Pai.

A participação na intimidade completa com o Pai, depois do percurso de nossa vida terrena, passa, portanto, através da inserção no mistério pascal do Cristo. São Paulo sublinha com imagem espacial viva esse nosso caminhar para Cristo nos céus no fim dos tempos: "Depois, nós, os vivos, que ainda estivermos em vida, seremos arrebatados, junto com eles, sobre as nuvens, ao encontro do Senhor, nos ares. E, assim, estaremos sempre com o Senhor. Reconfortai-vos, pois, uns aos outros com estas palavras" (1Ts 4,17-18). No quadro da revelação sabemos que o "céu" ou a "bem-aventurança" na qual nos encontraremos não é uma abstração, nem mesmo um lugar físico entre as nuvens, mas uma relação viva e pessoal com a Trindade santa. É o encontro com o Pai que se realiza em Cristo ressuscitado graças à comunhão do Espírito Santo. É preciso manter sempre certa sobriedade ao descrever estas "realidades últimas", uma vez que sua representação permanece sempre inadequada.

(*Audiência geral*, nn. 3-4, 21 de julho de 1999)

25

Deus é Pai infinitamente bom e misericordioso. Mas o homem, chamado a lhe responder na liberdade, pode, infelizmente, escolher recusar definitivamente seu amor e seu perdão, subtraindo-se, assim, para sempre, à comunhão alegre com ele. Justamente esta situação trágica é indicada pela doutrina cristã quando fala de condenação ao inferno. Não se trata de um castigo de Deus infligido de fora, mas do desenvolvimento de premissas já colocadas pelo homem nesta vida. A mesma dimensão de infelicidade que esta condição obscura traz consigo pode ser, de alguma forma, intuída à luz de algumas terríveis experiências nossas, que tornam a vida, como se costuma dizer, um "inferno". Em sentido teológico, no entanto, o inferno é outra coisa: é a última consequência do mesmo pecado, que se volta contra quem o cometeu. É a situação na qual definitivamente se coloca quem rejeita a misericórdia do Pai até no último instante de sua vida.

Para descrever esta realidade, a Sagrada Escritura se vale de uma linguagem simbólica, que será precisada progressivamente. No Antigo Testamento, a condição dos mortos não estava ainda plenamente iluminada pela revelação. Pensava-se, na verdade, que os mortos fossem reunidos no *sheol*, um lugar de trevas (cf. Ez 28,8; 31,14; Jó 10,21-22; 38,17; Sl 30[29],10; 88[87],7.13), um fosso do qual não se sai (cf. Jó 7,9), um lugar no qual não é possível louvar a Deus (cf. Is 38,18; Sl 6,6).

O Novo Testamento projeta nova luz sobre a condição dos mortos, sobretudo anunciando que Cristo, com sua ressurreição, venceu a morte e estendeu sua força libertadora também no reino dos mortos.

A redenção permanece, no entanto, uma oferta de salvação cuja acolhida cabe ao homem livremente. Por isso, cada um será julgado "segundo as suas obras" (Ap 20,13). Recorrendo a imagens, o Novo Testamento apresenta o lugar destinado aos operadores de iniquidades como uma fornalha ardente, onde há "choro e ranger de dentes" (Mt 13,42; cf. 25,30.41), ou então como a Geena de "fogo inextinguível" (Mc 9,43). Tudo isto é expresso narrativamente na parábola do rico perdulário, na qual se precisa que os infernos são o lugar de pena definitiva, sem possibilidade de retorno ou de mitigação da dor (cf. Lc 16,19-31).

(Audiência geral, nn. 1-2, 28 de julho de 1999)

26

As imagens com as quais a Sagrada Escritura nos apresenta o inferno devem ser corretamente interpretadas. Elas indicam a frustração completa e o vazio de uma vida sem Deus. O inferno indica, mais que um lugar, a situação em que se encontra quem livre e definitivamente se afasta de Deus, fonte de vida e de alegria. Assim o *Catecismo da Igreja Católica* resume os dados da fé sobre este tema: "Morrer em pecado mortal sem ter-se arrependido dele e sem acolher o amor misericordioso de Deus significa ficar separado do Todo-Poderoso para sempre, por nossa opção livre. E é este estado de autoexclusão definitiva da comunhão com Deus e com os bem-aventurados que se designa com a palavra 'inferno'" (n. 1033). A "condenação" não é, portanto, atribuída à iniciativa de Deus, uma vez que em seu amor misericordioso ele não pode querer senão a salvação dos seres por ele criados. Na realidade, é a criatura que se fecha ao seu amor. A "condenação" consiste justamente no afastamento definitivo de Deus livremente escolhido pelo homem e confirmado com a morte que sela para sempre aquela opção. A sentença de Deus ratifica este estado. [...]

A condenação permanece uma possibilidade real, mas não nos é dado conhecer, sem revelação divina especial, se e quais seres humanos estão efetivamente envolvidos nela. O pensamento do inferno – muito menos a utilização imprópria das imagens bíblicas – não deve criar psicoses ou angústia, mas representa uma advertência necessária e salutar à liberdade, dentro do anúncio que Jesus Ressuscitado venceu Satanás, dando-nos o Espírito de Deus, que nos faz invocar: "Abbá, Pai" (Rm 8,15; Gl 4,6).

(*Audiência geral*, nn. 3-4,
28 de julho de 1999)

27 NOVEMBRO

Para quantos se encontram em condição de abertura para Deus, mas de modo imperfeito, o caminho para a plena bem-aventurança exige uma purificação, que a fé da Igreja ilustra através da doutrina do "purgatório" (cf. *Catecismo da Igreja Católica*, nn. 1030-1032).

Na Sagrada Escritura pode-se colher alguns elementos que ajudam a compreender o sentido desta doutrina, mesmo não enunciada formalmente. Eles expressam a convicção de que não se pode ter acesso a Deus sem passar através de alguma purificação. Segundo a legislação religiosa do Antigo Testamento, aquilo que é destinado a Deus deve ser perfeito. Consequentemente, até a integridade física é especialmente exigida para as realidades que estão em contato com Deus no plano sacrifical, como, por exemplo, os animais que devem ser imolados (cf. Lv 22,22), ou no plano institucional, como no caso dos sacerdotes, ministros do culto (cf. Lv 21,17-23). A essa integridade física deve corresponder uma dedicação total, dos indivíduos e da coletividade (cf. 1Rs 8,61), ao Deus da Aliança na linha dos grandes ensinamentos do Deuteronômio (cf. 6,5). Trata-se de amar a Deus com todo o nosso ser, com pureza de coração e com testemunho de obras (cf. Dt 10,12-13). A exigência de integridade se impõe evidentemente depois da morte, para o ingresso na comunhão perfeita e definitiva com Deus. Quem não tem essa integridade deve passar pela purificação.

(*Audiência geral*, nn. 1-2, 4 de agosto de 1999)

28 Para atingir um estado de integridade perfeita é preciso ter, às vezes, a intercessão ou a mediação de uma pessoa. Moisés, por exemplo, obteve o perdão do povo com uma oração, na qual evoca a obra salvífica realizada por Deus no passado e a fidelidade ao juramento feito aos pais (cf. Ex 32,30 e vv. 11-13). A figura do Servo do Senhor, delineada pelo livro de Isaías, se caracteriza também pela função de interceder e de expiar em favor de muitos; no fim de seus sofrimentos ele "verá a luz" e "justificará muitos", tomando sobre si suas iniquidades (cf. Is 52,13–53,12, especialmente 53,11). O Salmo 51(50) pode ser considerado, segundo a visão do Antigo Testamento, uma síntese do processo de reintegração: o pecador confessa e reconhece a própria culpa (v. 6), pede insistentemente para ser purificado ou "lavado" (vv. 4.9.12.16) para poder proclamar o louvor divino (v. 17).

NOVEMBRO

No Novo Testamento, Cristo é apresentado como o intercessor, que assume em si as funções do sumo sacerdote no dia da expiação (cf. Hb 5,7; 7,25). Mas nele o sacerdócio apresenta uma configuração nova e definitiva. Ele entra uma só vez no santuário celeste com o escopo de interceder diante de Deus em nosso favor (cf. Hb 9,23-26, especialmente 24). Ele é sacerdote e, ao mesmo tempo, "vítima de expiação" pelos pecados de todo o mundo (cf. 1Jo 2,2). Jesus, como o grande intercessor que expia por nós, revelar-se-á plenamente no fim de nossa vida, quando se expressará com a oferta de misericórdia, mas também com o juízo inevitável para quem recusa o amor e o perdão do Pai. A oferta da misericórdia não exclui o dever de nos apresentar puros e íntegros diante de Deus, ricos daquela caridade que Paulo chama "vínculo de perfeição" (Cl 3,14).

(*Audiência geral*, nn. 3-4,
4 de agosto de 1999)

29

Todo traço de apego ao mal deve ser eliminado; toda deformidade da alma corrigida. A purificação deve ser completa, e isto é exatamente aquilo que é entendido pela doutrina da Igreja sobre o purgatório. Este termo não indica um lugar, mas uma condição de vida. Aqueles que depois da morte vivem num estado de purificação já estão no amor de Cristo, que os eleva dos resíduos da imperfeição (cf. Concílio Ecumênico de Florença, *Decretum pro Graecis*; Concílio Ecumênico de Trento, *Decretum de iustificatione*; *Decretum de purgatorio*). É bom precisar que o estado de purificação não é um prolongamento da situação terrena, como se houvesse depois da morte uma possibilidade posterior de mudar o próprio destino. O ensinamento da Igreja a respeito é inquestionável e foi reforçado pelo Concílio Vaticano II, que ensina: "Mas como desconhecemos o dia e a hora, conforme a advertência do Senhor, vigiemos constantemente, a fim de que, terminado o único curso de nossa vida terrestre" (cf. Hb 9,27), possamos entrar com ele para as bodas e mereçamos ser contados com os benditos, e não sejamos mandados, como servos maus e preguiçosos, apartar-nos para o fogo eterno, para as trevas exteriores, onde "haverá choro e ranger de dentes" (Mt 22,13 e 25,30)" (*Lumen gentium*, n. 48).

(*Audiência geral*, n. 5,
4 de agosto de 1999)

NOVEMBRO

30

Estamos já habituados ao termo "advento"; sabemos o que ele significa, mas justamente pelo fato de estarmos tão familiarizados com ele, não chegamos, talvez, a compreender toda a riqueza que este conceito encerra. Advento significa "vinda".

Devemos, portanto, perguntar-nos: quem é que vem? E para que vem? Para esta pergunta encontramos logo a resposta. Até as crianças sabem que é Jesus quem vem, para eles e para todos os homens. Vem numa noite, em Belém, nasce numa gruta, que servia de estalagem para os animais.

Isto as crianças sabem, sabem também os adultos que participam da alegria das crianças e que, na noite de Natal, também eles parecem se tornar crianças. No entanto, são muitas as perguntas feitas. O homem tem o direito, e até o dever, de interrogar para saber. Há também aqueles que duvidam e, embora participem da alegria do Natal, parecem estranhos à verdade que ele contém.

Justamente por isso, temos o tempo do Advento, de modo que, todo ano novamente, possamos penetrar nesta verdade essencial do Cristianismo. [...]

O Cristianismo vive o mistério da vinda real de Deus para o homem, e dessa realidade palpita e pulsa constantemente. Ela é simplesmente a mesma vida do Cristianismo.

(*Audiência geral*, nn. 1-2, 29 de novembro de 1978)

DEZEMBRO

DEZEMBRO

1 O Concílio colocou eficazmente em relevo que a Igreja considera o ciclo anual um verdadeiro e próprio itinerário sobre as etapas do "mistério de Cristo, da encarnação e natividade até a ascensão, o dia de Pentecostes e a espera da feliz esperança e do retorno do Senhor" (*Sacrosanctum concilium*, n. 102).

A mensagem do Advento é toda permeada pela constatação consoladora: *o Senhor vem*. Vem ainda uma vez hoje como na plenitude dos tempos iniciada há dois mil anos e ainda operante na história que vai confluindo para o terceiro milênio.

A liturgia do Advento faz, portanto, reviver em sua globalidade o mistério da vinda do Senhor: a longa espera dos séculos; o momento inefável de sua entrada na genealogia humana mediante o mistério materno da Virgem; a vinda final, quando o tempo dará lugar à eternidade. Assim se renova o sentido alegre da espera. Torna-se mais premente a necessidade da conversão.

Rejuvenesce a esperança.

(*Angelus*, n. 1, 1º de dezembro de 1985)

2 Jesus nasceu do povo eleito, cumprindo a promessa feita a Abraão e constantemente recordada pelos profetas. Estes falavam em nome e no lugar de Deus. A economia do Antigo Testamento, de fato, é essencialmente ordenada para preparar e para anunciar a vinda de Cristo Redentor do universo e de seu reino messiânico. Os livros da Antiga Aliança são, assim, testemunhas permanentes de uma pedagogia divina atenta (cf. *Dei Verbum*, n. 15). *Em Cristo* esta pedagogia atinge sua meta: ele, de fato, não se limita a falar "em nome de Deus" como os profetas, mas é Deus mesmo quem fala em seu Verbo eterno feito carne. Tocamos aqui *o ponto essencial pelo qual o Cristianismo se diferencia das outras religiões*, nas quais se expressou desde o início *a busca de Deus por parte do homem*. No Cristianismo, o início foi dado pela encarnação do Verbo. Aqui não é somente o homem que busca Deus, mas é Deus que vem pessoalmente falar de si ao homem e mostrar-lhe o caminho no qual é possível chegar a ele. É o que proclama o Prólogo do Evangelho de João: "Ninguém jamais viu a Deus; o Filho único, que é Deus e está na intimidade do Pai, foi quem o deu a conhecer" (1,18). O Verbo encarnado é, portanto, a realização do anseio presente em todas as religiões da humanidade: esta realização é obra de Deus e vai além de toda expectativa humana. É mistério de graça.

(*Tertio millennio adveniente*, n. 6)

3

Em Cristo a religião não é mais um "procurar Deus às apalpadelas" (cf. At 17,27), mas *resposta de fé* a Deus que se revela: resposta na qual o homem fala a Deus como a seu Criador e Pai; resposta tornada possível por aquele homem único que é, ao mesmo tempo, o Verbo consubstancial ao Pai, no qual Deus fala a todo homem e todo homem é tornado capaz de responder a Deus. Mais ainda, neste homem toda a criação responde a Deus. Jesus Cristo é o novo início de tudo: tudo nele se reencontra, é acolhido e restituído ao Criador do qual teve origem. Dessa forma, *Cristo é a realização do anseio de todas as religiões do mundo, e, por isso mesmo, é seu porto único e definitivo*. Se de um lado Deus em Cristo fala de si à humanidade, de outro, no mesmo Cristo, a humanidade toda e toda a criação falam de si a Deus – ou melhor, se doam a Deus. Tudo, assim, retorna a seu princípio. *Jesus Cristo é a recapitulação de tudo* (cf. Ef 1,10) e, ao mesmo tempo, a realização de todas as coisas em Deus: realização que é glória de Deus. A religião que se fundamenta em Jesus Cristo é religião da glória de Deus (cf. Ef 1,12). Toda a criação, na realidade, é manifestação de sua glória; em especial, o homem (*vivens homo*) é epifania da glória de Deus, chamado a viver da plenitude da vida em Deus.

(Tertio millennio adveniente, n. 6)

4

Em Jesus Cristo, Deus não somente fala ao homem, *mas o procura*. A encarnação do Filho de Deus testemunha que Deus procura o homem. Dessa procura Jesus fala como da recuperação de uma ovelha perdida (cf. Lc 15,1-7). É uma procura que *nasce do íntimo de Deus* e tem seu ponto culminante na encarnação do Verbo. Se Deus vai à procura do homem, criado à sua imagem e semelhança, o faz porque o ama eternamente no Verbo e em Cristo quer elevá-lo à dignidade de filho adotivo. Deus, portanto, procura o homem que é *sua propriedade particular*, de maneira diversa de como o é toda outra criatura. Ele é propriedade de Deus com base numa opção de amor: Deus procura o homem impelido por seu coração de Pai.

(*Tertio millennio ineunte*, n. 7)

5

Por que o procura? Porque o homem se afastou dele, escondendo-se como Adão entre as árvores do paraíso terrestre (cf. Gn 3,8-10). *O homem se deixou desviar* pelo inimigo de Deus (cf. Gn 3,13). Satanás o enganou persuadindo-o de ser ele mesmo deus e de poder conhecer, como Deus, o bem e o mal, governando o mundo conforme seu arbítrio, sem ter que levar em conta a vontade divina (cf. Gn 3,5). Procurando o homem através do Filho, Deus quer induzi-lo a abandonar os caminhos do mal, nos quais tende a se embrenhar cada vez mais. "Fazê-lo abandonar" aqueles caminhos quer dizer fazer que ele compreenda que se encontra em caminhos errados; quer dizer *derrotar o mal* espalhado na história humana. *Derrotar o mal: eis a redenção.* Ela se realiza no sacrifício de Cristo, graças ao qual o homem resgata a dívida do pecado e é reconciliado com Deus. O Filho de Deus se fez homem, assumindo um corpo e uma alma no seio da Virgem, justamente por isto: para fazer de si o sacrifício redentor perfeito. A religião da encarnação é a religião da redenção do mundo através do sacrifício de Cristo, no qual está contida a vitória sobre o mal, sobre o pecado e sobre a própria morte. Cristo, aceitando a morte na cruz, contemporaneamente manifesta e dá a vida, uma vez que ressurge e a morte não tem mais qualquer poder sobre ele.

(*Tertio millennio adveniente*, n. 7)

6

O Advento nos prepara não somente para o nascimento de Deus, que se torna homem. Ele prepara também o homem para o próprio nascimento por obra de Deus. De fato, o homem deve constantemente nascer de Deus. Sua aspiração à verdade, ao bem, ao belo, ao absoluto se realiza neste nascimento. Quando chegar a noite de Belém e, depois, o dia de Natal, a Igreja dirá diante do recém-nascido, que, como todo recém-nascido, demonstra a fraqueza e a insignificância: "a todos os que o acolheram, deu o poder de se tornarem filhos de Deus" (Jo 1,12).

O Advento prepara o homem para esse "poder": para seu próprio nascimento de Deus. Esse nascimento é nossa vocação. É nossa herança em Cristo. O nascimento que dura e se renova. O homem deve nascer sempre novamente em Cristo, de Deus; ele deve renascer de Deus.

O homem caminha para Deus – e este é seu advento – não somente como para um absoluto desconhecido do ser. Não somente como para um ponto simbólico, o ponto "ômega" da evolução do mundo. O homem caminha para Deus, de modo a chegar a ele mesmo: ao Deus vivo, ao Pai, ao Filho e ao Espírito Santo. E ele chega quando Deus mesmo vem a ele, e este é o advento de Cristo. O Advento, que ultrapassa a perspectiva da transcendência humana, vão além da medida do advento humano.

O Advento de Cristo se realiza no fato de Deus se tornar homem, de Deus nascer como homem. E contemporaneamente, ele se realiza no fato de o homem nascer de Deus, de o homem renascer constantemente de Deus.

(*Homilia na missa
para os estudantes universitários*, n. 4,
19 de dezembro de 1980)

7 Santo Agostinho tem *uma visão unitária do plano divino da salvação*: preanunciado por Deus no Antigo Pacto, ele foi realizado no Novo com a vinda de Cristo, que revelou ao mundo o rosto do Pai e a luz da Trindade. O Cristo Redentor é, antes, já significado veladamente na obra mesma da criação, naquele repouso que Deus se concede depois de ter criado o homem. "Neste ponto", observa Ambrósio, "Deus repousou, tendo um ser de quem pode perdoar os pecados. Ou talvez já, então, se preanunciou o mistério da futura paixão do Senhor, com o qual se revelou que Cristo repousaria no homem, ele que predestinava a si mesmo um

corpo humano para a redenção do homem" (*Exameron*, VI, 10, 76). O repouso de Deus prefigurava o de Cristo na cruz, na morte redentora; e a paixão do Senhor vinha assim colocar-se, desde o início, num projeto de misericórdia universal, como o sentido e o fim da mesma criação.

Do *mistério da encarnação e da redenção*, Ambrósio fala com o ardor de alguém que foi literalmente agarrado por Cristo, e tudo vê na sua luz. A reflexão que ele desenvolve brota da contemplação afetuosa e, frequentemente, prorrompe em orações, verdadeiras elevações da alma no meio de tratados exigentes: o Salvador veio ao mundo "para mim", "para nós", são expressões que retornam com frequência em suas obras (cf. *De fide*, II, 7,53; 11,93; *De interpell. Iob et David*, IV (II), 4, 17; *De Iacob et vita beata*, I, 6, 26; *Expositio ev. sec. Lucam*, II, 4; et al.).

(*Operosam Diem*, nn. 19-20, 1º de dezembro de 1996)

8 *Tota pulchra es, Maria,*
et macula originalis non est in te.
Hoje, Roma está novamente na Praça de Espanha, aos pés desta coluna, para prestar homenagem à Virgem Santa, concebida sem pecado:

macula originalis non est in te. Este lugar sugestivo serve de moldura para a imagem colocada lá em cima, da qual emana e se irradia uma beleza singular: *Tota pulchra es*.

Não somente esta praça, mas toda a cidade possui uma carga extraordinária de beleza natural e artística. Em Roma, o visitante encontra os monumentos do antigo Império Romano, as basílicas paleocristãs, as construções da época do Renascimento e barrocas, o templo de São Pedro com a esplêndida cúpula, os muitos museus ricos de esculturas e de pinturas, em que se expressou nos séculos o gênio da Itália.

Este patrimônio precioso não constitui um longínquo reflexo da beleza de Deus, sumo bem e suma beleza, à qual o homem, mesmo sem sabê-lo, tende com toda fibra de seu ser?

Em Maria, esse reflexo se torna mais próximo de nós, mais direto. Sua beleza é finamente espiritual: a beleza da Imaculada Conceição, única e exclusiva prerrogativa da Virgem de Nazaré.

Tota pulchra es, quer dizer: em ti nada há que contraste com a beleza querida pelo Criador para o ser humano. Nem a mancha do pecado original, nem mancha alguma de culpas pessoais te desflorou. O Criador conservou incontaminada em ti a beleza original da criação, para preparar uma digna morada para seu Filho unigênito, feito homem para a salvação do homem.

(Discurso junto da estátua da Imaculada, n. 1, Praça de Espanha, 8 de dezembro de 1996)

9

A santidade de Maria se baseia fundamentalmente em sua Imaculada Conceição, privilégio de Maria obtido por meio do Filho. Por isso, sua santidade é diferente de toda outra dos outros homens que chegam a ela através e apesar do pecado original. Maria foi redimida "diversamente" e "diversamente" se tornou santa, porquanto sua santidade provém da graça santificante. Tornou-se santa "diversamente", mas isto não quer dizer "mais facilmente". Alguém, talvez, ao considerar a santidade de Maria no contexto do privilégio da Imaculada Conceição, pudesse pensar que se tornou tal facilmente: isenta, como era, do pecado original e das suas consequências, não devia lutar contra as três concupiscências. Neste modo de pensar se esconde um sintoma claro da convicção de que a função purificadora da graça (*gratia sanans*) seja a única, a mais elevada, e que a luta consigo mesmo constitua, em certo sentido, o escopo e o sinônimo da santidade.

Maria se tornou mais facilmente santa somente quando se leva em consideração o fato de que lhe foi poupada a luta contra o latente "lar do pecado". Não lhe foi poupado, porém, o trabalho próprio da santidade e o heroísmo a ele inevitavelmente ligado: trabalho e heroísmo acontecidos não tanto na luta consigo mesma, como consequência do pecado original, quanto na inserção ativa na obra redentora do Filho.

(*Homilia na solenidade da Imaculada Conceição*, Cracóvia, 8 de dezembro de 1959)

10 Logo depois da narração da anunciação, o evangelista Lucas nos guia atrás dos passos da Virgem de Nazaré para "uma cidade de Judá" (Lc 1,39). Segundo os estudiosos, esta cidade deveria ser a hodierna Ain Karim, situada entre as montanhas, não distante de Jerusalém. Maria lá chegou "apressada", *para visitar Isabel*, sua parenta. O motivo da visita é buscado também no fato de que, durante a anunciação,

Gabriel tinha citado significativamente Isabel que, em idade avançada, tinha concebido do marido Zacarias um filho, pela força de Deus: "Isabel, tua parenta, concebeu um filho na sua velhice. Este já é o sexto mês daquela que era chamada estéril, pois para Deus nada é impossível" (Lc 1,36-37). O mensageiro divino havia se referido ao acontecimento realizado em Isabel, para responder à pergunta de Maria: "Como acontecerá isto? Não conheço homem" (Lc 1,34). Sim, isto acontecerá justamente pelo "poder do Altíssimo", como e ainda mais que no caso de Isabel. Maria, portanto, solicitada pela caridade, dirige-se à casa de sua parenta. Quando lá entrou, Isabel, ao responder à sua saudação, sentindo tremer a criança no próprio seio, "cheia do Espírito Santo", *por sua vez, saúda Maria* com voz forte: "Bendita és tu entre as mulheres, e bendito é o fruto de teu ventre!" (Lc 1,40-42). Esta exclamação ou aclamação de Isabel entraria depois na Ave-Maria, como continuação da saudação do anjo, tornando-se, assim, uma das orações mais frequentes da Igreja. Mas ainda mais significativas são as palavras de Isabel na pergunta que segue: "Como mereço que a Mãe do meu Senhor venha me visitar?" (Lc 1,43).

(*Redemptoris Mater*, n. 12)

11

Isabel dá testemunho a Maria: reconhece e proclama que diante dela está a mãe do Senhor, a mãe do Messias. Deste testemunho participa também o filho que Isabel traz no seio: "O menino exultou de alegria no meu seio" (Lc 1,44).

O menino é o futuro João Batista, que no Jordão indicará em Jesus o Messias. Na saudação de Isabel toda palavra é densa de significado e, no entanto, aquilo que diz no fim parece ser *de importância fundamental*: "*Feliz aquela que acreditou*, pois o que lhe foi dito da parte do Senhor será cumprido" (Lc 1,45) [cf. Santo Agostinho, *De Sancta Virginitate*, III, 3; *Sermo* 25,7]. Estas palavras podem ser comparadas à expressão "cheia de graça" da saudação do anjo.

Em ambos os textos se revela um conteúdo mariológico essencial, isto é, a verdade sobre Maria, que se tornou realmente presente no mistério de Cristo justamente porque "acreditou". A plenitude da graça, anunciada pelo anjo, significa o dom do próprio Deus; *a fé de Maria*, proclamada por Isabel na visitação, indica como a Virgem de Nazaré *respondeu a este dom*.

(*Redemptoris Mater*, n. 12)

DEZEMBRO 12

"O Poderoso fez por mim coisas grandiosas. O seu nome é santo e sua misericórdia se estende de geração em geração sobre aqueles que o temem" (Lc 1,49-50).

O que são as "coisas grandiosas" feitas em Maria pelo Poderoso? A expressão é recorrente no Antigo Testamento para indicar a libertação do povo de Israel, do Egito ou da Babilônia. No *Magnificat* ela se refere ao evento misterioso da concepção virginal de Jesus, acontecido em Nazaré, depois do anúncio do anjo.

No *Magnificat*, cântico verdadeiramente teológico porque revela a experiência do rosto de Deus realizada por Maria, Deus não é somente o *Onipotente* para quem nada é impossível, como havia declarado Gabriel (cf. Lc 1,37), mas também o *Misericordioso*, capaz de ternura e fidelidade para com cada ser humano.

"Mostrou a força de seu braço: dispersou os que têm planos orgulhosos no coração. Derrubou os poderosos de seus tronos e exaltou os humildes. Encheu de bens os famintos, e mandou embora os ricos de mãos vazias" (Lc 1,51-53).

Com sua leitura sapiencial da história, Maria nos leva a descobrir os critérios do agir misterioso de Deus. Ele, invertendo os juízos do mundo, vem em socorro dos pobres e dos pequenos, em detrimento dos ricos e dos poderosos, e, de modo surpreendente, enche de bens os humildes, que lhe confiam sua existência (cf. S. João Paulo II, *Redemptoris Mater*, n. 37).

Estas palavras do cântico, enquanto nos mostram em Maria um modelo concreto e sublime, nos fazem compreender que é, sobretudo, a humildade do coração que atrai a benevolência de Deus.

(*Audiência geral*, nn. 3-4,
6 de novembro de 1996)

13

O Cristianismo não é uma religião do "absoluto puro", nem do "absoluto solitário". O Deus no qual acreditamos é um Deus vivo, e também o Deus da história. Não o encontramos somente acima da história, acima do fluxo transitório do mundo e dos homens: é um Deus que entrou na história. Um Deus que se empenhou na história do homem, no centro do drama da humanidade. Este drama, "ele tomou-o sobre si", se assim se pode dizer. Por isso, tornou-se "escândalo para os judeus" e "loucura para os gentios", como

São Paulo escreve aos coríntios. Assim, diante da "história ídolo" da qual ele fala, o Cristianismo proclama e professa a presença de Deus na história.

É, além disso, um Deus que dá à história do homem seu sentido mais íntimo e definitivo. *A história da salvação* é a única dimensão da história do homem na qual o futuro não se deixa prender pelo passado, mas o "absorve" empenhando-o no caminho do tempo que virá, fazendo dele matéria do futuro.

("*Non abbiate paura!*", p. 196)

14

João da Cruz convida o homem de hoje, angustiado pelo significado da existência, frequentemente indiferente à pregação da Igreja, talvez cético em relação às mediações da revelação de Deus, a uma busca honesta, que o leve até a fonte mesma da revelação que é Cristo, a Palavra e o dom do Pai. Persuade-a prescindir de tudo aquilo que pudesse ser um obstáculo para a fé e o coloca diante de Cristo. Diante daquele que revela e oferece a verdade e vida divina na Igreja, a qual em sua visibilidade em sua humanidade é sempre Esposa de Cristo, se corpo místico, garantia absoluta da verdade da fé (cf. São João da Cruz, *Chama viva de amor*, Prol. 1).

Por isso, exorta a empreender uma busca de Deus na oração, a fim de que o homem "tenha presente" sua limitação temporal e sua vocação para a eternidade (cf. São João da Cruz, *Cântico espiritual*, 1,1). No silêncio da oração se realiza o encontro com Deus e se escuta aquela Palavra que Deus nos diz em silêncio eterno e que no silêncio deve ser escutada (cf. São João da Cruz, *Palavras de luz e de amor*, 104). Um grande recolhimento e um abandono interior, unidos ao fervor da oração, abrem as profundezas da alma "ao poder purificador do amor divino".

(Homilia na celebração da Palavra em honra de São João da Cruz, n. 5, Segovia, 4 de novembro de 1982)

15 Dentro de poucos dias celebraremos o Natal, festa intensamente sentida por todas as crianças em toda família. [...] *O Natal é a festa de um Menino*, de um Recém-nascido. É, por isso, a festa de vocês (das crianças)! Vocês a esperam com impaciência e para ela se preparam com alegria, contando os dias e quase as horas que faltam para a noite santa de Belém.

Parece-me vê-los: vocês estão preparando em casa, na paróquia, em cada canto do mundo o presépio, reconstruindo o clima e o ambiente no qual o Salvador nasceu. É verdade! No período do Natal a estalagem com a manjedoura ocupa na Igreja um lugar central. E todos se apressam em se dirigir a ele em peregrinação espiritual, como os pastores na noite do nascimento de Jesus. Mais tarde, serão os Magos que virão do Oriente distante, seguindo a estrela, até o lugar onde foi colocado o Redentor do universo. E também vocês, nos dias do Natal, visitam os presépios e ficam olhando o Menino colocado sobre a palha. Olham sua Mãe, São José, guarda do Redentor. Contemplando a Santa Família, vocês pensam na família de vocês, aquela na qual vieram ao mundo. Pensam em sua mãe, que os trouxe à luz, e em seu pai. Eles cuidam do sustento da família e da educação de vocês. Dever dos pais, de fato, não é somente o de gerar os filhos, mas também de educá-los desde seu nascimento.

(Carta às crianças,
13 de dezembro de 1994)

16

Caros rapazes, no Menino que vocês admiram no presépio vocês já devem ver o rapaz de doze anos que dialoga com os doutores no Templo de Jerusalém. [...]

É justamente assim: esse Menino, agora recém-nascido, uma vez que se tornou grande, como Mestre da verdade divina, *mostrará um afeto extraordinário pelas crianças*. Dirá aos apóstolos: "Deixem que as crianças venham a mim e não lhas impeçais", e acrescentará: "Porque a quem é como elas pertence o Reino de Deus" (Mc 10,14). Numa outra vez, aos apóstolos que discutiam sobre quem era o maior, colocará diante deles uma criança e dirá: "Se não vos converterdes e não vos tornardes como as crianças, não entrareis no Reino dos Céus" (Mt 18,3). Naquela ocasião pronunciará também palavras muito severas de advertência: "Quem escandaliza mesmo que seja um só destes pequenos que acreditam em mim, seria melhor para ele que lhe amarrassem ao pescoço uma pedra de moinho, e o lançassem no fundo do mar" (Mt 18,6). *Como a criança é importante aos olhos de Jesus!* Poder-se-ia até observar que *o Evangelho é profundamente permeado da verdade sobre a criança*. Poderia até ser lido em seu conjunto como o "Evangelho da criança".

(*Carta às crianças*,
13 de dezembro de 1994)

17 DEZEMBRO

O Natal, caríssimos irmãos e irmãs, já está próximo, e também nós, com Maria e José, caminhamos espiritualmente para Belém para adorar o Salvador Jesus, nascido por nós. Fazemo-lo meditando sobre o extraordinário e único acontecimento da encarnação do Filho de Deus: nós cremos que aquele Menino, nascido numa cabana e colocado numa manjedoura, é o Emanuel, Deus-Conosco, preanunciado pelos profetas do povo de Israel e esperado durante muitos séculos.

Diante da realidade misteriosa e grandiosa do Natal, São João escreverá no Prólogo de seu Evangelho: "No princípio era a Palavra, e a Palavra estava junto de Deus, e a Palavra era Deus... E a Palavra se fez carne e veio morar entre nós" (Jo 1,1-14). Aquele Menino, portanto, como observará o autor da Carta aos Hebreus, "é o resplendor da glória do Pai, a expressão de seu ser. Ele sustenta o universo com sua palavra poderosa" (Hb 1,3).

Conscientes disso, nós nos encaminhamos para Belém para nos ajoelhar diante daquele que sustenta o mundo e recapitula em si toda a história da humanidade.

(Angelus, n. 1
22 de dezembro de 1991)

18 Sim, João era um profeta. Era "mais que um profeta" (Lc 7,26). Ele era "aquele do qual está escrito: 'Eu envio meu mensageiro à tua frente, para preparar teu caminho diante de ti'" (Lc 7,27).

Sim, João era um profeta e precursor do Messias. Cristo disse dele: "Entre os nascidos de mulher não há nenhum maior que João" (Lc 7,28).

Por que falamos deste testemunho que Cristo dá a João da região do Jordão? Fazemo-lo para tornar-nos também conscientes de qual significado tem a palavra de verdade, com a qual professamos que Cristo é "Cordeiro de Deus", aquele que tira os pecados do mundo (cf. Jo 1,29). João fazia justamente assim na região do Jordão.

Cada um de nós pronuncia estas palavras quando, no sacramento da Penitência, confessa seu pecado, a fim de que o Cordeiro de Deus tire aquele pecado. E a quem quer de nós que confesse com humildade e contrição esta palavra de verdade – a verdade sobre si mesmo –, Cristo quer dar um testemunho semelhante, como deu a João na região do Jordão. De fato, diz estas palavras misteriosas e significativas: "O menor no Reino de Deus é maior que ele" (Lc 7,28).

Portanto, eu lhes peço, irmãos e irmãs, que queiram meditar, no período do Advento, as palavras de

Cristo ditas sobre João Batista – e que tenham fome e sede de receber um testemunho semelhante sobre vocês, examinando a própria consciência e recebendo o sacramento da Penitência.

(Homilia na missa para os universitários em preparação para o Natal, nn. 5-6, 16 de dezembro de 1982)

19

O anjo Gabriel, dirigindo-se à Virgem de Nazaré, depois da saudação *káire*, "Alegra-te", a chama *kecaritoméne*, "cheia de graça". As palavras do texto grego *káire* e *kecaritoméne* apresentam entre si uma conexão profunda: Maria é convidada a se alegrar, sobretudo porque Deus a ama e a encheu de graça em vista da maternidade divina! [...]

O fato de o mensageiro celeste a chamar assim confere à saudação angélica um valor mais elevado: é manifestação do plano salvífico misterioso de Deus em relação a Maria. Como escrevi na encíclica *Redemptoris Mater*: "A plenitude de graça indica toda a dádiva sobrenatural, da qual Maria se beneficia em relação ao fato de que foi escolhida e destinada para ser Mãe de Cristo" (n. 9).

"Cheia de graça" é o nome que Maria possui aos olhos de Deus. O anjo, de fato, segundo a narrativa do evangelista Lucas, o usa ainda antes de pronunciar o nome de "Maria", colocando assim em evidência o aspecto prevalente que o Senhor colhe na personalidade da Virgem de Nazaré.

A expressão "cheia de graça" traduz a palavra grega *kecaritoméne*, a qual é um particípio passivo. Para traduzir com mais exatidão o matiz do termo grego, não se deveria, portanto, dizer simplesmente "cheia de graça", mas "*tornada* cheia de graça", ou então "*cumulada* de graça", o que indicaria claramente que se trata de um dom feito por Deus à Virgem. O termo, na forma de particípio perfeito, acredita a imagem de uma graça perfeita e duradoura que implica plenitude. O mesmo verbo, no significado de "encher de graça", é empregado na Carta aos Efésios para indicar a abundância de graça, concedida a nós pelo Pai em seu Filho amado (Ef 1,6). Maria a recebe como primícia da redenção (cf. *Redemptoris Mater*, n. 10).

(*Audiência geral*, nn. 1-2, 8 de maio de 1996)

20

Ao pronunciar o seu "sim" total ao projeto divino, Maria está plenamente livre diante de Deus. Ao mesmo tempo ela se sente pessoalmente responsável em relação à humanidade, cujo futuro está ligado à sua resposta.

Deus entrega nas mãos de uma jovem mulher o destino de todos. O "sim" de Maria coloca a premissa para que se realize o desígnio que, em seu amor, Deus predispôs para a salvação do mundo.

O *Catecismo da Igreja Católica* resume sintética e eficazmente o valor decisivo para toda a humanidade do consentimento livre de Maria ao plano divino da salvação. "A Virgem Maria cooperou para a salvação do homem com livre fé e obediência. Disse seu *fiat*, '*loco totius humanae naturae* – em nome de toda a humanidade': pela sua obediência, tornou-se a nova Eva, mãe dos viventes" (*Catecismo da Igreja Católica*, n. 511).

Com seu comportamento, Maria recorda, portanto, a cada um de nós a grave responsabilidade de acolher o projeto divino sobre nossa vida. Obedecendo sem reservas à vontade salvífica de Deus manifestada na palavra do anjo, ela se coloca como modelo para aqueles que o Senhor proclama felizes porque "ouvem a Palavra de Deus e a colocam em prática" (Lc 11,28). Jesus, em resposta à mulher que, no meio da multidão, proclama feliz sua mãe, mostra o verdadeiro motivo da felicidade de Maria:

a adesão à vontade de Deus, que a levou à aceitação da maternidade divina.

(Audiência geral, nn. 2-3, 18 de setembro de 1996)

21

Que significado tem para nós o acontecimento extraordinário do nascimento de Jesus Cristo? Que "boa notícia" nos traz? A que metas nos impele? São Lucas, o evangelista do Natal, nas palavras inspiradas de Zacarias, nos apresenta a encarnação como a *visita de Deus*: "Bendito seja o Senhor, Deus de Israel, porque *visitou e libertou o seu povo*. Ele fez surgir para nós um poderoso salvador na casa de Davi, seu servo" (Lc 1,68-69).

Mas o que a "visita de Deus" produz no homem? A Sagrada Escritura testemunha que, quando o Senhor intervém, traz salvação e alegria, liberta da aflição, dá esperança, muda para melhor a sorte daquele que é visitado, abre perspectivas novas de vida e de salvação.

O Natal é a visita de Deus por excelência: neste acontecimento, de fato, ele se faz muito próximo do homem em seu Filho Unigênito, que manifesta no rosto de um menino sua ternura pelos pobres e pelos pecadores. No Verbo encarnado é oferecida aos homens a graça da adoção como filhos de Deus. Lucas se preocupa em mostrar como o acontecimento do nascimento de Jesus muda verdadeiramente a história e a vida dos homens, sobretudo daqueles que o acolhem com coração sincero: Isabel, João Batista, os pastores, Simeão, Ana e, sobretudo, Maria são testemunhas das maravilhas que Deus realiza com sua visita.

(*Audiência geral*, n. 3, 20 de dezembro de 1995)

22

Ao longo do itinerário do Advento, a Igreja nos propôs como modelos de real preparação os profetas antigos, nos fez ouvir a palavra de João, o Batista, nos fez encontrar São José e, sobretudo, Maria, a mãe do Emanuel.

As palavras dos profetas alimentaram nossa esperança, encorajando-nos a confiar no poder do amor do Senhor, mesmo diante dos fechamentos do egoísmo e dos cenários de morte. Os convites repetidos de João, o Batista, nos exortaram a uma conversão verdadeira para preparar o caminho do

Senhor, sugerindo-nos, através de seu testemunho austero, um caminho concreto para dar espaço a Deus em nossa existência. A obediência e a fé de São José nos solicitaram para discernir, com perseverança e paciência, os sinais da presença divina nos acontecimentos cotidianos, para estar prontos a colaborar com o eterno desígnio salvífico do Pai.

A liturgia do Advento nos convida, sobretudo, a dirigir o olhar para Maria, a nova "filha de Sião", exemplar perfeito de uma espera do Senhor rica de silêncio, de oração, de confiança, de disponibilidade pronta à vontade divina, acompanhada de gestos de generosidade e de amor.

(*Angelus*, n. 2, 24 de dezembro de 1995)

23

Chego nestes pequenos recantos. O lugar, o lugar é importante. O lugar é sagrado. Muitas vezes foram removidas as pedras, aplainados os vales, inumeráveis vezes se agitou a areia daqueles tempos, nenhum grão ficou idêntico. Mas não é esta identidade que eu procuro: o lugar permanece o mesmo graças àquilo que o ocupa. Chego a estes lugares que tu ocupaste de ti uma vez para sempre. Não venho ocupá-los de mim, mas para que eles me ocupem. Ó lugar! Deves ser levado a muitos lugares.

Ó lugar! Quantas vezes, quantas vezes te transformaste antes que tu se tornasse meu!

Quando ele te ocupou pela primeira vez, não eras ainda nenhum lugar exterior, eras somente o seio de sua Mãe. Ó, saber que as pedras sobre as quais caminho para Nazaré são as mesmas que seu pé tocava quando era ainda o teu lugar, único no mundo. Encontrar-te através de uma pedra que foi tocada pelo pé de tua Mãe!

Ó lugar, lugar da Terra Santa – que espaço ocupas em mim! Por isso, não posso pisotear-te com meus passos, devo ajoelhar-me. E assim atestar hoje que tu foste lugar de encontro. Eu me ajoelho – e coloco assim meu selo. Ficarás aqui com o meu selo – ficarás, ficarás – e eu te levarei comigo, transformar-te-ei dentro de mim num lugar de novo testemunho. Eu parto como uma testemunha que dará seu testemunho através dos séculos.

(Pellegrinaggio ai luoghi santi.
In: *Opere letterarie*, p. 124)

24

Com alma cheia de gratidão, nós nos dispomos a nos ajoelhar, junto com os pastores, na noite santa diante do presépio, junto ao qual vela, com trépido afeto a "Virgem Mãe", anunciada pelo profeta Isaías (Is 7,14). Sabemos que naquele frágil ser humano, ainda incapaz de proferir palavra, nos vem de encontro a palavra eterna de Deus, a sabedoria incriada que governa o universo. É a luz de Deus que "brilha nas trevas", como diz o apóstolo João, o qual, porém, acrescenta logo com realismo amargo: "mas as trevas não a receberam" (Jo 1,5). Luz e trevas se enfrentam ao redor da manjedoura na qual está deitado aquele Menino: a luz da verdade e as trevas do erro. É um confronto que não permite neutralidade: é preciso escolher de que lado estar. E é uma escolha na qual nenhum ser humano joga o próprio futuro. O Menino do presépio, tornado adulto, um dia, dirá: "Se permanecerdes em minha palavra, sereis verdadeiramente meus discípulos, e *conhecereis a verdade, e a verdade vos tornará livres*" (Jo 8,31-32).

(*Discurso aos cardeais, aos membros da família pontifícia e à cúria romana*, n. 1, 21 de dezembro de 1984)

25 DEZEMBRO

"Glória a Deus no mais alto dos céus, e na terra, paz aos que são do seu agrado!" (Lc 2,14). Estas palavras vêm da mesma luz, que refulge naquela noite no coração dos homens de boa vontade. Deus se compraz nos homens!

Esta noite representa um testemunho particular da satisfação divina no homem. Por acaso, Deus não o criou à sua imagem e semelhança? As imagens e as semelhanças são criadas para ver nelas o reflexo de si mesmo. Por isso, são vistas com satisfação. Deus, porventura, não se agradou do homem, quando, depois de tê-lo criado, "viu que era muito bom" (Gn 1,31)? E em Belém estamos no ponto máximo deste agrado. O que aconteceu então seja talvez possível expressá-lo diversamente! É possível compreender diversamente o mistério, pelo qual o Verbo se faz carne, o Filho de Deus assume a natureza humana e nasce como criança do seio da Virgem? É possível reler de outro modo este sinal? [...]

Deus manifestou seu agrado no homem! Deus se compraz no homem. Os homens, então, despertam; acorda o homem, "pastor de seu destino" (Heidegger). Quão frequentemente o homem é esmagado por este destino! Quão frequentemente é seu prisioneiro; quão frequentemente morre de fome; quão frequentemente está próximo do desespero; quão frequentemente está ameaçado na consciência do significado da própria humanidade. Quão frequentemente – apesar de todas as aparências – o homem está longe de se comprazer de si mesmo. Mas hoje ele desperta e ouve o anúncio: Deus nasce na história humana! Deus se compraz no homem. Deus se tornou homem. Deus se compraz em ti! Amém.

(*Homilia na missa da meia-noite*, nn. 5-6,
24 de dezembro de 1979)

26

Estêvão pertencia – na primeira comunidade – ao grupo dos discípulos, entre os quais se distinguiu pela força da fé, fé ativa que o levou a fazer parte do grupo dos diáconos. Sua fé foi viva através do amor, o amor lhe ordenou que servisse, e ele servia todos os necessitados. Nos Atos dos Apóstolos encontramos o testemunho de seu serviço.

Porém, desde os inícios, Estêvão permaneceu na tradição da Igreja, na vida da Igreja, como aquele que deu testemunho da própria fé, diante de todos aqueles a quem era possível testemunhar.

Testemunho, em primeiro lugar, através das ações e, finalmente, com a palavra. Com a palavra, realmente, expressou sua fé em Jesus Cristo e por motivo dela – como sabemos – a multidão, "rangendo os dentes e tapando os ouvidos", pegando pedras, o apedrejou até a morte.

Hoje que toda a Igreja se une para celebrar Santo Estêvão, o primeiro mártir, devemos refletir sobre este aspecto, sempre essencial de nossa fé, que é dar testemunho. A fé não significa somente o estado interior da consciência humana, de seu intelecto, de suas convicções; não corresponde somente a certo eco do coração, mas a fé é confissão. Cristo disse claramente: "Todo aquele que me confessar diante dos homens, também o Filho do homem o confessará diante dos anjos de Deus" (Lc 12,8).

Cristo ligou as duas confissões do discípulo e do Mestre. Na celebração de hoje, estas nos aparecem juntas. Estêvão, de fato, caindo sob as pedras gritou: "Vejo o céu aberto e o Filho de Deus que se assenta à direita do Pai". "... Eu o reconhecerei diante de meu Pai".

(Homilia na festa de Santo Estêvão,
Cracóvia, 26 de dezembro de 1975)

27

DEZEMBRO

O mistério da noite de Belém dura sem intervalos. Ele enche a história do mundo e para diante da entrada de cada coração humano. Todo homem, cidadão de Belém, pode [...] olhar José e Maria e dizer: não há lugar, não posso acolhê-los. E todo homem de todas as épocas pode dizer ao Verbo, que se fez carne: não te acolho, não há lugar. O mundo foi feito por meio dele, mas o mundo não o acolheu. Por que o dia do nascimento de Deus é dia de não acolhida de Deus por parte do homem?

Façamos descer o mistério do nascimento de Cristo ao nível dos corações humanos: "Veio entre seu povo". Pensemos naqueles que fecharam diante dele a porta interior, e perguntemos: "Por quê?". São possíveis tantas e tantas respostas, objeções, causas. Nossa consciência humana não está em condição de abraçá-las. Não se sente capaz de julgar. Somente o Onisciente penetra, até no fundo, o coração e a consciência de cada homem. Ele somente. E somente ele, eternamente nascido: somente o Filho. De fato: "O Pai deu ao Filho o poder de julgar" (Jo 5,22).

Nós homens, inclinados ainda uma vez sobre o mistério de Belém, podemos somente pensar, com dor, em quanto perderam os habitantes da "cidade de Davi", porque não abriram a porta. Quanto perde todo homem que não deixa nascer, sob o teto de seu coração, Cristo, "a luz verdadeira, aquela que ilumina todo homem" (Jo 1,9).

(*Mensagem Urbi et orbi*, nn. 3-4, 25 de dezembro de 1981)

28

"Deus nasce e as potências tremam / o Senhor dos céus é espoliado. / O fogo se apaga e o esplendor se escurece. / O infinito aceita os limites. Desprezado / revestido de glória, o mortal / o rei dos séculos." É o trecho de um cântico natalino polonês, que contém, no meu modo de ver, uma expressão formidável do mistério do Deus encarnado. Este é um mistério que abraça os contrastes: a luz e as trevas da noite, a infinidade de Deus e os limites humanos, a glória e a humilhação, a imortalidade e a mortalidade, a divindade e a pobreza do homem. Os homens, diante do *mysterium fascinosum* (cf. R. Otto, *Il sacro*, Milão, 1966) daquela noite santa de Natal que une os povos, estão na atitude de quem é consciente de que naquele momento acontece alguma coisa grande, alguma coisa que não tem comparação na história humana. O Natal nos permite quase tocar o nosso nascimento espiritual de Deus por meio da graça. Nascidos por meio da fé e da graça, fomos chamados filhos de Deus e o somos de fato, diz São João (cf. 1Jo 3,1).

Eis a noite da maior exaltação do homem: nela ele encontra sua origem. Nasce o Filho de Deus como homem por meio do Espírito Santo, e os filhos do homem se tornam os filhos adotivos de Deus, adquirindo assim o direito de chamá-lo: "Abbá, Pai" (Rm 8,15; Gl 4,6).

(*Segno di contraddizione*, pp. 49-50)

29

O salmista diz: "Princípio da sabedoria é o temor do Senhor" (cf. Sl 111[110],10). [...] A Sagrada Escritura contém uma exortação insistente para praticar o temor de Deus. Trata-se, aqui, daquele temor que é *dom do Espírito Santo*. Entre os dons do Espírito Santo, indicados nas palavras de Isaías (cf. 11,2), o dom do temor de Deus se encontra no último lugar, mas isto não quer significar que seja o menos importante, dado que justamente *o temor de Deus é princípio da sabedoria*. E a sabedoria, entre os dons do Espírito Santo, figura no primeiro lugar. Por isso, ao homem de todos os tempos e, em especial, ao homem contemporâneo, *é preciso augurar o temor de Deus*.

Da Sagrada Escritura sabemos também que esse temor, princípio da sabedoria, nada tem em comum com o medo do escravo. É temor filial, não temor servil! A formulação hegeliana patrão/servo é estranha ao Evangelho. É mais uma afirmação própria de um mundo em que Deus está ausente. Num mundo em que Deus está verdadeiramente presente, no mundo da sabedoria divina, pode estar presente somente o temor filial.

(Varcare la soglia della speranza, p. 249)

30

A expressão autêntica e cheia desse temor é o mesmo Cristo. Cristo quer que tenhamos medo de tudo aquilo que é ofensa de Deus. Ele o quer porque veio ao mundo para libertar o homem na liberdade. O homem *é* livre mediante o amor, porque o amor é fonte de predileção para tudo aquilo que é bom. Esse amor, segundo as palavras de São João, *lança fora todo temor* (cf. 1Jo 4,18). Todo sinal de temor servil diante do poder severo do Onipotente e do Onipresente desaparece e deixa lugar à solicitude filial, para que no mundo se realize sua vontade, isto é, o bem que tem nele seu princípio e sua realização definitiva.

Assim, portanto, os santos de qualquer tempo são também a encarnação do amor filial de Cristo, que é fonte do amor franciscano pelas criaturas e também do amor pela força salvífica da cruz, que restitui ao mundo o equilíbrio entre o bem e o mal.

O homem contemporâneo é verdadeiramente movido por tal temor filial de Deus, temor que é, antes de tudo, amor? Pode-se pensar, e não faltam as provas, que o paradigma de Hegel do patrão e do empregado esteja mais presente na consciência do homem de hoje que a sabedoria, cujo princípio está no temor filial de Deus. Do paradigma hegeliano nasce a filosofia da prepotência. A única força em condição de regular eficazmente as contas com esta filosofia pode ser encontrada no Evangelho de Cristo, no qual a formulação patrão/servo se transformou radicalmente na formulação *pai/filho*.

(*Varcare la soglia della speranza*, p. 250)

31

Vamos adiante com esperança! Um novo milênio se abre diante da Igreja como oceano vasto no qual se pode aventurar, contando com a ajuda de Cristo. O Filho de Deus, que se encarnou há dois mil anos por amor do homem, realiza também hoje sua obra: devemos ter olhos penetrantes para vê-la, e, sobretudo, um coração grande para tornar a nós mesmos seus instrumentos. Não foi, talvez, para retomar contato com esta fonte viva de nossa esperança que celebramos o Ano Jubilar? Agora o Cristo contemplado e amado nos convida ainda uma vez a nos colocar a caminho: "Ide, pois, fazer discípulos entre todas as nações, e batizai-os em nome do Pai, do Filho e do Espírito Santo" (Mt 28,19). O mandato missionário nos introduz no terceiro milênio convidando-nos ao mesmo entusiasmo que foi próprio dos cristãos da primeira hora: podemos contar com a força do mesmo Espírito, que foi derramado no Pentecostes e nos impele hoje a partir sustentados pela esperança "que não decepciona" (Rm 5,5).

Nosso passo, no início deste novo século, deve fazer-se mais expedito no percorrer novamente os caminhos do mundo. Os caminhos pelos quais cada um de nós, cada uma de nossas Igrejas, caminha, são muitos, mas não há distância entre aqueles que estão estreitados pela única comunhão, a comunhão que todo dia se alimenta à mesa do pão eucarístico e da Palavra de vida. Todo domingo, o Cristo ressuscitado marca encontro conosco no Cenáculo onde, na tarde do "primeiro dia depois do sábado" (Jo 20,19), apareceu aos seus para "soprar" sobre eles o dom vivificador do Espírito e iniciá-los na grande aventura da evangelização. Acompanha-nos neste caminho a Virgem Santíssima, a quem [...] confiei o terceiro milênio.

(*Novo millennio ineunte*, n. 58)

Nota Bibliográfica

As fontes

Sobre o período do pontificado, a fonte principal dos textos da presente antologia é o site <vatican.va>, no qual estão reunidos todos os textos de 1978 a 2005. Como o leitor poderá notar, muitos dos trechos da antologia contêm textos ou citações de documentos do Concílio Vaticano II, ou de textos de outros pontífices, ou, finalmente, de outros documentos do mesmo S. João Paulo II. Para esta coleção se procedeu a uma simplificação das citações de todos esses trechos. O mesmo recurso foi adotado para as citações de trechos de obras dos Padres da Igreja, de escritos de teólogos, como, por exemplo, Santo Tomás ou São Boaventura, ou de textos de santos, como São Francisco de Assis ou Santa Teresa do Menino Jesus.

Para aquilo que se refere aos diversos trechos que remontam ao período do episcopado (1958-1978), na falta de uma edição crítica dos textos, nos recorremos às coleções que, nesses anos, mas sobretudo no período imediatamente posterior à eleição papal, foram publicadas por muitos editores na tentativa de fazer conhecer o pensamento do período episcopal de Karol Wojtyla. Outros textos desse período foram publicados unicamente em revistas e esperam ainda ser organizados e publicados.

A respeito dos textos poéticos e das tramas teatrais, a fonte mais autorizada é a edição publicada pela Livraria Editora Vaticana em 1993 (Karol Wojtyla, *Opere letterarie. Poesie e drammi*. Libreria Editrice Vaticana, Città del Vaticano, 1993). Uma segunda edição, com o acréscimo do texto polonês ao lado, foi publicada em 2001 (Karol Wojtyla, *Tutte le opere letterarie. Poesie, drami e scritti sul teatro*. Apresentação de Giovanni Reali e ensaios introdutórios de Boleslaw Taborski. Milano, Bompiani, 2001).

Os trechos de homilias, poesias, dramas teatrais, livros e breves intervenções que datam do período anterior ao pontificado foram todos tirados das seguintes fontes, elencadas segundo a ordem cronológica de publicação em italiano:

AMORE E RESPONSABILITÀ. Morale sessuale e vita interpersonale. Torino: Marietti, 1969.

L'EVANGELIZZAZIONE E L'UOMO INTERIORE. *CRIS-documenti*, n. 19, 1975.

SEGNO DI CONTRADIZIONE. Meditazioni. *Vita e pensiero*, Milano, 1977.

UNA FRONTIERA PER L'EUROPA: dove? *Vita e pensiero*, LI, nn. 4-5-6 (1978), 160-168.

DISCORSI AL POPOLO DI DIO (1976-1978). *CSEO*, Bologna, 1978.

IL BUON PASTORE. Scritti, discorsi e lettere pastorali. Roma: Edizioni Logos, 1978.

IL CANTICO DELLA CROCE. In: WINOWSKA, M. *Giovanni Paolo II*. "Tutto a tutti". Roma: Paoline, 1979.

CONFERENZA AL CLUB degli intellettuali cattolici di Cracovia [1964]. *CSEO-Documentazione*, XIII, n. 136 (1979), 52-53.

MARIA. Omelie. Città del Vaticano: Libreria Editrice Vaticana, 1982.

DISCESE DAL CIELO. Omelie per il Natale. Città del Vaticano: Libreria Editrice Vaticana, 1982.

CRISTO È RISORTO. Omelie per la Pasqua. Città del Vaticano: Libreria Editrice Vaticana, 1983.

OPERE LETTERARIE. Poesie e drammi. Città del Vaticano: Libreria Editrice Vaticana, 1983.

DONO E MISTERO. Nel 50º del mio sacerdozio. Città del Vaticano: Libreria Editrice Vaticana, 1996.

Outros trechos provêm dos seguintes livros-entrevista:

"NON ABBIATE PAURA!". André Frossard dialoga con Giovanni Paolo II. Milano: Rusconi, 1983.
GIOVANNI PAOLO II con Vittorio Messori. Varcare la soglia della speranza. Milano: Mondadori, 1994.
WOJTYLA, K. *La dottrina sociale della Chiesa*. Intervista di Vittorio Possenti. Roma: Lateran University Press, 2003. A primeira versão da entrevista tinha sido publicada em "Il nuovo Areopago", X, n. 1 (1991), 8-61.
GIOVANI PAOLO II. *Memoria e identità*. Conversazioni a cavallo dei milleni. Milano: Rizzoli, 2005.

Estudos

Biografias

MALINSKI, M. *Il mio vecchio amico Karol*. Roma Paoline, 1980.

ALTIERI, A. *Giovanni Paolo II. Papa Wojtyla*. Da Roma al mondo. Bergamo: Editoriale Bortolotti, 1987.

SZCZYPKA, J. *Giovanni Paolo II. Papa Wojtyla*. Da Cracovia a Roma. Bergamo: Editoriale Bortolotti, 1987.

WEIGEL, G. *Testimone della speranza*. La vita di Giovanni Paolo II, protagonista del secolo. Milano: Mondadori, 1999.

ACCATTOLI, L. *Giovanni Paolo*. La prima biografia completa. Cinisello Balsamo (Mi): San Paolo, 2006.

DZIWSZ, S. et al. A. *Lasciatemi andare*. La forza nella debolezza di Giovanni Paolo II. Cinisello Balsamo (Mi): San Paolo, 2006.

BENEDETTO XVI. *Il mio amato predecessore*. Cinisello Balsamo (Mi): San Paolo, 2007.

DZIWISZ, S. *Una vita con Karol*. Milano: Rizzoli, 2007.

Monografias

VV.AA. *Il futuro dell'Europa*. Atti del III convegno sul magistero pontificio. Milano, 12 novembre 1983. In: "La Traccia" – Supplemento, n. 3 (1984), 3-92.

VV.AA. *Karol Wojtyla. Filosofo, teologo, poeta*. Colloquio internazionale del pensiero cristiano. Roma, 23-25 settembre 1983. Città del Vaticano: Libreria Editrice Vaticana, 1985.

CAZZAGO. A. *Cristianesimo d'Oriente e d'Occidente in Giovanni Paolo II*. Milano: Jaca Book, 1996.

LEUZZI, L. (org.). *Etica e poetica in Karol Wojtyla*. Torino: SEI, 1997.

BUTIGLIONE, R. *Il pensiero dell'uomo che divenne Giovanni Paolo II*. Milano: Mondadori, 1998.

SCOLA, A. *L'esperienza elementare*. La vena profonda del magistero di Giovanni Paolo II. Genova: Marietti, 2003.

VV.AA. *Giovanni Paolo II. 25 anni di pontificato*. In: "Communio", nn. 190-191 (2003), 5-187.

CAVALLOTTO (org.). *Missione e missionarietà in Giovanni Paolo II*. Città del Vaticano: Urbaniana University Press, 2004.

SEMEN, Y. *La sessualità secondo Giovanni Paolo II*. Cinisello Balsamo (Mi): San Paolo, 2005.

PAPALE, C. *Il diritto alla vita e il magistero di Giovanni Paolo II*. Profili giuridici. Città del Vaticano: Urbaniana University Press, 2006.

DELOGU, A.; MORACE, A. M. (org.). *Filosofia e letteratura in Karol Wojtyla*. Città del Vaticano Urbaniana University Press, 2007.

MELINA, L.; GRYGIEL, S. (org.). *Amare l'amore umano* L'eredità di Giovanni Paolo II su matrimonio e famiglia. Siena: Cantagalli, 2007

RUINI, C. *Alla sequela di Cristo*. Giovanni Paolo II i Servo dei servi di Dio. Siena: Catagalli 2007.

Sumário

Prefácio 3

Janeiro 15

Fevereiro 57

Março 97

Abril 141

Maio 183

Junho 225

Julho 269

Agosto 315

Setembro 357

Outubro 403

Novembro 443

Dezembro 487

Nota bibliográfica 529

Rua Dona Inácia Uchoa, 62
04110-020 – São Paulo – SP (Brasil)
Tel.: (11) 2125-3500
paulinas.com.br – editora@paulinas.com.br
Telemarketing e SAC: 0800-7010081